성경 밖 복음서 이야기

경외 복음

제1편

예
수
이
야
기

성경 밖 복음서 이야기

경외 복음

제1편 예수 이야기

발행일	2018년 6월 22일		
엮은이	임 동 훈		
펴낸이	손 형 국		
펴낸곳	(주)북랩		
편집인	선일영	편집	권혁신, 오경진, 최승헌, 최예은, 김경무
디자인	이현수, 김민하, 한수희, 김윤주, 허지혜	제작	박기성, 황동현, 구성우, 정성배
마케팅	김회란, 박진관, 조하라		
출판등록	2004. 12. 1(제2012-000051호)		
주소	서울시 금천구 가산디지털 1로 168, 우림라이온스밸리 B동 B113, 114호		
홈페이지	www.book.co.kr		
전화번호	(02)2026-5777	팩스	(02)2026-5747

ISBN   979-11-6299-180-0 04230(종이책)   979-11-6299-181-7 05230(전자책)
       979-11-6299-179-4 04230(세트)

이 도서의 국립중앙도서관 출판예정도서목록(CIP)은 서지정보유통지원시스템 홈페이지(http://seoji.nl.go.kr)와
국가자료공동목록시스템(http://www.nl.go.kr/kolisnet)에서 이용하실 수 있습니다.
(CIP제어번호: CIP2018018636)

(주)북랩 성공출판의 파트너

북랩 홈페이지와 패밀리 사이트에서 다양한 출판 솔루션을 만나 보세요!

홈페이지 book.co.kr   •   **블로그** blog.naver.com/essaybook   •   **원고모집** book@book.co.kr

성경 밖 복음서 이야기

경외복음

제1편

예수 이야기

임동훈 엮음

북랩 book Lab

글
머리에

정경 66권이 정착되지 않았던 초대교회 성도들은, 다양한 문헌과 각자의 영적 체험에 의해 신앙생활을 할 수밖에 없었다. 하지만 여러 사람이 각자의 신비한 체험을 기록에 남기다 보니, 나중에는 철학적 사상과 종교적 신념, 신앙적 체험 등이 혼합된 책들이 난무하게 되었다.

그러다가 주후 90년경 이스라엘 얌니아(야브네) 회의에서 구약성경 39권이, 397년 튀니지 카르타고 회의에서 신약성경 27권이 정경으로 확정되면서, 나머지 책들은 경외서로 남게 되었다.

정경은 사도와 그에 준하는 저자에 의해 기록되고, 가필된 흔적이 없는 책으로 선정하였다. 저자가 불확실하거나, 가필된 흔적이 있거나, 지나칠 정도로 신비한 내용이 담긴 책은 제외하였다.

그때 공회가 나름대로 엄격한 기준에 의해 선정하기는 하였지만, 사도 바울이 쓴 고린도 서신 3개 가운데 1서와 2서는 선정이 되고 3서는 제외되는 등, 우여곡절을 겪기도 하였다. 따라서 정경에 들었다고 해서 다 완벽하고, 정경에서 제외되었다고 해서 다 가치가 없는 것은 아니다.

당시 신학적 체계와 교리의 정립, 정경의 기준 등이 절실히 필요하였던바, 시대적 요청에 의해 정경 밖의 책들을 모아 소각하게 되었다. 그래서 사라진 경외서가 오늘날 부분적으로 발견되면서 그 실체가 조금씩 드러나고 있다. 하지만 안타깝게도, 그동안 상실된 부분도 많을 뿐만 아니라, 해석상 또는 번역상의 애로가 많아 원본에 가까운 내용을 접하기는 사실상 어려운 실정이다.

오늘날 영지주의 가현설이나 이원론 등에 대한 교회의 위험성은 거의 사라졌다고 본다. 지나친 선입견이나 성경 밖의 복음서는 무조건 나쁘다는 고정 관념의 틀에서 벗어날 필요가 있다. 오히려 초대교회 성도들의 풍성한 영성을 누릴 때라고 여겨진다.

사실 성경이 보편화된 오늘날, 누가 영지주의 사상을 그대로 지지하겠으며, 역사적 예수를 부정하고 성령의 활동을 부인하겠는가? 혹시 그런 사람이 있다면, 그는 그리스도인이 아니라 기독교를 대적하는 사람일 것이다.

지금은 누구나 성경을 가지고 있으며, 각자 나름대로의 신앙 지식과 영적 체험을 통해 신령한 은혜를 누리고 있다. 경외 복음이라고 해서 무조건 터부(taboo)시하거나, 이단 서적을 대하듯 그렇게 할 필요가 없다.

오히려 초대교회 성도들이 쓴 신앙적 글들을 읽고 그들의 영성을 함께 맛보고 누려야 한다. 가능하다면 불교의 경전이나 유교의 사서삼경, 이슬람교의 쿠란과 같은 타 종교의 책들도 보면 좋을 것이다. 물론 기독교 신앙의 군건한 토대 위에서 보아야 한다.

지피지기(知彼知己)면 백전백승(百戰百勝)이라는 말이 있듯이, 기독교도 알고 타 종교도 알아야 선교도 하고 복음도 전하며, 코이노니아(교제)와 디아코니아(봉사)를 통해 교회를 세워나갈 수 있다.

남의 가치는 인정하지 않고 자기만 잘났다고 떠들어대는 사람은 정말 곤란하다. 누가 그런 사람을 참 신앙인으로 인정하겠는가? 보수적일수록 진보적이고 급진적인 신학자의 글을 많이 보아야 한다. 그래야 내실을 다질 수 있다. 그렇지 않으면 연못가의 개구리가 되기 십상이다. 오늘날 교회가 퇴보하는 가장 큰 이유가 목사의 독선과 교회의 배타성에 있다는 사실을 알아야 한다.

우리는 동서고금의 영감이 깃든 많은 책들을 읽고 은혜받을 만한 넉넉한 믿음을 가져야 한다. 쌀밥의 진미를 제대로 알려면 보리밥과 잡곡밥도 먹어봐야 한다. 우리는 쌀밥으로 충분하니 보리밥이나 잡곡밥은 아예 먹지 말라고 가르치는 사람은 정말 어리석다.

지난 2015년 9월, 4복음서를 통합하고 사도행전을 덧붙여『예수 복음』을 발간하였다. 이어서『예수 교의 Ⅰ,Ⅱ』를 편집하면서 다양한 저자의 책들을 많이 읽었다. 그리고『경외 복음』을 펴내기까지 적어도 10년 이상이 걸렸다.

여기서 다시 말하지만, 그리스도인의 영원한 교과서는 4복음서를 포함한 66권 성경이다. 다른 복음을 신앙의 기준으로 삼아서는 안 된다. '예수 복음'이나 '경외 복음'은 '정경 복음'의 참고서로 생각하고 읽어야 한다.

그러나 일반 종교 서적이나 기독교 고전보다는 훨씬 귀하고 풍성한 말씀이 깃들어 있다. 그래도 뭔가 껄끄러우면, 그냥 성경시대의 고전을 읽는다고 편하게 생각하라. 그러다가 이제까지 보지 못한 감동적인 글을 발견하면, 그에 따른 은혜를 받으면 된다.

경외서 빌립 복음 115장에 이런 글이 있다.

'믿음은 우리가 뿌리를 내리는 토양이다. 소망은 우리에게 양분을 주는 수분이다. 사랑은 우리를 자라게 해주는 통풍이다. 지식은 우리를 여물게 하는 햇빛이다.'

그렇다. 모든 성경은 우리가 알고 믿어 누리기 위한 책이다. 믿음의 주체는 예수 그리스도다. 성경을 맹신하면 오류에 빠질 수 있다. 우리는 성경을 통해 하나님을 알고 예수님을 믿어 성령님을 누려야 한다.

이제 성경 밖 복음서를 접하는 여러분에게 주님의 영감이 갑절로 임하기를 빈다. 혹시 있을지도 모르는 해석상의 충돌이나 불필요한 갈등에 휩싸이지 않기를 바란다.

2018. 5. 11
예수나라 청지기

1. 외경(外經)에 대하여

헬라어 외경 아포크리파(Apocrypha)는 '감춰진', '숨겨진' 등의 뜻으로 '아포크뤼포스'에서 유래하였다. '아포크리파'는 문학적 용어로 작품 안에 내재된 '숨겨진 글'이라는 의미가 있다. 대체로 주전 4세기부터 주후 1세기까지 기록된 유대의 묵시문학을 가리킨다.

1) 구약 외경
① 마카비상: 주전 175년 안티오쿠스 에피파네스가 수리아 왕위에 오른 때부터, 유다 마카비 가의 시몬이 세상을 떠난 135년까지, 약 40년간의 유대 역사를 기록한 내용
② 마카비하: 마카비상과 연속성은 없으나, 유다 마카비 가의 독립운동과 그에 대한 하나님의 간섭을 소개한 내용
③ 므낫세의 기도: 유다 왕 므낫세가 바벨론에 끌려간 이후 참회하는 내용

④ 바룩: 포로로 잡혀간 유대인의 기도와 참회, 회복의 약속

⑤ 벨과 뱀: 바벨론 포로 시 다니엘이 지혜로 바벨론의 두 우상 벨과 뱀을 무찌르는 내용

⑥ 솔로몬 지혜서: 알렉산드리아에 머물던 한 유대인에 의해 편집된 신앙 권면

⑦ 수산나: 바벨론 포로 시 수산나라는 정결한 처녀가 기도로 대적의 모함을 이겨내는 내용

⑧ 아사라의 기도와 세 청년의 노래: 에피파네스 또는 마카비 시대에 한 유대인이 기록하여, 정경 다니엘 3장 23절과 24절 사이에 삽입시킨 글

⑨ 에스더 부록: 한 유대인이 헬라어로 에스더서를 번역할 때, 끝부분에 107절에 달하는 기도, 신앙, 헌신, 경건 등을 게재한 글

⑩ 에스드라상: 유대인들의 바벨론 포로와 해방 이야기

⑪ 에스드라하: 바벨론에서 에스드라에게 임한 7가지 계시

⑫ 예레미야 편지: 바벨론 포로에게 보낸 예레미야의 편지

⑬ 유딧: 아시리아의 유다 침공 시, 과부 유딧이 적장을 유혹하여 암살하고 도시를 구한 일

⑭ 집회서, 시락의 자손, 예수의 지혜서: 시락의 자손이자 예루살렘의 경건한 유대 학자 예수에 의해 기록된 글

⑮ 토비트: 경건한 유대 청년 토비트가 니느웨로 잡혀간 사건

2) 신약 외경

신약 외경은 정경에서 제외된 초대교회 당시의 각종 문헌을 가리킨다. 구약 외경과 달리 위, 조작되거나 비정통 기독교 분파들이 자기 교리에 맞게 각색한 내용이 많다. 하지만 기독교 신앙에 기초한 순수한 내용들도 많이 포함되어 있다. 초대교회 당시의 정황이나 성도들의 사고, 그들의 생활을 반영하고 있다는 사료적 측면에서 유익한 정보를 제공하고 있다.

① 복음서: 나사렛인 복음, 니고데모 복음, 도마 복음, 도마 어록, 마가의 비밀 복음, 마리아 복음, 맛디아 복음, 바돌로매 복음, 베드로 복음, 보병궁 복음, 빌립 복음, 야고보 복음, 야고보 비밀의 책, 요셉 복음, 위 마태복음, 유다 복음, 이집트인 복음, 진리 복음, 히브리인 복음 등

② 역사서: 니고데모 행전, 다대오 행전, 도마 행전, 바나바 행전, 바울 행전, 베드로 행전, 빌라도 행전, 빌립 행전, 안드레 행전, 야고보 행전, 요한 행전 등

③ 서신서: 고린도 3서, 그리스도와 압갈 서신, 라오디게아서, 바울과 세네카 서신, 사도 서신 등

④ 계시록: 도마 계시, 바울 계시, 베드로 계시, 스데반 계시, 야고보 계시 등

2. 위경(僞經)에 대하여

위경(Pseudepigrapha)은 신구약 중간기와 주전 200년에서 주후 200년 사이에 기록된 유대의 문헌들(유대교 묵시, 전승, 시가, 지혜서 등)로서, 구약의 정경이나 외경에 들지 않는 기록들을 가리킨다.

'위경'을 가리키는 헬라어 '프슈드에피그라파'는, '가짜'라는 뜻의 '프슈데스'와 '위에 쓰다'는 뜻의 '에피그라포'의 합성어로, '거짓 표제'를 의미한다. 이는 어떤 사람이 다른 사람의 이름을 빌려 기록한 거짓 문서라는 의미다.

그러나 위경이라고 해서 모든 것이 허구라고 볼 수는 없다. 유대의 랍비들은 외경과 위경을 따로 구분하지 않고, 정경에 포함되지 않은 책이라고 해서 그냥 '경외서'로 부른다.

사실 정경 유다서(1. 9, 14, 15)에도 경외서(모세 승천기, 에녹서)의 내용 일부가 포함되어 있다. 이로 인해 유다서는 소위 '논쟁의 책'에 포함되어 많은 토론과 논쟁을 거쳐 정경으로 인정되었다.

1) 팔레스타인 문서: 모세 승천기, 바룩 묵시서, 솔로몬 시편, 12족장 유언서, 아담과 하와의 생애, 아히카르 잠언, 에녹의 책, 예언자들의 생애, 요벨서, 욥의 유언, 이사야 순교서, 하가다 등

2) 알렉산드리아 문서: 마카비 3서, 마카비 4서, 바룩 3서, 시빌 신탁, 아리스테이스 서간, 아세낫의 기도, 에녹서 등

3. 속사도와 교부들의 문헌에 대하여

정경, 외경, 위경 외에 교회사적으로 주목받고 있는 주요 문헌들 중에는, 속사도와 교부들(Apostolic Fathers)이 기록한 책들도 있다. 교훈집(디다케), 바나바 서신, 이그나티우스 서신, 클레멘트 1서, 폴리캅 서신, 허마스의 목양서, 유대인 율법 등이다.

참고사항

1. ( ) 는 편집자나 번역자, 엮은이 등이 보충한 부분이다.

2. (…) 는 상실되거나 훼손이 심하여 해석 또는 편집이 곤란한 부분이다.

3. 장(章)의 구분이 어려운 것은 편집하는 과정에서 임의로 합치거나 나누었다.

4. 절(節)은 편의상 엮은이가 임의로 부여하였다.

5. 단어나 구절에 얽매이지 않고 의역한 경우도 있다.

6. 한국어 번역은 다음 사전 Beta를 이용하여 참조하였다.

7. 2010년경 경외서 자료를 제공한 익명의 신부님께 감사드린다.

8. '예수나라공동체' 블로그에 다양한 경외서 번역본을 올려준 '아엘욥'님에게 감사를 표한다.

차례

제2편   제자 이야기

제1편

예수 이야기

제1권

도마 어록

이는 살아계신 예수님의 생생한 말씀을
쌍둥이 유다 도마가 기록한 예수님의 숨은 어록이다.

제1장

1 "이 말씀을 깨닫는 사람은 누구든지 죽음을 맛보지 않을 것이다."

제2장

1 "진리를 추구하는 사람은 발견할 때까지 멈추지 마라.

2 발견하면 혼란하고,

3 혼란하면 놀랄 것이나,

4 그 후에는 모든 것을 다스릴 것이다."

제3장

1 "너희를 인도하는 자들이 '보라, 하나님의 나라가 하늘에 있다'고 하면, 하늘의 새가 너희보다 먼저 그곳에 도착할 것이다.

2 그들이 '보라, 하나님의 나라가 바다에 있다'고 하면, 바다의 물고기가 너희보다 먼저 그곳에 도착할 것이다.

3 그러나 하나님의 나라는 너희 안에도 있고, 너희 밖에도 있다.

4 너희가 너희 자신을 스스로 알게 되면, 너희가 바로 살아계신 하나님의 자녀라는 사실을 알 것이다.

5 하지만 너희가 너희 자신을 스스로 알지 못하면, 너희가 빈곤 중에 머물 것이며, 너희 자신이 곧 빈곤일 것이다."

제4장

1 "나이 많은 사람이 생후 7일 된 어린 아기에게 삶의 자리에 대해 묻

기를 망설이지 않으면, 그는 살아날 것이다.

2 먼저 태어난 많은 사람이 나중이 되고, 결국은 모두 하나가 될 것이다."

제5장

1 "너희 눈앞에 보이는 것을 먼저 깨닫도록 하라. 그리하면 너희에게 숨겨진 것이 드러날 것이다.

2 숨겨진 것은 반드시 나타나기 마련이다."

제6장

1 제자들이 물었다.

"저희가 금식을 해야 합니까?"

"기도는 어떻게 해야 합니까?"

"저희가 자선을 베풀어야 합니까?"

"음식에 대한 어떤 규정을 지켜야 합니까?"

2 예수님이 대답하셨다.

"너희 자신에게 거짓말하지 마라. 너희가 싫어하거든 아무것도 하지 마라. 모든 것이 하나님 앞에 드러나기 때문이다.

3 드러나지 않게 숨겨진 것은 없고, 밝혀지지 않게 감춰진 것은 없다. 아무도 모르게 덮어둔 것도 벗겨지기 마련이다.

제7장

1 "사람에게 먹혀 사람이 되는 사자(獅子)는 복이 있다.

2 사자에게 먹혀 사자가 되는 사람은 저주를 받았다."

제8장

1 "현명한 사람은 바다에 그물을 던져 작은 고기가 가득히 담긴 그물을 끌어올리는 어부와 같다.

2 그는 가장 튼실하고 커다란 물고기를 발견한 후, 그것만 취하고 나머지는 도로 바다에 던진다.

3 그러한 방법으로 그는 어렵지 않게 큰 고기를 취한다. 들을 귀가 있는 사람은 들어라."

제9장

1 "보라, 씨를 뿌리는 사람이 밭으로 나가 씨를 한 움큼 쥐고 뿌렸다.

2 더러는 길가에 떨어져 새들이 와서 쪼아 먹었다.

3 더러는 흙이 얇은 돌밭에 떨어져 뿌리를 내리지 못하고 싹을 틔우지 못했다.

4 더러는 가시덤불 속에 떨어져 싹이 질식해 시든 후 벌레가 와서 먹어버렸다.

5 그러나 나머지는 좋은 땅에 떨어져 결실하였는바, 60배와 120배의 열매를 거두었다."

제10장

1 "보라, 내가 와서 세상에 불을 던졌다.

2 그리고 활활 타오를 때까지 지켜보고 있다."

제11장

1 "이 하늘도 지나가고, 그 위의 하늘도 지나갈 것이다.

2 죽은 자는 살아있지 않고, 살아있는 자는 죽지 않을 것이다.

3 너희가 죽은 것을 먹는 날 그것을 살릴 것이다. 너희가 빛 가운데 있을 때 무엇을 하겠느냐?

4 너희가 하나였을 때 둘이 되었다. 너희가 둘이 될 때 무엇을 하겠느냐?"

제12장

1 제자들이 예수님께 물었다. "우리는 당신이 떠나실 것으로 알고 있습니다. 누가 우리의 지도자가 되겠습니까?"

2 예수님이 대답하셨다. "너희가 어디에 있든지 의인 야고보를 찾아가라. 그를 위해 하늘과 땅이 지어졌다."

제13장

1 예수님이 제자들에게 이르셨다. "내가 누구와 같은지 다른 사람에 빗대어 말해 보라."

2 시몬 베드로가 대답하였다. "당신은 하나님의 의로운 사자(使者)와 같습니다."

3 마태가 대답하였다. "당신은 이해심 많고 슬기로운 철학자와 같습니다."

4 도마가 대답하였다. "선생님, 당신이 누구와 같은지 제 입으로 말할 수 없는 어리석음으로 인해 괴롭습니다."

5 예수님이 말씀하셨다. "나는 네 선생이 아니다. 너는 내가 나눠준 지혜의 샘물을 마시고 취하였다."

6 그리고 예수님은 도마를 데리고 다른 곳으로 가서 3가지 말씀을 들려주셨다.

7 잠시 후 도마가 돌아오자 제자들이 물었다. "예수님이 당신에게 무슨 말씀을 하셨습니까?"

8 도마가 대답하였다. "내가 만일 그분이 말씀하신 3가지 중에서 1가지라도 말한다면, 당신들은 지체없이 돌을 들어 나에게 던질 것이며, 그 돌은 불을 뿜어 당신들을 사를 것입니다."

제14장

1 "너희가 잘못된 금식을 하면, 너희 자신에게 죄를 지을 것이다.

2 너희가 올바르지 못한 기도를 하면, 너희 스스로 비난을 받을 것이다.

3 너희가 위선으로 자선을 베풀면, 너희 자신의 영이 상하게 될 것이다.

4 너희가 어느 나라 어느 지방에 가서 일하든지 그들이 너희를 영접하거든, 그들이 주는 음식을 먹고 그들 중에 있는 병자를 고쳐주어라.

5 너희 입으로 들어가는 것이 너희를 더럽히는 것이 아니라, 너희 입에서 나오는 것이 너희를 더럽히는 것이다."

제15장

1 "여인을 통하지 않고 세상에 나온 분을 보거든, 얼굴을 땅에 대고 엎
드려 경배하라. 그분이 바로 너희 하나님 아버지시다."

제16장

1 "사람들은 내가 세상에 평화를 주려고 온 줄로 안다.

2 그들은 내가 이 땅에 불화를 주려고 온 줄을 모른다. 이른바 불과 칼
과 전쟁이다.

3 한 집 안에 5식구가 있으면, 3명이 2명을 대적하고 2명이 3명을 대적
하여 싸울 것이며, 아버지가 아들과 다투고 아들이 아버지와 다툴
것이다.

4 그리고 그들은 쓸쓸히 지내다가 각기 홀로 일어설 것이다."

제17장

1 "이제까지 어느 눈도 보지 못하고, 어느 귀도 듣지 못하고, 어떤 손도
만지지 못하고, 어떤 사람의 마음도 생각지 못한 것을 내가 너희에게
줄 것이다."

제18장

1 제자들이 말했다. "저희 마지막이 어떻게 될지 말씀하여 주십시오."

2 예수님이 말씀하셨다. "너희가 말하는 그 마지막의 시작을 알고 마
지막을 묻느냐? 시작이 있는 곳에 마지막이 있기 때문이다.

3 시작에 자신의 자리를 두는 자는 복이 있다. 그는 마지막을 알고 죽음도 맛보지 않을 것이다."

제19장

1 "자신이 태어나기 전에 존재한 사람은 복이 있다.

2 너희가 내 제자가 되어 내 말에 귀를 기울이면, 이 돌들이 너희를 섬길 것이다.

3 너희를 위해 낙원에 5그루의 나무가 있다. 여름과 겨울에도 변하지 않으며, 그 잎사귀도 떨어지지 않는다.

4 그 나무를 아는 사람은 누구든지 죽음을 맛보지 않을 것이다."

제20장

1 제자들이 말했다. "천국은 무엇과 같은지 가르쳐주십시오."

2 예수님이 대답하셨다. "천국은 겨자씨 한 알과 같다.

3 겨자씨는 모든 씨앗 중에서 가장 작다.

4 하지만 준비된 땅에 떨어지면 큰 나무가 되고, 공중의 새들을 위한 보금자리가 된다."

제21장

1 마리아가 예수님께 여쭤보았다. "당신의 제자들은 누구와 같습니까?"

2 예수님이 대답하셨다. "그들은 자기네 소유가 아닌 남의 밭에 들어가 살아가는 어린아이와 같다.

3 그 주인이 와서 '우리 밭을 돌려 달라'고 하면, 아이들은 그 앞에서 옷을 벗고 벌거숭이 상태로 밭을 돌려줄 것이다.

4 그런 고로 내가 분명히 말한다. 집주인이 도둑이 들어올 줄을 알면, 도둑이 들어오기 전에 미리 방비하고 깨어 있을 것이며, 도둑이 집으로 들어와 물건을 훔쳐가지 못할 것이다.

5 그러므로 너희도 세상에 대해 깨어 있으라.

6 너희 스스로 강한 힘으로 무장하여 도둑이 너희에게 이르지 못하게 하라.

7 너희가 염려하는 재난이 곧 다가올 것이기 때문이다.

8 너희 중에 현명한 사람이 있기를 빈다.

9 곡식이 익으면 추수하는 사람이 손에 낫을 들고 와서 재빨리 추수한다.

10 들을 귀가 있는 사람은 알아들어라."

제22장

1 어머니 젖을 빨고 있는 아기를 보고 예수님이 제자들에게 말씀하셨다. "어머니 품에서 젖 먹는 아기는 천국에 들어간 것이나 다름이 없다."

2 제자들이 물었다. "그러면 저희도 젖먹이처럼 되어야 천국에 들어갑니까?"

3 예수님이 대답하셨다. "너희가 그 둘을 하나로 만들어야 한다.

4 속을 겉처럼 겉을 속처럼, 위를 아래처럼 아래를 위처럼 만들고, 남

성과 여성을 하나로 만들면, 남성은 남성과 같지 않고 여성은 여성과 같지 않게 된다.

5 그리고 너희 눈이 있을 자리에 눈을, 손이 있을 자리에 손을, 발이 있을 자리에 발을, 얼굴이 있을 자리에 얼굴을 두면, 너희가 하나님의 나라에 들어갈 것이다."

제23장

1 "내가 천에서 하나, 만에서 둘을 고르듯, 너희를 택하여 세웠다.

2 그러니 너희는 하나가 되어 반듯하게 설 것이다."

제24장

1 제자들이 말했다. "당신이 계신 곳을 보여주십시오. 우리는 그것을 찾아야 합니다."

2 예수님이 말씀하셨다. "누구든지 들을 귀가 있는 사람은 들어라.

3 빛은 빛의 사람 안에 있어야 온 세상을 비추게 된다. 그가 빛나지 않으면 그곳이 어둠이다."

제25장

1 "네 형제를 네 생명처럼 사랑하고, 네 눈동자처럼 보호하라."

제26장

1 "너희는 형제의 눈 속에 있는 티는 보면서, 너희 눈 속에 있는 들보는

보지 못하고 있다.

2 너희 눈 속의 들보를 빼내야 너희 눈이 밝아질 것이며, 그때 비로소 형제의 눈 속에 있는 티도 빼낼 수 있을 것이다.”

제27장

1 “너희가 세상에서 물러나 금식하지 않으면, 하나님의 나라를 찾지 못할 것이다.

2 너희가 안식에 들어가 안식일을 지키지 않으면, 하나님 아버지를 뵙지 못할 것이다.”

제28장

1 “내가 육신을 입고 그들에게 나타나 세상 한가운데 자리를 잡고 서 있다.

2 내가 살펴보니 그들은 모두 술에 취해 아무도 목말라하지 않았다.

3 내가 그들을 보고 마음이 찢어지듯 아픈 것은, 그들이 영적으로 눈이 멀어 앞을 내다보지 못하기 때문이다.

4 그들은 빈손으로 세상에 왔다가, 공허한 세상을 탓하며 벌거벗은 채 떠나기를 구하였다.

5 지금도 그들은 취해 있으나 그들이 술을 떨쳐버릴 때, 비로소 그들의 마음이 바뀔 것이다.”

제29장

1 "육신이 영으로 인해 존재하게 되었다면 그것은 기적이다.

2 하지만 영이 육신으로 인해 존재하게 되었다면 그것은 기적 중의 기적이다.

3 그럼에도 나는 이것이 정말 놀랍고 신비롭다. 이렇듯 위대한 풍요가 어떻게 저런 빈곤 속에 머물게 되었는지."

제30장

1 "신이 셋이 있는 곳에는 그들이 신이다.

2 둘이나 하나가 있는 곳에는 내가 그와 함께 있다."

제31장

1 "자기 고향에서 존경을 받는 예언자는 없다.

2 자기를 잘 아는 자를 치료하는 의사도 없다."

제32장

1 "높은 산에 요새처럼 견고하게 세워진 도시는 무너질 수도 없고 숨겨질 수도 없다."

제33장

1 "너희는 너희 귀로 듣는 것을 지붕 위에 올라가 다른 사람이 알아듣도록 크게 전파하라.

2 등불을 켜서 됫박 아래 두거나 은밀한 장소에 숨겨 두는 사람은 아무도 없다.

3 오히려 등경 위에 올려놓아 오가는 사람들이 밝히 볼 수 있도록 한다."

제34장

1 "맹인이 맹인을 인도하면 둘 다 구덩이에 빠지게 된다."

제35장

1 "누구든지 강한 자의 집에 들어가 그의 물건을 빼앗을 수 없다.

2 먼저 그의 수족을 결박하여 힘을 제압한 후에야 그 집의 세간을 약탈할 수 있다"

제36장

1 "아침부터 저녁까지, 저녁부터 아침까지 너희는 무엇을 먹을까, 무엇을 입을까 염려하지 말라.

2 너희는 빗질도 하지 않고 길쌈도 하지 않는 들의 백합화보다 훨씬 더 귀하다.

3 누가 너희에게 먹을 것을 주며 누가 너희에게 입을 것을 주느냐?

4 누가 너희 키를 한 치나 더할 수 있느냐? 바로 그분이시다."

제37장

1 제자들이 물었다. "우리에게 언제 나타나시고 우리는 언제 뵐 수 있

을까요?"

2 예수님이 대답하셨다. "너희가 어린아이처럼 스스럼없이 옷을 훌훌 벗어 발아래 둘 때, 비로소 살아계신 하나님의 아들을 볼 것이며, 더 이상 아무것도 두려워하지 않을 것이다."

제38장

1 "내가 너희에게 하는 이 말을 너희는 여러 번 듣기를 원할 것이나, 그 말을 들려줄 사람은 아무도 없을 것이다.

2 너희가 나를 찾을 때가 있겠지만, 너희는 나를 보지 못할 것이다."

제39장

1 "바리새인들과 율법학자들이 지식의 열쇠를 받았으나 그것을 숨겨 버렸다.

2 그들은 스스로도 들어가지 않고, 들어가기를 원하는 사람들에게도 허락하지 않았다.

3 그러니 너희는 뱀처럼 지혜롭고 비둘기처럼 순결해라."

제40장

1 "아버지의 포도원 밖에 심긴 포도나무가 한 그루 있었다.

2 돌봄을 받지 못해 잘 자라지도 못했는바, 그 뿌리가 뽑혀 사라질 것 이다."

제41장

1 "그의 손에 무엇을 가진 자는 더 받을 것이나, 갖지 못한 자는 그 가진 적은 것마저 빼앗길 것이다."

제42장

1 "지나가는 나그네와 같이 되어라. 이 세상은 지나가는 교량일 뿐 거처가 아니다."

제43장

1 제자들이 물었다. "우리에게 이런 일을 해야 한다고 말씀하시는 당신은 누구십니까?"

2 예수님이 말씀하셨다. "내가 너희에게 말하는 것으로 내가 누구인지 알지 못하겠느냐?

3 그러고 보니 너희도 유대인들처럼 되었구나. 그들은 나무는 사랑하되 열매를 싫어하거나, 열매는 사랑하되 나무를 싫어한다."

제44장

1 "아버지를 모독하는 자나 아들을 모욕하는 자는 용서받을 수 있다.

2 하지만 성령을 거역하는 자는 하늘과 땅에서 모두 용서받지 못할 것이다."

제45장

1 "가시나무에서 포도를 딸 수 없고, 엉경퀴에서 무화과를 거둘 수 없다. 그들은 열매를 맺지 않는다.

2 선한 사람은 그가 쌓은 마음의 곳간에서 선한 것을 내고, 악한 사람은 그가 쌓은 마음의 곳간에서 악한 것을 내며 악한 말을 한다.

3 그들의 마음속에 쌓인 것이 밖으로 흘러나오기 때문이다."

제46장

1 "아담에서 세례 요한에 이르기까지, 여자로부터 태어난 사람 중에 세례 요한보다 더 뛰어난 자는 없다. 아무도 요한을 필적할 수 없다.

2 하지만 내가 이미 말했듯이, 너희 중에 어린아이처럼 되는 사람은 누구나 천국을 알게 될 것이고, 세례 요한보다 더 뛰어난 자가 될 것이다."

제47장

1 "한 사람이 두 마리의 말을 동시에 탈 수 없고, 한 사람이 두 개의 활시위를 동시에 당길 수 없다.

2 한 종이 두 주인을 동시에 섬길 수 없음은, 한 주인을 열심히 섬기다가 다른 주인을 노하게 만들기 때문이다.

3 묵은 포도주를 마신 다음에 바로 새 포도주를 마시고 싶어 하는 사람은 아무도 없다.

4 새 포도주를 낡은 부대에 담으면 부대가 터지게 되고, 묵은 포도주를 새 부대에 담으면 부대를 못 쓰게 된다.

5 낡은 천 조각을 새 옷에 대고 깁는 사람도 없고, 새 옷 조각을 낡은 옷에 대고 깁는 사람도 없다. 둘 다 찢어져 못쓰게 되기 때문이다."

제48장

1 "한 집 안에서 둘이 화평하여 하나가 되면, 그들이 산에게 명하여 '멀리 물러가라!'고 하여도 그대로 될 것이다."

제49장

1 "홀로 되고 선택된 자가 복이 있다. 그들이 천국을 발견할 것이다.
2 그들은 거기서 왔고, 거기로 돌아갈 것이다."

제50장

1 "그들이 너희에게 '어디서 왔느냐?'고 묻거든, '우리는 빛에서 왔다. 빛은 스스로 생겨나 자리를 잡고 존재하며, 자신의 모습을 드러내고 있다'고 대답하라.
2 그들이 너희에게 '그 빛이 너희냐?'고 묻거든, '우리는 빛의 자녀요, 살아계신 아버지께서 우리를 선택하셨다'고 대답하라.
3 그들이 너희에게 '너희 안에 계시는 너희 아버지의 증거가 무엇이냐?'고 묻거든, '그것은 동(動)과 정(靜), 곧 운동과 휴식이다'라고 대답하라."

제51장

1 제자들이 물었다. "죽은 자들은 언제 일어나며, 언제 새로운 세상이 옵니까?"

2 예수님이 대답하셨다. "너희가 기다리는 것은 이미 와 있다. 너희가 깨닫지 못할 뿐이다."

제52장

1 제자들이 말했다. "이스라엘에 나타난 24명의 예언자가 모두 당신에 대해 말했습니다."

2 예수님이 말씀하셨다. "너희는 너희 앞에 살아있는 예언자는 두고 죽은 자들에 대해서만 말했다."

제53장

1 제자들이 물었다. "할례는 유익합니까? 유익하지 않습니까?"

2 예수님이 대답하셨다. "할례가 유익하다면, 그들의 아버지가 그들의 어머니로부터 할례가 된 채로 아이를 낳도록 했을 것이다.

3 영적으로 받은 참 할례가 모든 면에서 유익하다."

제54장

1 "가난한 자는 복이 있다. 하나님의 나라가 그들의 것이다."

제55장

1 "아버지나 어머니를 미워하지 않는 자는 내 제자가 될 수 없다.

2 형제와 자매를 미워하지 않고 자기 십자가를 지지 않는 자도 내게 합당치 않다."

제56장

1 "세상을 알게 된 자는 시체를 발견하게 되고, 시체를 발견한 자는 세상이 무가치하게 된다."

제57장

1 "아버지의 나라는 좋은 씨를 가진 사람과 같다.

2 밤에 그의 원수가 와서, 좋은 씨가 뿌려진 밭에 가라지를 덧뿌리고 갔다. 그러자 보리와 가라지가 함께 자랐다.

3 그가 일꾼들에게 일러주었다. '가라지를 뽑지 마라. 가라지를 뽑다가 보리까지 뽑을까 염려된다. 추수 때까지 기다렸다가, 가라지를 가려 내 불사를 것이다'라고 하였다."

제58장

1 "고난을 당하면서 자신의 삶을 찾은 사람은 복이 있다."

제59장

1 "너희는 살아있는 동안에 살아계신 분을 바라보라. 너희는 죽을 것

이고, 죽은 후에 찾으면 소용이 없다."

제60장

1 한 사마리아인이 양 한 마리를 끌고 유대로 들어가는 모습이 보였다.

2 예수님이 물으셨다. "저 사람이 왜 양을 끌고 가느냐?"

3 제자들이 대답하였다. "그 양을 잡아먹기 위해 그럴 겁니다."

4 예수님이 말씀하셨다. "그는 양이 살아있는 동안에는 먹지 못할 것이나, 양이 죽어 시체가 되면 먹을 것이다."

5 제자들이 말했다. "그 외에는 달리 방법이 없을 겁니다."

6 예수님이 말씀하셨다. "너희도 마찬가지다. 시체가 되어 먹히지 않도록 미리 쉴 만한 곳을 찾아라."

제61장

1 예수님이 말씀하셨다. "한 침대에서 둘이 쉬다가 하나는 죽고 하나는 살 것이다."

2 살로메가 말하였다. "남자여, 당신은 누구십니까? 당신도 제 소파에 기대셨고, 제 식탁에서 잠수셨습니다."

3 예수님이 말씀하셨다. "나는 늘 한결같은 한 분으로부터 왔으며, 내 아버지의 모든 것이 나에게 허락되었다."

4 살로메가 말하였다. "저는 당신의 제자입니다."

5 예수님이 말씀하셨다. "그러므로 내가 말한다. 그가 아버지와 분리되지 않고 온전한 하나가 될 때는 빛으로 가득 찰 것이나, 그가 분리되

어 나눠지면 어둠으로 가득 찰 것이다."

제62장

1 "나는 나의 신비를 그에 합당한 자들에게 밝힌다.
2 너희 오른손이 하는 일을 왼손이 모르게 하라."

제63장

1 "돈을 많이 가진 부자가 마음속으로 생각하였다. '내가 씨를 뿌리고
   심는데 이 돈을 투자하여, 내 창고를 곡식으로 가득 채울 것이다. 그
   리하여 조금도 부족함이 없도록 하겠다.'
2 그러나 그 부자는 그날 밤에 죽었다.
3 들을 귀가 있는 사람은 들어라."

제64장

1 예수님이 비유를 들어 말씀하셨다. "어떤 사람이 만찬을 준비하고 손
   님들을 초대하였다.
2 종이 첫째 사람에게 가서 말했다. '우리 주인님이 당신을 초대하셨습
   니다.' 그러자 그가 말하였다. '내게 빚진 상인들이 돈을 가지고 오늘
   밤 오기로 되어 있소. 내가 그들에게 지시할 것이 있어 그러니 양해
   하시오.'
3 종이 둘째 사람에게 가서 말했다. '우리 주인님이 당신을 초대하셨습
   니다.' 그러자 그가 말하였다. '내가 집을 사서 그들에게 하루 다녀와

야 하오. 시간이 없으니 양해를 구하오.'

4 종이 셋째 사람에게 가서 말했다. '우리 주인님이 당신을 초대하셨습니다.' 그러자 그가 말하였다. '내 친구가 방금 결혼하여 내가 연회를 준비해야 하오. 양해하시오.'

5 종이 넷째 사람에게 가서 말했다. '우리 주인님이 당신을 초대하셨습니다.' 그러자 그가 말하였다. '내가 땅을 산 것이 있어 세를 받으러 가야 하오. 양해를 구하오.'

6 종이 주인에게 돌아와 말했다. '주인님이 초대한 사람들 모두가 피치 못할 사정이 있어 양해를 구했습니다.'

7 그러자 주인이 종에게 이르기를, '너는 거리로 나가서 닥치는 대로 사람들을 데리고 오너라. 그들을 만찬에 초대하겠다. 장사꾼이나 상인들은 사고파는 일에 얽매여 내 아버지의 나라에 들어오지 못할 것이다'라고 하였다."

제65장

1 "포도원을 가진 사람이 있었다. 그가 포도원을 잘 다듬어 농부들에게 빌려주었다.

2 추수가 끝나자 주인이 소출의 얼마를 받아오라고 종을 보냈다. 그런데 농부들은 그 종을 붙잡아 몹시 때리고 거의 죽게 만들었다.

3 종이 돌아와 주인에게 자초지종을 보고했다. 주인은 '내 종이 그들을 알아보지 못했을 수도 있겠지.' 하며 다른 종을 보냈다.

4 그러나 농부들은 그 종도 마찬가지로 때리고 돌려보냈다. 그때 주인

은 자신의 아들을 보내며, '그들이 내 아들은 존경하겠지'하고 생각하였다.

5 그러자 농부들은 그가 포도원을 물려받을 상속자라는 사실을 알고, 그를 붙잡아 아예 죽여 버렸다.

6 여기서 누구든지 귀가 있는 사람은 알아들어라."

제66장

1 "집 짓는 자들이 버린 그 돌을 내게 보이라. 그것이 바로 머릿돌이다."

제67장

1 "모든 것을 다 안다는 사람도 자기 부족함을 인식하지 못하면, 그는 이미 모든 방면에서 부족한 사람이다."

제68장

1 "그들이 너희를 미워하고 핍박하면 너희에게 복이 있다.

2 그들은 너희를 핍박하는 장소 외에는 아무 자리도 찾지 못할 것이다."

제69장

1 "심적으로 핍박받는 사람들에게 복이 있다. 그들은 아버지를 참으로 알게 될 것이다.

2 굶주린 사람들에게 복이 있다. 그들의 허기진 배가 채워져 만족하게 될 것이다."

제70장

1 "너희가 너희 안에 있는 존재를 드러내면, 너희가 가진 그 존재가 너희를 구원할 것이다.

2 그런데 너희가 너희 안에 그 존재를 가지고 있지 않으면, 그로 인해 너희는 멸망할 것이다."

제71장

1 "내가 이 집을 무너뜨리면 아무도 다시 세우지 못할 것이다."

제72장

1 어떤 사람이 예수님께 말하였다. "제 아버지의 유산을 저와 나누라고 제 형제들에게 명하여 하십시오."

2 예수님이 대답하셨다. "이 사람아, 누가 나를 재산 분배자로 삼았느냐?"

3 그리고 제자들을 돌아보며 물으셨다. "내가 재산을 나누는 자가 아니지 않느냐?"

제73장

1 "추수할 것은 많은데 일꾼이 적구나. 들판으로 추수꾼들을 보내달라고 주님께 청하라."

제74장

1 그가 말하였다. "주님, 우물 주변에는 사람들이 둘러싸고 있지만, 정작 우물 속에는 물이 없습니다."

제75장

1 "문간에 서 있는 사람은 많지만, 신부의 방에 들어갈 사람은 하나뿐이다."

제76장

1 "아버지의 나라는 많은 상품을 가진 상인이 진주를 발견한 것과 같다.

2 그는 영민하여 자기가 가진 상품을 다 팔아 그 진주 하나를 산다.

3 그러니 너희도, 나방이 들지도 않고 벌레도 먹지 않는 곳에 있으며, 영원히 소멸하지 않고 보존되는 그분의 보물을 구하라."

제77장

1 "나는 모든 것 위에 존재하는 빛이다. 고로 모든 것의 모든 것이다.

2 모든 것이 나로 말미암아 나왔고, 모든 것이 나로 말미암아 돌아온다.

3 저기 있는 나무를 쪼개 보아라. 거기에도 내가 있다.

4 저기 있는 돌을 들어 보아라. 거기서도 나를 발견할 것이다."

제78장

1 "너희가 무엇을 보려고 들판에 나갔더냐? 바람에 흔들리는 갈대를 보기 위함이냐?

2 아니면 너희 통치자들과 권력자들처럼 화려한 옷을 입은 사람을 보기 위함이냐?

3 보라, 그들은 화려한 옷을 입었지만 진리를 깨달을 능력이 없다."

제79장

1 무리 중에서 한 여인이 말했다. "당신을 낳은 자궁과 당신을 먹인 유방은 복이 있습니다."

2 예수님이 말씀하셨다. "아버지의 말씀을 듣고 참으로 지키는 사람이 복이 있습니다.

3 여러분이 '아이를 배지 않은 자궁과 젖을 물리지 않은 유방이 복이 있다'고 말할 날이 올 것입니다."

제80장

1 "세상을 알게 되면 누구나 육신을 발견하게 된다.

2 육신을 발견한 사람은 세상이 그에게 무가치하다는 사실을 알게 된다."

제81장

1 "부자는 누구나 왕처럼 남을 다스리기를 원한다.

2 그러나 그 힘을 단념할 만한 사람이 되어야 한다."

제82장

1 "내 옆에 있는 사람은 불 가까이 있다.

2 나와 떨어진 사람은 천국에서 멀리 있다."

제83장

1 "사람의 모습은 보이게 나타나지만, 사람 안에 있는 빛은 보이지 않는 아버지의 빛 속에 가려져 있다.

2 아버지의 빛은 스스로 드러나지만, 그 안에 있는 형상은 보이지 않는 아버지의 빛에 의해 숨겨져 있다."

제84장

1 "너희는 거울에 비친 것처럼 너희와 비슷한 모습을 보고 크게 기뻐한다.

2 그런데 너희가 태어나기 전부터 존재하였으며, 죽지도 않고 드러나지도 않은 너희 참모습을 본다면, 그 기쁨을 어찌 감당하겠느냐?"

제85장

1 "아담은 큰 권능과 풍요에서 태어났으나 너희에게 합당치 않았다. 그가 합당했다면 죽음을 맛보지 않았을 것이다."

제86장

1 "여우도 굴이 있고 새도 둥지가 있다.

2 하지만 나는 머리를 두고 쉴 만한 곳이 없다."

제87장

1 "한 몸에 매달리는 육신은 불행하다.
2 두 몸에 의지하는 영혼도 불행하다."

제88장

1 "천사와 예언자가 와서 너희에게 속한 것을 너희에게 줄 것이다.
2 너희는 너희가 가진 것을 그들에게 보답으로 주어라.
3 그리고 '그들이 언제 와서 그들의 것을 가져갈 것인가?' 하고 너희 자
   신에게 물어보라."

제89장

1 "너희는 어찌하여 잔의 겉만 닦느냐?
2 안을 만든 사람이 겉도 만들었다는 사실을 알지 못하느냐?"

제90장

1 "내게 오라. 내 멍에는 편하고 내 다스림은 부드럽다.
2 너희는 너희 자신을 위해 안식을 찾을 것이다."

제91장

1 제자들이 말했다. "우리가 당신을 믿을 수 있도록 당신이 누구신지

알려주십시오."

2 예수님이 말씀하셨다. "너희가 하늘과 땅의 기상은 분별할 줄 알면서, 너희 앞에 있는 나를 알아보지 못하고, 이 기회를 이용할 방법도 모르는구나."

제92장

1 "구하라, 그러면 찾을 것이다.

2 전에 너희가 물은 것을 그때는 내가 말하지 않았으나, 이제는 말하려고 한다. 하지만 너희가 구하지 않는다."

제93장

1 "거룩한 것을 개에게 주면 거름더미에 던질 것이다.

2 진주를 돼지에게 던지면 발로 짓밟아 진창에 묻을 것이다.

3 그러니 거룩한 것을 개에게 주지 말고, 진주를 돼지에게 던지지 마라."

제94장

1 "구하는 자가 찾을 것이다.

2 두드리는 자에게 문이 열릴 것이다."

제95장

1 "너희가 돈이 있거든 이자를 받고 빌려주지 마라.

2 차라리 돌려받지 못할 사람에게 나눠주어라."

제96장

1 "하나님의 나라는 작은 누룩을 반죽 속에 넣어 커다란 빵을 만든 여인과 같다.

2 누구든지 들을 귀가 있는 사람은 들어라."

제97장

1 "하나님의 나라는 곡물이 가득 담긴 항아리를 머리에 이고 가는 여인과 같다.

2 먼 길을 가는 동안 항아리의 한쪽 손잡이가 떨어져 곡물이 흘렀으나, 여인은 문제가 생겼다는 사실을 알지 못했다.

3 여인이 집에 도착하여 항아리를 내려놓았을 때, 비로소 항아리가 비었음을 알게 되었다."

제98장

1 "하나님의 나라는 힘센 자를 죽이려는 어떤 사람과 같다.

2 그는 자기 집에서 칼을 뽑아 벽을 찔러 보고, 자신의 팔이 강하다는 사실을 확인한 후 힘센 자를 죽였다."

제99장

1 제자들이 말했다. "당신의 형제분들과 어머니가 밖에 서 계십니다."

2 예수님이 말씀하셨다. "내 아버지의 뜻대로 행하는 여기 이 사람들이 내 형제요, 나의 어머니이다. 이들이 바로 아버지의 나라에 들어

갈 사람들이다."

제100장

1 그들이 금화 한 닢을 예수님께 보여주며 말했다. "로마 황제의 부하들이 우리에게 세금을 바치라고 합니다."

2 예수님이 말씀하셨다. "황제에게 속한 것은 황제에게 주고, 하나님께 속한 것은 하나님께 드리라.

3 그리고 나의 것은 내게 주어라."

제101장

1 "나와 같이 아버지와 어머니를 미워하지 않는 사람은 내 제자가 될 수 없다.

2 아울러 나와 같이 아버지와 어머니를 사랑하지 않는 사람도 내 제자가 될 수 없다.

3 나의 어머니는 내게 죽음을 주었으나, 나의 진정한 어머니는 내게 생명을 주었다."

제102장

1 "바리새인들에게 화가 있다. 그들은 소 여물통 속에서 잠자는 개와 같다.

2 그 개는 여물을 먹지 않으면서 소도 먹지 못하게 한다."

제103장

1 "도둑이 어디로 들어올지 아는 사람은 복이 있다.

2 그는 도둑이 들어오기 전에 미리 일어나 사람들을 불러 모으고 단단히 무장을 한다."

제104장

1 그들이 예수님께 말했다. "어서 오십시오, 오늘 우리와 함께 금식하고 기도합시다."

2 예수님이 말씀하셨다. "내가 무슨 죄라도 지었습니까? 아니면 어디 정복이라도 당했습니까?

3 차라리 신랑이 신부를 떠날 때 금식하고 기도하십시오."

제105장

1 "누구든지 자기 아버지와 어머니만 아는 자는 창녀의 자식이라 불릴 것이다."

제106장

1 "너희가 힘을 합쳐 둘을 하나로 만들 때 사람의 아들이 될 것이다.

2 그리고 너희가 '산아, 여기서 저기로 옮겨져라!'고 하여도 그대로 될 것이다."

제107장

1 "하나님의 나라는 양 100마리를 기르는 목자와 같다.

2 100마리 중에서 한 마리가 길을 잃으면, 99마리를 들에 남겨두고 한 마리를 발견할 때까지 두루 찾아다닌다.

3 힘쓰고 애쓴 끝에 그 양 한 마리를 찾으면, '내가 다른 양 99마리보다 너를 더 사랑하지 않느냐?'고 말한다."

제108장

1 "내 입에서 나오는 생수를 마시는 사람은 누구나 나와 같이 될 것이다.

2 나 자신도 그와 같이 될 것이다.

3 그리고 감춰진 것들이 그에게 드러날 것이다."

제109장

1 "하나님의 나라는 자기 밭에 감춰진 보물을 모르는 사람과 같다.

2 그가 죽고 아들이 상속하였으나, 그 아들도 그걸 알지 못하고 다른 사람에게 팔고 말았다.

3 그러나 밭을 산 사람은 밭을 갈다가 그 보물을 발견하고, 그가 원하는 대로 이자를 받으며 돈을 빌려주기 시작하였다."

제110장

1 "세상을 발견하여 부자가 된 사람은 세상을 부정하고 버려야 한다.

세상은 세상을 발견한 사람에게 합당치 않다."

제111장

1 "하늘과 땅이 너희가 보는 앞에서 둥글게 말려 올라갈 것이다.

2 그러나 살아계신 분으로 살아가는 사람은 누구나 죽음을 맛보지 않을 것이다."

3 그리고 "자신을 발견한 사람에게는 세상이 합당치 않다"고 예수님이 말씀하셨지 않은가?

제112장

1 "영혼에 의지하는 육체도 화가 있고, 육체에 의지하는 영혼도 화가 있다."

제113장

1 제자들이 물었다. "하나님의 나라는 언제 옵니까?"

2 예수님이 대답하셨다. "하나님의 나라는 하늘을 쳐다본다고 해서 오는 것이 아니다.

3 사람이 기다린다고 해서 오는 것도 아니다.

4 '보라, 여기 있다!' 또는 '저기 있다!'고 말할 수도 없다.

5 하나님의 나라는 온 땅에 펼쳐져 있으나, 사람들이 보지 못할 뿐이다."

제114장

1 시몬 베드로가 그들에게 말했다. "여성이 남성과 똑같은 인생을 살 수는 없지 않습니까? 우리 중에 있는 마리아를 떠나게 합시다."

2 예수님이 말씀하셨다. "보라, 내가 직접 마리아를 너희 남성들과 똑같이 살아있는 영적 존재로 인도할 것이다.

3 자신의 영을 남성들 못지않게 살아있는 존재로 만드는 여성은, 누구나 하나님의 나라에 들어갈 수 있다."

제2권

야고보 복음

1　이스라엘 12지파의 역사에 따르면, 요아킴(Joachim, 성녀 안나의 남편이자 성모 마리아의 아버지)은 큰 부자였다. 그가 봉헌물을 2배로 바치고 혼잣말로 중얼거렸다.

　　"넉넉한 내 재산은 백성들을 위한 것이요, 죄의 대가로 바쳐지는 이 예물은 주 하나님이 나에게 자비를 베풀도록 하는 것이다."

2　그때 주님의 위대한 날이 다가와 이스라엘 자녀들이 각자 봉헌물을 가지고 왔다. 로이벤이 요아킴을 거슬러 일어나 말했다.

　　"당신이 먼저 봉헌물을 바치는 것을 용납할 수 없습니다. 이스라엘 안에서 당신은 자녀를 낳지 못했기 때문입니다."

3　대단한 번민에 싸인 요아킴이 이스라엘의 12지파의 책을 보러 가면서 말했다.

　　"이스라엘에서 나 혼자만 자녀를 낳지 못했는지 확인하기 위해 12지파의 기록을 뒤져봐야겠다."

4　그래서 조사해 보니, 정의로운 사람은 모두 자녀를 키웠다는 사실을 발견했다. 더욱이 선조 아브라함에게는, 마지막 날이 가까웠을 때, 주 하나님이 이삭을 주었다는 사실을 알았다.

5　요아킴은 큰 슬픔에 잠겨 아내에게 돌아가지 않고 사막으로 나가 천막을 쳤다. 그리고 40일간 밤낮으로 단식하며 다짐했다.

　　"나의 주 하나님이 나를 기억하실 때까지 돌아가지 않고, 먹지도 마시지도 않을 것이다. 기도가 나의 음료수요, 음식이 될 것이다."

6　요아킴의 아내 안나는 만가를 2곡이나 부르면서, 가슴을 치고 2배로

탄식하며 말했다.

"나는 과부 신세를 슬퍼하고 불임의 처지를 슬퍼할 것이다."

7 주님의 위대한 날이 다가올 때, 하녀 에우티나가 안주인 안나에게 말했다.

"언제까지 당신의 영혼을 낮추기만 하실 겁니까? 보세요, 주님의 위대한 날이 가까이 오고 있으니, 비탄에 잠겨 있는 것이 온당치 않습니다. 오히려 일을 감독하는 여인이 준 이 머리띠를 두르십시오. 이는 왕족의 표시로서 제가 두를 수 없습니다."

8 안나가 말했다.

"저리 비켜! 이건 내 탓이 아니야. 주 하나님이 나를 바닥까지 끌어내린 거야. 아마 누군가 속임수로 그 띠를 준 모양인데, 이제 넌 나를 그 죄에 끌어들이려고 하는 거야."

9 에우티나가 말했다.

"제 말에 귀를 기울이지 않으니, 당신에게 제가 무슨 소용이 있습니까? 주 하나님은 당신이 이스라엘에서 자녀를 낳지 못하도록 자궁을 닫아버렸습니다."

10 안나는 말할 수 없는 슬픔에 잠겼다. 이윽고 상복을 벗은 뒤, 머리를 감고 신부의 옷으로 갈아입었다. 9시에 안나가 정원으로 산책을 나갔다가 월계수나무를 보고 그 아래 앉았다. 그리고 주님께 간청했다.

"오, 나의 조상들의 하나님! 사라의 자궁을 축복하여 이삭을 준 것처럼, 나를 축복하고 나의 기도를 들어주십시오."

11 그리고 안나가 눈을 들어 하늘을 보니, 월계수나무에 있는 참새 둥

우리가 시야에 들어와 스스로 만가를 불렀다.

"아, 가련한 내 신세여! 누가 나를 낳았던가요? 이스라엘의 자녀 가운데 나는 저주를 받고 태어났습니다. 사람들이 나를 욕하고, 비웃고, 주 하나님의 성전에서 내쫓았습니다.

아, 가련한 내 신세여! 나는 무엇과 비슷합니까? 하늘의 새들하고도 비슷하지 않습니다. 오, 주님! 심지어 하늘의 새들마저 당신 앞에서 새끼를 칩니다.

아, 가련한 내 신세여! 나는 무엇과 비슷합니까? 땅의 야생 짐승들하고도 비슷하지 않습니다. 오, 주님! 땅의 야생 짐승들마저 당신 앞에서 새끼를 칩니다.

아, 가련한 내 신세여! 나는 무엇과 비슷합니까? 소리 내지 못하는 짐승들하고도 비슷하지 않습니다. 오, 주님! 소리 내지 못하는 짐승들마저 당신 앞에서 번식합니다.

아, 가련한 내 신세여! 나는 무엇과 비슷합니까? 저 물하고도 비슷하지 않습니다. 오, 주님! 물마저 당신 앞에서 생산적입니다.

아, 가련한 내 신세여! 나는 무엇과 비슷합니까? 이 땅하고도 비슷하지 않습니다. 오, 주님! 땅마저 계절 따라 그 열매를 당신 앞에서 내고 당신을 축복합니다."

12 그때 주님의 천사가 나타나 안나에게 말했다.

"안나야, 안나야! 하나님이 네 기도를 들어주셨다. 너는 임신하여 자녀를 낳을 것이며, 그 자녀에 대하여 사람이 사는 온 세상에서 말할 것이다."

13 안나가 대답했다.

"나의 주 하나님이 살아계신 만큼, 아들이든 딸이든 내가 낳는다면, 주 하나님께 바쳐서 일생 동안 그분을 섬기도록 하겠습니다."

14 천사 둘이 안나에게 나타나 말했다.

"보라! 당신의 남편 요아킴이 가축 떼를 거느리고 돌아오고 있다."

15 한편 주님의 천사가 요아킴에게 내려가 말했다.

"요아킴아, 요아킴아! 주 하나님이 네 기도를 들어주셨다. 여기서 내려가라. 네 아내 안나가 임신을 했다."

16 요아킴이 내려가 자기 목자들을 불러 모으고 말했다.

"흠 없고 완전한 어린 양을 암놈으로 10마리 골라서 내게 가져오라. 그 10마리가 나의 주 하나님의 몫이 될 것이다. 그리고 가장 좋은 암송아지 12마리를 가져오라. 그 12마리는 제사장과 장로들의 몫이 될 것이다. 그리고 숫염소 100마리를 가져오라. 그 100마리는 온 백성의 몫이 될 것이다."

17 요아킴이 가축 떼를 거느리고 돌아올 때, 안나는 문간에 서 있다가 가축 떼를 거느리고 오는 요아킴을 보았다.

18 안나가 달려가 두 팔로 남편의 목을 끌어안고 말했다.

"이제야 주님이 나를 대단히 축복하셨음을 알게 되었습니다. 과부가 아닌 돌계집이 임신을 했습니다!"

19 요아킴이 첫날을 자기 집에서 묵고, 다음날 봉헌물을 가져가며 속으로 말했다.

"혹시 주 하나님이 나에게 자비를 베풀어주신다면, 제사장 머리 장식의 황금 판이 나에게 나타날 것이다."

20 그리고 요아킴이 봉헌물을 가져갔다. 주님의 제단으로 올라갈 때, 제사장의 황금 판을 눈여겨 바라보고, 자기 안에 죄가 없음을 보았다. 그가 말했다.

"주 하나님이 정말 나에게 자비를 베풀어주셨고, 나의 모든 죄를 용서하셨음을 이제야 알겠다."

21 그다음 요아킴은 주님의 성전에서 내려와 정의롭게 되어 자기 집으로 돌아갔다.

22 그리고 안나는 때가 되어 해산을 했다. 안나가 산파에게 물었다.

"아들입니까, 딸입니까?"

딸입니다."

"내 영혼이 오늘 높이 들려 올랐습니다."

이 말을 하고 안나가 몸을 뉘었다.

23 정해진 기간이 지나서, 안나는 해산의 불결을 씻어버리고 아이에게 젖꼭지를 물렸다. 그리고 아이에게 '마리아'라는 이름을 지어주었다.

24 아이는 날이 갈수록 튼튼해졌다. 여섯 달이 지났을 때, 안나는 아이를 땅 위에 세워 스스로 설 수 있는지 보았다. 아이는 일곱 걸음을 떼고 어머니의 품으로 돌아갔다. 아이를 붙잡은 안나가 말했다.

"나의 주 하나님이 살아있는 만큼, 너는 주님의 성전에 내려갈 때까지 이 땅 위에서 걸어 다니지 말거라."

25 안나는 딸의 침실에 성역을 만들고, 평범한 것과 깨끗하지 않은 것은 일체 들여보내지 못하게 했다. 히브리인 가운데 더럽혀지지 않은 딸

들을 불러 모았으며, 이 딸들이 아이에게 봉사했다.

26 아이가 1살이 되자 요아킴이 대제사장과 제사장들, 율법학자와 공회의 장로들, 그리고 이스라엘의 온 백성을 초대하여 아주 성대하게 잔치를 베풀었다.

27 요아킴이 아이를 제사장들에게 데려왔다. 제사장들이 축복하며 말했다.

"오, 우리 조상의 하나님! 이 아이를 축복해주시고, 모든 세대에 걸쳐 영원히 빛나는 이름을 주십시오."

28 그러자 모든 백성이 응답했다.

"그렇게 이루어지기를 빕니다. 아멘."

29 그다음에 요아킴이 아이를 대제사장들에게 데려갔다. 그들이 축복하며 말했다.

"오, 높은 곳의 하나님! 이 아이를 굽어보시고, 아무도 그 이상 받지 못할 가장 큰 복으로 이 아이를 축복해주십시오."

30 어머니가 아이를 받아 침실의 성역으로 데려가 아이에게 젖꼭지를 물렸다. 그리고 주 하나님께 찬송가를 불렀다.

"나의 주 하나님께 거룩한 노래를 부르겠습니다. 그분이 나를 생각하시고 내 원수의 질책에서 나를 구하셨으며, 나의 주 하나님이 정의의 열매, 즉 그 앞에서 풍성한 열매를 나에게 주었습니다. 안나가 젖을 먹이고 있다고, 누가 로이벤의 아들들에게 알려줄 겁니까?"

31 안나가 아이를 그 침실의 성역에 뉘어 쉬게 하고, 밖으로 나와 잔치 시중을 들었다. 식사가 끝나 사람들이 기뻐하며 돌아갈 때, 이스라

엘의 하나님께 영광을 드렸다.

제2장

1 그리고 세월이 흘렀다. 아이가 2살이 되자 요아킴이 말했다.
"딸아이를 주님의 성전으로 데리고 갑시다. 주님이 딸아이를 바치라고 사람을 보냈소. 우리의 선물이 마땅치 않을까 두려우니 우리가 한 맹세를 지킵시다."

2 안나가 말했다.
"아이가 부모를 그리워할지 모르니 3번째 해를 기다립시다."

3 요아킴이 말했다.
"그렇게 합시다."

4 아이가 3살이 되자 요아킴이 말했다.
"히브리인 가운데 더럽혀지지 않은 딸들을 불러 각자 횃불을 들게 합시다. 횃불을 밝혀 아이가 돌아서지 않도록, 그 마음이 잘못 인도되어 주님의 성전을 떠나지 않도록 합시다."

5 그래서 마리아가 성전으로 돌아갈 때까지 그들이 횃불을 들었다. 제사장이 마리아를 영접하여 입 맞추고 축복하며 말했다.
"주 하나님이 네 이름을 모든 세대에 걸쳐 위대하게 해주었다. 세월의 끝에 이르면, 네 안에서 주 하나님이 이스라엘의 자녀들에게 구원을 보여줄 것이다."

6 제사장이 마리아를 제단의 3번째 층계에 세웠다. 마리아가 자기 발로 서서 춤을 추어 이스라엘 모든 가문이 마리아를 사랑했다. 그때

아이가 돌아서지 않아 크게 놀랐다. 부모는 주 하나님께 찬미와 영광을 드리며 돌아갔다.

7 이제 마리아는 사육되는 비둘기처럼, 주님의 성전에 거하며 천사의 손에서 음식을 받았다.

제3장

1 마리아가 12살이 되자 제사장들이 회의를 열어 말했다.

"자, 마리아가 우리 하나님의 성전에서 12살이 되었습니다. 마리아가 주님의 성전을 더럽히지 않게 하려면, 어찌해야 좋겠습니까?"

2 대제사장이 사가랴에게 말했다.

"당신이 주님의 제단 앞에 서시오. 제단에 들어가 마리아를 위해 기도하고, 주 하나님이 당신에게 드러내는 것을, 그게 무엇이든지 우리가 그대로 합시다."

3 사가랴 제사장이 12개의 방울이 달린 옷을 입고, 지성소로 들어가 마리아를 위해 기도했다. 그때 주님의 천사가 나타나 말했다.

"사가랴여, 밖으로 나가 백성 가운데 있는 홀아비를 모두 불러 모으시오. 그리고 각자 지팡이를 가져오도록 하시오. 그 가운데 주 하나님의 징표가 나타나는 사람이 있으면, 그가 마리아의 남편이 될 것이오."

4 그리하여 전령들이 유대 구석구석까지 파견되었으며, 주님의 나팔을 불자 그들이 달려왔다. 그때 요셉은 자기 나귀를 버리고 그 모임에 합류했다.

5 모든 사람이 지팡이를 들고 제사장에게 갔다. 지팡이를 모두 모아 받아든 제사장이 성전으로 들어가 기도했다. 그가 기도를 마치고 밖으로 나와 지팡이를 모두 돌려주었다. 하지만 아무런 징표도 없었다.

6 요셉이 마지막 지팡이를 받았다. 거기서 비둘기 한 마리가 나와 요셉의 머리에 올라앉았다. 그러자 제사장이 말했다.

"요셉! 당신이 주님의 처녀를 짝으로 맞이하도록 뽑혔소."

7 요셉이 말했다.

"나는 이미 아들을 여럿 둔 늙은이고, 저 여자는 젊은 처녀가 아니오? 난 이스라엘 자녀들에게 웃음거리가 되고 싶지 않소."

8 제사장이 말했다.

"요셉, 당신의 주 하나님을 두려워하시오! 하나님이 다단과 아비람과 고라에게 한 일, 그들이 대들었기 때문에 땅이 둘로 갈라져 모두 삼켜버린 것이오. 자, 요셉! 이런 일이 당신 집 안에 일어나지 않도록 하시오."

9 그러자 두려움에 휩싸인 요셉이 마리아를 짝으로 받아들이고 말했다.

"마리아, 주님의 성전으로부터 내가 당신을 받았소. 이제 난 당신을 내 집에 남겨두고, 다른 집을 지으러 떠날 것이오. 나중에 돌아오겠소. 주님이 당신을 보호해주길 바라오."

제4장

1 제사장들이 회의를 열고 말했다.

"주님의 성전에 휘장을 만듭시다."

2 한 제사장이 말했다.

"다윗의 가문에서 더럽혀지지 않은 처녀들을 불러들여라."

3 시중드는 사람들이 나가서 그런 처녀를 찾다가 7명을 발견했다. 그때 제사장은 마리아가 다윗의 가문에 속하고, 하나님 앞에서 깨끗하다는 사실을 기억했다. 시중하는 사람들이 가서 마리아를 데리고 왔다.

4 처녀들이 주님의 성전으로 들어오자 제사장이 말했다.

"황금실과 흰 실, 아마포와 비단, 히아신스 청색과 진홍색과 자주색이 있다. 누가 어떤 것을 짤 것인지 제비뽑기로 정하라."

5 자주색과 진홍색이 제비뽑기로 마리아에게 떨어졌다. 마리아가 재료를 받아 집으로 돌아갔다.

6 그때 사가랴가 벙어리가 되어 말을 다시 하게 될 때까지 사무엘이 그 자리를 대신했다. 마리아가 진홍색을 가지고 옷감을 짜기 시작했다. 그리고 물동이를 들고 물을 가득 채우기 위해 밖으로 나갔다. 그런데 이 소리가 들렸다.

"안녕하세요? 대단한 총애를 받은 분이여! 주님이 당신과 함께 있고, 당신은 여인들 가운데 복을 받았습니다."

7 마리아는 그 소리가 어디서 나오는지 좌우를 두리번거리며 살펴보았다. 두려움에 떨면서 집으로 들어갔다. 의자에 앉아 자주색 실을 꺼냈다. 주님의 천사가 마리아 앞에 서서 말했다.

"마리아여, 두려워하지 마십시오. 당신은 주님의 은총을 받았습니다. 그분의 말씀으로 임신할 것입니다."

8 이 말을 들은 마리아가 곰곰이 생각하며 혼잣말을 했다.

"살아계신 하나님, 이게 무슨 뜻인가요? 주님에 의해 내가 임신을 한다? 다른 여인들이 하듯이 내가 아이를 낳을 것이다?"

9 천사가 말했다.

"마리아여, 그런 방식이 아닙니다. 하나님의 힘이 당신을 덮을 것입니다. 그러므로 태어날 거룩한 분은 가장 높으신 분의 아들이라 불릴 것입니다. 그분이 자기 백성을 죄에서 구원할 것입니다. 그 이름을 예수라고 하십시오."

10 마리아가 말했다.

"주님의 어린 하녀가 그분 앞에 있으니, 당신의 말대로 이루어지기를 바랍니다."

11 마리아가 자주색과 진홍색을 짜서 제사장에게 가져갔다. 제사장이 축복하며 말했다.

"마리아여, 주 하나님이 당신의 이름을 축복했고, 당신은 세상의 모든 가문 가운데서 복을 받을 것입니다."

제5장

1 마리아가 기뻐하며 자기 친척 엘리사벳을 방문하였다. 문 두드리는 소리가 나자 엘리사벳이 진홍색을 내려놓고, 문으로 달려가 열어주었다. 그리고 마리아를 축복하며 말했다.

"주님의 어머니가 내게 오다니, 이게 어찌 된 일입니까? 보세요! 내 배 안에 든 아기가 기뻐서 뛰며 당신을 축복했습니다."

2 그러나 마리아는 가브리엘 천사가 일러준 신비를 잊어버리고 하늘을

우러러보며 물었다.

"세상의 모든 가문이 축복하다니, 저는 누구입니까?"

3 마리아는 엘리사벳과 함께 3개월을 머물렀다. 날이 갈수록 배가 불러오자 마리아는 두려움에 휩싸였다. 집에 돌아와 이스라엘 자녀들의 눈에 띄지 않게 몸을 숨겼다. 이 일은 마리아의 나이 16세 때 일어났다.

4 마리아가 임신한 지 6개월이 지나서, 집 짓는 일을 하던 요셉이 돌아왔다. 요셉은 마리아가 임신한 것을 발견하고, 자기 얼굴을 때리며 땅바닥의 마대 자루에 몸을 던졌다. 그리고 비통하게 울부짖었다.

"내가 무슨 낯짝으로 주 하나님을 뵙겠는가? 이 처녀 때문에 나는 무엇을 대가로 바쳐야 한단 말인가? 주 하나님의 성전에서 처녀의 몸을 받아 제대로 지키지를 못했으니 말이다. 나를 속인 그놈이 누구인가? 누가 내 집에서 이런 짓을 하여 이 처녀를 더럽혔단 말인가? 아담의 이야기가 내 경우와 딱 들어맞지 않은가? 아담이 마침 하나님께 영광을 드리는 시간에, 뱀이 와서 하와가 혼자 있는 것을 보고 꼬드겼기 때문이다. 내가 그와 똑같은 꼴을 당하다니!"

5 요셉이 마대 자루에서 일어나 마리아를 불러 물었다.

"하나님이 보살펴주시는데도 당신은 주 하나님을 망각한 채 어찌 이런 짓을 했소? 지성소에서 자라며 천사의 손에서 음식을 받아먹은 당신이, 어찌하여 자기 영혼을 스스로 천하게 만들었소?"

6 마리아가 목을 놓아 울면서 말했다.

"저는 순수해요. 남자를 알지 못합니다."

7 요셉이 다시 물었다.

"언제부터 임신을 했소?"

8 마리아가 말했다.

"나의 주 하나님이 살아계신 만큼, 언제부터 임신하게 되었는지 저는 모릅니다."

9 대단히 큰 두려움에 휩싸인 요셉이 마리아와 대화를 끊고, 마리아를 어떻게 처리해야 할지 궁리하기 시작했다. 그러다가 혼잣말로 중얼거렸다.

"저 여자의 죄를 내가 숨겨준다면, 주님의 율법을 무시하는 격이 된다. 저 여자를 이스라엘 자녀들에게 드러낼 경우, 뱃속에 든 것이 천사의 힘으로 이루어졌다면, 나는 무죄한 피를 죽음의 판결에 넘겨주는 셈이 되니 두렵다. 그러니 저 여자를 어찌하면 좋을까? 몰래 쫓아내 버릴까?"

10 밤이 되었다. 주님의 천사가 요셉의 꿈에 나타나 일러주었다.

"요셉, 이 일을 두려워하지 마라. 마리아의 뱃속에 든 아기는 성령으로 말미암은 것이다. 마리아가 아들을 낳을 것이다. 그분이 자기 백성을 죄에서 구원할 것이다. 그 이름을 예수라고 불러라."

11 요셉이 잠에서 깨어나 자기에게 그러한 은총을 베풀어준 이스라엘의 하나님께 영광을 드렸다. 그리고 그 아기를 보호했다. 그런데 율법학자 안나스가 요셉을 찾아와 물었다.

"요셉, 왜 우리 모임에 안 나왔소?"

12 요셉이 대답했다.

"여행길에 피곤하여 첫날은 집에서 쉬었습니다."

13 안나스가 몸을 돌려 마리아가 임신한 것을 보고, 제사장에게 달려가 말했다.

"당신이 증언한 그 요셉이 매우 무모하게 행동했습니다."

"무슨 일이지요?"

"주님의 성전에서 받은 처녀를 요셉이 더럽혔어요. 그 처녀와 비밀리에 결혼하고, 이스라엘 자녀들에게 드러내지 않았습니다."

"요셉이 정말 그런 짓을 했단 말인가요?"

"시중드는 사람들을 보내세요. 그러면 처녀가 임신한 것을 알게 될 겁니다."

14 시중드는 사람들이 가서 보니 안나스가 말한 그대로였다. 그들이 마리아를 성역으로 데려와 재판정에 세웠다. 제사장이 마리아에게 물었다.

"마리아, 왜 이런 짓을 했소? 당신의 주 하나님을 망각하고, 왜 스스로 영혼을 천하게 끌어내렸소? 지성소에서 자라며 천사의 손에서 음식을 받았고, 천사들의 노래를 들으며 주님 앞에서 춤을 춘 당신이 왜 그런 짓을 했단 말이오?"

15 그때 요셉이 말했다.

"주 하나님이 살아계신 만큼, 이 여자에 대해 나는 순수합니다."

16 제사장이 말했다.

"거짓 증언하지 말고 진실을 말하시오. 당신은 이 여자와 비밀리에 결혼하고, 그 사실을 이스라엘 자녀들에게 드러내지 않았지요? 그리고 당신은 강력한 손(권세) 아래 고개를 숙이고, 당신 씨를 축복받으려고 하지 않았단 말입니다."

17 요셉이 침묵을 지키자 제사장이 말했다.

"당신이 주님의 성전에서 받은 처녀를 돌려주시오."

18 요셉이 울기 시작했다. 제사장은 계속해서 말했다.

"이제 당신에게 주님의 시험의 물을 마시게 하겠소. 그러면 당신의 죄가 두 눈에 드러날 것입니다."

19 제사장이 그 물을 요셉에게 주어 마시게 하고 사막으로 보냈다. 그러나 요셉은 말짱한 몸으로 돌아왔다. 제사장이 다시 그 물을 마리아에게 주어 마시게 하고 사막으로 보냈다. 그러나 마리아도 말짱한 몸으로 돌아왔다. 두 사람의 죄가 드러나지 않아 모든 사람이 놀랐다.

20 제사장이 말했다.

"주 하나님이 당신들의 죄를 드러내지 않았다면 나도 판단하지 않겠소"

21 요셉이 마리아를 데리고 자기 집으로 돌아가며, 이스라엘의 하나님께 영광을 돌리고 크게 기뻐했다.

제6장

1 그즈음 아우구스투스 황제의 칙령으로 모든 사람이 자기 고향에서 호적을 등록하게 되었다. 요셉이 말했다.

"나도 내 아들들을 등록하겠다. 그런데 마리아는 어떻게 등록을 하나? 아내라고? 딸이라고? 이스라엘 자녀들은 마리아가 내 딸이 아님을 알고 있다. 주님의 뜻대로 할 것이다."

2 요셉이 당나귀에 안장을 얹고, 그 위에 마리아를 태웠다. 요셉의 아들들이 당나귀를 끌고 사무엘이 뒤따랐다. 일행이 베들레헴 가까이 갔다. 5㎞쯤 남은 지점에서 요셉이 몸을 돌려보니 마리아의 표정이 어두웠다.

"배 속의 아기 때문에 시달림을 당하는 모양이군."

3 그리고 얼마 후 다시 보니 마리아가 웃고 있었다.

"마리아, 한번은 얼굴이 우울하고 한번은 웃음기가 가득하니 어찌된 영문이오?"

4 마리아가 말했다.

"내 눈으로 두 백성을 보는데, 하나는 울며 탄식하고 다른 하나는 그지없이 기뻐하기 때문이지요."

5 여행을 계속하는 도중에 마리아가 요셉에게 말했다.

"요셉, 당나귀에서 저를 내려주세요. 뱃속에 든 아기가 태어날 때가 되었어요."

6 요셉이 마리아를 내리면서 말했다.

"당신 수치를 감추기 위해 어디로 데려가면 좋단 말이오? 이 일대는 황량한데."

7 그때 요셉이 동굴을 하나 발견하고 마리아를 데리고 들어갔다. 자기 아들들을 마리아 곁에 배치했다. 그리고 베들레헴 지방의 산파를 찾으러 밖으로 나갔다.

8 요셉이 걸어가다가 고개를 들어 보니, 하늘이 정지하고 공중이 경이에 가득 차 있었다. 그리고 하늘의 새들이 쉬는 것을 보았다. 땅을

보니 그릇이 하나 놓여있는 것도 눈에 띄었다.

9 일꾼들이 몸을 기대고, 그 그릇에 손을 넣고 있었다. 그런데 이로 씹는 사람들이 씹지 않고, 손으로 들어 올리는 사람들이 들어 올리지 않았으며, 입으로 운반하는 사람들이 운반하지 않았다. 모든 얼굴이 위로 향하고 있었다.

10 그때 요셉이 정지한 양 떼를 보았다. 목자들이 양 떼를 내리치려고 손을 들었으나, 그 손이 공중에 멈춰 있었다.

11 그리고 흐르는 강물을 굽어보았다. 물가에서 아이들이 입을 대고 있었으나 마시지는 않았다. 그러다가 갑자기 모든 것이 밀리며 제 갈 길을 가기 시작했다.

12 요셉이 산파를 데리고 산에서 내려오며 말했다.
"마리아는 나와 약혼한 사이지만, 주님의 성전에서 자라나 성령으로 임신했지요."

13 산파가 요셉과 함께 동굴 안으로 들어갔다. 두 사람이 그 안에 서 있자, 검은 구름이 나타나 동굴을 휩쌌다. 산파가 말했다.
"내 영혼이 오늘 대단해졌어요. 이 두 눈으로 신비를 보았습니다. 구세주가 이스라엘에 탄생한 것입니다!"

14 그러자 동굴에서 즉시 구름이 걷히고, 어마어마한 빛이 동굴을 가득 채웠다. 두 사람은 그 빛을 감당하지 못했다. 아기가 나타날 때까지.

15 얼마 후 빛이 모두 사라졌다. 아기가 와서 어머니 마리아의 젖을 빨았다. 산파가 말했다.
"오늘은 얼마나 위대한 날인가? 이 새로운 표적을 내가 목격하다니!"

16 산파가 안으로 들어가 마리아를 자리에 뉘었다.

제7장

1 산파 살로메가 마리아의 처녀성을 검사하고, 살아있는 하나님을 시험했다고 울부짖었다.

"보세요! 내 손이 불타면서 떨어져 나가요!"

2 그때 주님의 천사가 나타나 말했다.

"네 기도가 주 하나님 앞에 들렸다. 가까이 와서 아기를 들어 올려라. 그러면 네가 구원될 것이다."

3 살로메가 그렇게 하자 믿음대로 치유를 받았다. 살로메가 동굴에서 밖으로 나갔다. 주님의 천사가 말했다.

"살로메, 아기가 예루살렘에 가기 전에는 네가 본 것을 아무에게도 알리지 마라."

4 (후대의 필사본은 이 부분에 대하여 좀 더 자세히 기술하고 있다) 산파가 안으로 들어가 말했다.

"마리아, 자리를 제대로 잡으세요. 당신을 둘러싼 분규가 이만저만이 아니거든요."

5 그리고 살로메가 마리아의 처녀성을 손가락으로 검사하고 외쳤다.

"나의 무도함과 불신이 저주를 받았구나! 내가 살아있는 하나님을 시험했으니! 보라, 내 손이 불타면서 떨어져 나가고 있다."

6 살로메가 주님 앞에 무릎을 꿇고 기도했다.

"우리 조상의 하나님, 저는 아브라함과 이삭과 야곱의 씨입니다. 기억해주십시오. 이스라엘 자녀들의 경멸에 내맡기지 마시고, 어려운 사람들에게 저를 보내주십시오. 오, 주님! 당신의 이름으로 제가 치유를 수행했고, 당신에게서 대가를 받았음을 당신이 아십니다."

7 주님의 천사가 나타나 말했다.

"주님이 네 기도를 들어주셨다. 네 손으로 아기를 들어 올려라. 그러면 네가 구원을 받고 기뻐할 것이다."

8 기쁨에 넘친 살로메가 아기에게 가면서 말했다.

"저는 그분을 숭배하고 들어 올림으로써 구원을 받았습니다. 위대한 왕이 이스라엘에 태어났기 때문입니다."

9 그러자 살로메는 즉시 치유되었고, 정의로운 사람이 되어 동굴 밖으로 나갔다. 그때 주님의 천사가 말했다.

"살로메, 아기가 예루살렘에 갈 때까지 네가 베들레헴에서 본 기적을 알리지 마라."

제8장

1 요셉이 유대로 막 들어가려는 참이었다. 그런데 유대 베들레헴에서 소동이 벌어졌다. 동방박사들이 와서 이렇게 말했기 때문이다.

"유대인의 왕이 어디 있습니까? 우리는 동쪽에서 그분의 별을 보고 경배하러 왔습니다."

2 이 말을 들은 헤롯왕이 공포에 사로잡혔다. 부하들을 보내 박사들을 데려오게 했다. 박사들이 그 별에 대하여 자세히 설명했다.

3 박사들이 떠날 때 동쪽에서 본 그 별이 다시 나타났다. 별은 박사들

이 동굴에 들어갈 때까지 앞장을 섰고, 아기 머리맡에 머물렀다.

4 어머니 마리아와 함께 있는 아기를 보고, 박사들이 가죽 가방에서 황금과 유향과 몰약을 선물로 꺼냈다.

5 그러나 그들은 천사의 경고를 받고, 다른 길로 자기 나라에 돌아갔다.

6 박사들에게 속은 것을 알고 헤롯왕이 화가 잔뜩 났다. 자객을 보내 2살 이하의 아기를 모조리 죽이라고 명령했다.

7 그 무리가 아기들을 죽이고 있다는 소문을 듣고, 마리아가 겁에 질려 아기를 포대기로 싸서 외양간에 뉘었다.

제9장

1 그때 헤롯왕이 요한을 찾는다는 소문을 듣고, 엘리사벳이 아들을 데리고 산으로 올라갔다. 요한을 숨길 만한 장소를 찾으려고 둘러보았지만, 마땅한 곳이 없었다. 엘리사벳이 신음을 토하며 외쳤다.

"하나님의 산이여! 아기와 함께 그 어머니를 받아주세요!"

2 엘리사벳은 더 이상 산으로 올라갈 수 없었다. 그러자 즉시 산이 열리고 엘리사벳을 받아들였다. 산이 엘리사벳에게 빛으로 보였고, 주님의 천사가 두 사람과 함께하며 보호해주었다.

3 헤롯이 요한을 추격하며 부하들을 제단에 있는 사가랴에게 보내 물었다.

"아들을 어디다 숨겼느냐?"

4 사가랴가 대답했다.

"나는 주님을 섬기는 종으로 항상 성전에 있습니다. 내 아들이 어디 있는지 어떻게 알겠습니까?"

5 부하들이 돌아가 모든 것을 헤롯왕에게 보고했다. 화가 난 헤롯이 말했다.

"그 사람의 아들이 이스라엘의 왕이 될 것이다."

6 헤롯이 부하들을 다시 보내 말했다.

"사실대로 고하라! 네 아들이 어디 있느냐? 네가 내 손아귀에 있는 줄을 알 것이다."

7 그들이 사가랴에게 그대로 전했다. 사가랴가 대답했다.

"나는 하나님의 증인입니다. 내 피를 흘리십시오. 당신들이 주님의 성전 문간에서 흘리는 내 피는 무죄이니, 주님이 내 영혼을 받아줄 것입니다."

제10장

1 그날 동틀 무렵에 사가랴가 살해되었다. 이스라엘 자녀들은 사가랴가 어떻게 되었는지 몰랐다. 문안할 시간에 제사장들이 안으로 들어갔으나, 평소에 하던 대로 사가랴는 축복하지 않았다.

2 제사장들이 기도한 뒤, 가장 높은 하나님께 영광을 드리며 사가랴에게 인사하려고 기다렸다. 끝내 사가랴가 나오지 않자 모두 두려워하였다. 제사장 가운데 한 사람이 용기를 내어 성역으로 들어갔다. 주님의 제단 근처에 말라붙은 피를 보고 소리쳤다.

"사가랴가 살해되었다!"

3 그때 소리가 들렸다.

"그를 복수하는 자가 올 때까지, 그 피를 씻어버리지 않을 것이다!"

4 그 말을 듣고 제사장이 두려움에 휩싸였다. 밖으로 나와 다른 제사
장들에게 보고 들은 대로 말했다. 제사장들이 용기를 내어 안으로
들어가 그 벌어진 일을 보았다. 성전의 벽이 큰 소리로 울고, 꼭대기
에서 바닥까지 둘로 갈라졌다.

5 제사장들은 사가랴의 시체를 발견하지 못했으나, 돌처럼 굳은 그의
피는 발견되었다. 제사장들이 두려움에 사로잡혀 밖으로 나가 사가
랴가 살해되었다고 알렸다. 이스라엘 모든 지파가 그 소식을 듣고,
사흘 밤낮으로 사가랴를 위해 슬퍼하고 비탄에 잠겼다.

6 사흘이 지나자 제사장들이 누구를 사가랴의 자리에 앉힐 것인지 궁
리했다. 시므온이 제비에 뽑혔다. 시므온은 육체를 가진 그리스도를
보기 전에는 죽지 않을 것이라고, 성령의 계시를 받은 바로 그 사람
이었다.

7 나 야고보가 예루살렘에서 이 이야기를 기록하고 있을 때, 헤롯이
죽자 한바탕 소란이 벌어졌다. 그 소동이 잠잠해질 때까지 나는 사
막에 가서 머물렀다.

8 이제 나는 이 이야기를 기록할 지혜를 주신 주님께 영광을 드린다. 주
님을 두려워하는 모든 이에게 주님의 은총이 함께 있을 것이다. 아멘.

제3권

도마 복음

제1장

1 가야바라는 대제사장 요셉의 책에 다음과 같은 이야기가 들어 있다.

2 예수는 요람에 누워있을 때부터 말했으며, 어머니에게 이렇게 말했다.
"마리아여, 나는 하나님의 아들입니다. 천사 가브리엘이 일러준 대로
당신이 낳은 말씀입니다. 아버지께서 세상의 구원을 위해 나를 보냈
습니다."

3 알렉산더 시대의 309년째, 아우구스투스가 자기 고향에서 세금을 바
치라는 칙령을 내렸다. 요셉이 약혼자 마리아를 데리고 베들레헴으
로 갔다. 조상의 마을에서 세금을 내려고 하였다.

4 어느 동굴에 이르러 마리아의 해산일이 되었다. 요셉이 마을로 들어
갈 수 없다고 하면서 말했다.
"이 동굴로 들어갑시다."

5 그때 해가 곧 서산에 지려고 했다. 그러나 요셉은 산파를 데려오기
위해 길을 재촉했다. 예루살렘에서 온 늙은 히브리 여인을 만나 간청
했다.
"선한 여인이여, 제발 이쪽으로 와서 저 동굴로 들어가 주십시오. 저
안에서 곧 출산할 여인을 보게 될 것입니다."

6 요셉이 노파를 데리고 동굴에 도착했을 때는 이미 해가 저문 뒤였
다. 둘이 동굴로 들어갔다. 동굴이 빛으로 가득 찼다. 그 빛은 등불
이나 촛불보다 밝고, 태양 자체의 빛보다 더 찬란했다.

7 아기는 이미 기저귀에 싸여 어머니의 젖을 빨고 있었다. 요셉과 노파
가 그 모습을 보고 깜짝 놀랐다.

8 노파가 마리아에게 물었다.

"당신이 아기의 어머니입니까?"

"그렇습니다."

"당신은 다른 여인들과 매우 다른 특별한 분입니다."

"내 아들과 같은 아기가 또 없는 것처럼, 이 아기의 어머니와 같은 어머니도 없는 것입니다."

"오, 나의 귀부인이여! 나는 영원한 보상을 받기 위해 여기 왔습니다."

"당신의 손을 이 아기에게 대세요."

9 노파가 그대로 하자 금방 치유를 받았다. 동굴에서 나갈 때 노파가 말했다.

"지금부터 죽을 때까지, 나는 이 아기를 섬기는 하녀가 되겠습니다."

10 그다음에 목동들이 도착하여 모닥불을 피우고 대단히 기뻐했다. 하늘의 대군이 나타나 지극히 높으신 하나님을 찬미하고 숭배했다. 목동들도 역시 하나님을 찬미하고 숭배하였다.

11 그때 동굴은 영광스러운 성전과 같았다. 천사와 사람의 혀가 주 그리스도의 탄생을 기리기 위해 목소리를 높여 하나님을 숭배하고 찬양했기 때문이다.

12 늙은 히브리 여인은 이 분명한 기적을 모두 목격한 뒤, 하나님을 찬미하며 말했다.

"오, 하나님! 이스라엘의 하나님! 나의 두 눈으로 이 세상의 구세주 탄생을 보게 하셨으니 감사드립니다."

제2장

1 율법이 할례의 날로 정한 8일이 되자 동굴에서 아기의 할례를 베풀었다. 늙은 히브리 여인이 음경 끝의 살갗을 집어 항아리에 보관했다. 노파에게 주정뱅이 아들이 있었는데, 그 아들에게 말했다.

"이 항아리는 동전 300개를 준다고 해도 절대 팔지 마라."

2 그런데 바로 이 항아리를 죄인 마리아가 들고 와서, 예수 그리스도의 머리와 두 발에 기름을 붓고, 자기 머리카락으로 닦았다.

3 그리고 10일 후, 부모가 아기를 예루살렘으로 데려갔다. 태어난 지 40일째 되는 날, 성전에서 아기를 바쳤다. 모세의 율법이 정한 대로 아기를 위해 적절한 예물을 바쳤다. 자궁을 처음 열고 나오는 사내아이는 모두 하나님 앞에서 거룩하다고 불렸기 때문이다.

4 아기의 어머니 처녀 마리아가 아기를 품에 안고 있을 때, 늙은 시므온이 빛의 기둥처럼 빛나는 아기를 보고 말할 수 없는 기쁨이 넘쳤다. 그때 근위대가 왕을 에워싸듯이, 천사의 무리가 아기를 둘러싸고 숭배했다.

5 이윽고 시므온이 마리아에게 다가와 두 팔을 벌리며 주 그리스도에게 말했다.

"오, 주님! 이제 종이 당신의 말씀대로 평안히 떠나게 되었습니다. 모든 민족의 구원을 위해 당신이 준비한 자비를, 모든 백성에게 비추는 빛을, 당신의 백성 이스라엘의 영광을 나의 두 눈이 보았기 때문입니다."

6 그때 여성 예언자 한나도 거기 있다가, 가까이 다가와 하나님을 찬미하고 마리아의 행복을 빌어주었다.

제3장

1 혜롯왕 시대에 유대 베들레헴에서 예수가 태어나자, 조로아스터
(Zoroaster 또는 Zarathustra, 주전 628~551경, 이란의 종교 개혁자, 조로아스
터교 창시자)의 예언대로, 동쪽에서 지혜의 사람들이 황금과 유향과
몰약을 가지고 예루살렘에 와서, 아기를 숭배하고 예물을 바쳤다.

2 그때 마리아는 아기를 쌌던 기저귀를 꺼내 축복 대신 그들에게 하나
씩 선물로 주었다. 지혜의 사람들은 가장 고귀한 선물로 여기며 그
기저귀를 받았다.

3 지금까지 여행길을 인도한 별의 모습으로 천사가 지혜의 사람들 앞
에 다시 나타나고, 그 별빛을 따라서 그들은 자기 나라로 돌아갔다.

4 그들이 자기네 나라로 돌아가자 왕과 왕자들이 나와서, 무엇을 보고
어떤 행동을 했는지, 여행길은 어떠했는지, 길에서 누가 동행했는지
를 물었다.

5 그러자 지혜의 사람들은 마리아가 준 기저귀를 꺼내 보여주었고, 그
기저귀를 기리기 위해 잔치를 벌였다. 그리고 자기 나라의 관습에 따
라 모닥불을 피우고 기저귀를 숭배했다.

6 기저귀를 불에 던지자 불이 기저귀를 받아 그대로 보존하였다. 불이
꺼진 뒤에도 마치 불에 전혀 닿지 않은 듯, 고스란히 남은 기저귀를
지혜의 사람들이 집어 들었다.

7 각자 거기 입을 맞추고, 머리에 얹고, 눈에 대어본 뒤 말했다.
"이것은 의심할 나위 없이 진리입니다. 불이 태우지 못하고 재로 만들
지 못하니, 정말 놀라운 일입니다."

8 그리고 기저귀를 모셔다가 자기네 보물 상자에 담아 정성껏 보관
   했다.

제4장

1 한편 지혜의 사람들이 시간만 끌면서 자기에게 돌아오지 않는다고 깨
   달은 헤롯이, 제사장과 예언자들을 모두 한자리에 모아 놓고 말했다.
   "그리스도가 태어날 장소를 말해 보시오."
2 그들이 유대 베들레헴이라고 대답하자, 헤롯은 예수 그리스도를 죽
   일 방법을 찾기 위해 혼자 궁리하기 시작했다.
3 그때 주님의 천사가 요셉의 꿈에 나타나 말했다.
   "닭이 울면 일어나 아기와 어머니를 데리고 이집트로 떠나라."
4 요셉이 여행을 어떻게 할지 궁리하다가 날이 밝았다. 긴 여행길에 안
   장 끈이 끊어졌다. 이윽고 큰 도시 가까이 이르렀다. 이집트의 모든
   우상과 신들이 제물과 맹세를 바치는 우상과 함께 있었다.
5 그 우상 옆에 관리자 제사장이 있었다. 그가 사탄이 그 우상을 통해
   가끔 말할 때마다, 그 내용을 이집트와 다른 나라의 주민에게 전해
   주었다.
6 그 제사장은 수많은 악마에게 점령당한 3살짜리 아들을 하나 두었
   다. 그 아들은 이상한 말을 수없이 해대는가 하면, 악마들이 들어오
   면 옷을 찢어 발가벗은 채 걸어 다니고, 쳐다보는 사람에게 돌을 던
   지곤 하였다.
7 그 우상 근처에 여인숙이 있었다. 요셉과 마리아가 성안으로 들어가

그 여인숙에 머물자 모든 주민이 놀랐다. 우상 관리자와 제사장들이 모여 그 우상에게 물었다.

"이 모든 경악과 공포가 나라를 뒤덮고 있는 까닭이 무엇입니까?"

8 우상이 대답했다.

"미지의 하나님이 여기 왔다. 그분은 참으로 하나님이다. 그분을 당할 신은 하나도 없다. 그분을 숭배해야 한다. 참으로 하나님의 아들이다. 그분의 명성으로 이 나라가 바들바들 떨고, 그분의 도착으로 지금 소란과 경악이 벌어지며, 그분의 위대한 힘 때문에 우리도 공포에 질려 있다."

9 이 말을 하고 우상이 쓰러졌다. 다른 사람은 물론, 이집트의 주민이 모두 달아났다. 그때 악마에게 사로잡힌 제사장의 아들이 여인숙에 들어와 다른 모든 사람과 주인이 내팽개친 요셉과 마리아를 발견했다.

10 마리아가 주 그리스도의 기저귀를 빨아 말뚝에 걸어 말릴 때, 악마에게 사로잡힌 그 소년이 하나를 걷어 자기 머리에 얹었다. 그러자 악마들이 소년의 입에서 나와 까마귀와 뱀의 모습으로 날아가 버렸다. 그때부터 소년은 주 그리스도의 힘으로 치유되었다.

11 소년은 자기를 고쳐준 주님께 찬미의 노래를 부르고 깊이 감사드렸다. 예전처럼 건강하게 된 아들을 보고 아버지가 물었다.

"얘야, 너에게 무슨 일이 있었지? 어떻게 치유를 받았단 말이냐?"

12 아들이 대답했다.

"악마에게 사로잡혀 여인숙으로 들어갔지요. 거기서 아기를 안은 매우 아름다운 여인을 만났는데, 그 여인이 기저귀를 조금 전에 빨아 말뚝에 걸어놓더군요. 그 가운데 하나를 집어 내 머리에 얹었더니, 즉시 악마들이 떠나가 버렸습니다."

13 그 말에 아버지가 크게 기뻐하며 말했다.

"얘야, 그 아기는 하늘과 땅을 만든 살아계신 하나님의 아들인지도 모른다. 그가 우리 가운데 도착하자 그 강한 힘 때문에 우상이 부서지고, 다른 우상이 모두 쓰러져 파괴되었거든. 그러니까 '내 아들을 이집트로 불러들였다'고 한 예언이 실현된 거야."

제5장

1 우상이 쓰러지고 파괴되었다는 소식을 들은 요셉과 마리아는 공포에 사로잡혀 몸을 떨면서 말했다.

"우리가 이스라엘 땅에 있을 때는, 예수를 죽이려던 헤롯이 베들레헴과 그 부근의 아기를 모조리 살해했지요. 그러니 그 우상이 쓰러져 파괴되었다는 말을 들으면, 이집트인들이 우리를 불에 태워 죽이려 들 게 뻔합니다."

2 그래서 강도들의 비밀 장소로 갔다. 이 강도 떼는 지나가는 나그네를 털곤 했는데, 수레와 옷을 뺏고 나그네는 묶어서 끌어갔다.

3 요셉과 마리아가 다가갈 때, 강도 떼가 어마어마한 소리를 들었다. 그 소리는 마치 무수한 군사와 말을 데리고 왕이 행차하는 것과 같았다. 왕이 도시를 떠날 때의 요란한 나팔 소리와도 같았다. 잔뜩 겁에 질린 강도들이 약탈품을 고스란히 남겨둔 채 허겁지겁 도망치고 말았다.

4 그러자 포로들이 일어나 서로 밧줄을 풀어준 뒤, 각자 짐을 찾아 길을 떠났다. 그들이 도중에 요셉과 마리아를 만나 물었다.

"왕은 어디 있습니까? 그분이 다가오는 어마어마한 소리를 듣고, 강도 떼가 우리를 떠났습니다. 그래서 자유의 몸이 되었습니다."

5 요셉이 대답했다.

"그분은 우리 뒤에 올 겁니다."

제6장

1 요셉과 마리아가 다른 도시로 갔다. 거기 악마에게 사로잡힌 여자가 있었다. 저주받은 반역자 사탄이 그 여자 안에 살았다.

2 어느 날 밤, 그 여자가 물을 길으러 나갔다. 도저히 옷을 그대로 입고 있을 수 없었고, 어떤 집에도 들어가 있지 못했다. 사람들이 자주 그 여자를 쇠사슬이나 밧줄로 묶어두었지만, 그 결박을 끊어버리고 외딴곳으로 도망쳤다. 어느 때는 교차로나 공회 마당에 서서 사람들에게 돌을 던지곤 했다.

3 마리아가 그 여자를 보고 동정심이 일었다. 그러자 사탄이 그 여자를 즉시 떠나 젊은 남자의 모습으로 날아가며 말했다.

"아, 난 망했구나! 마리아 당신과 당신 아들 때문입니다!"

4 그 여자는 악마의 시달림에서 벗어나 알몸인 자신을 발견하고 얼굴을 붉혔다. 남의 눈에 띌까 싶어 다시 옷을 입고 집으로 돌아가, 아버지와 친척들에게 자세한 내용을 털어놓았다. 그 도시에서 가장 유력한 집안이라 마리아와 요셉을 초대하여 극진히 대접했다.

5 다음 날 아침, 요셉과 마리아는 여행길에 필요한 물품을 충분히 받아 그 집을 떠났다. 그리고 저녁 무렵 다른 마을에 이르렀다. 거기서 결혼식이 엄숙히 거행될 예정이었다. 사탄의 장난과 몇몇 마술사의 마술로 신부가 벙어리가 되어 입조차 벌리지 못했다.

6 그때 마리아가 그리스도를 품에 안고 마을로 들어섰다. 신부가 두 팔을 뻗어 그리스도를 품에 안았다. 힘을 주어 꼭 껴안은 채, 자주 입을 대며 끊임없이 그리스도를 흔들고 자기 몸에 대었다. 그러자 신부의 혀를 잡아맨 끈이 풀리고 귀가 열렸다. 자기를 원래대로 회복시킨 하나님께 찬송가를 불렀다.

7 그날 밤, 주민들은 엄청난 기쁨을 맛보았다. 하나님과 천사들이 그들과 함께 머문다고 생각했다. 거기서 사흘을 머물며 최고의 존경과 극진한 대접을 받았다. 마을 사람들이 여행에 필요한 물품을 챙겨주자 거기를 떠나 다른 도시로 갔다. 워낙 유명한 곳이라 그 도시에 머물고 싶어 했다.

8 거기 한 귀족 부인이 살고 있었다. 하루는 부인이 목욕하러 강에 나갔더니, 저주받은 사탄이 갑자기 뱀의 모습으로 달려들었다. 사탄이 부인의 배를 칭칭 감고 밤마다 부인을 타고 눌렀다.

9 그 부인이 마리아와 그 품에 안긴 그리스도를 보고, 아기를 자기 품에 안고 입을 맞추게 해달라고 간청했다. 마리아가 허락하자 부인이 아기를 받아들었다. 그 순간 사탄이 날아가 버렸다. 이후 부인은 사탄을 본 적이 없었다. 모두 지극히 높으신 하나님을 찬미하고, 부인은 요셉과 마리아에게 풍성한 보답을 하였다.

10 다음 날 아침, 그 부인이 예수를 씻길 향수 뿌린 물을 가지고 왔다. 예수를 씻기고 그 물을 보관했다. 그 도시에 문둥병이 들어 몸이 하얀 소녀가 있었다. 그 물을 뿌리고 몸을 닦았더니 즉시 문둥병이 나았다.

11 주민들은 요셉과 마리아와 예수가 유한한 목숨의 인간과 다르므로 틀림없이 신이라고 했다. 그들이 막 출발하려고 할 때 문둥병으로 고생하던 소녀가 찾아왔다. 함께 여행을 하겠다고 간청하여 허락하였다.

12 일행이 어느 도시에 들어갔다. 위대한 왕의 궁전과 그리 멀지 않은 곳에 여인숙이 있었다. 거기서 머무는 동안 소녀가 왕비에게 갔더니, 모두 큰 슬픔에 젖어 눈물을 흘리고 있었다. 소녀가 그 이유를 물어보았다.

13 왕비가 말했다.

"내가 신음하는 것은 하나도 이상할 것이 없다. 아무에게도 털어놓을 수 없는 극심한 불행을 겪고 있기 때문이다."

14 "왕후님이 속으로 끙끙 앓는 고뇌를 저에게 밝혀주시면, 해결책을 찾아드릴 수 있을지 누가 알겠어요?"

15 "정말 그렇다면 비밀을 꼭 지켜야 해. 살아있는 사람에게 알려서는 안 돼. 나는 광대한 영토를 다스리는 이 나라의 왕과 결혼하여 오랫동안 같이 살았으나 아이를 낳지 못했다.

그러다가 겨우 임신을 했지만, 이게 무슨 꼴이란 말이냐? 문둥이 아들을 낳고 말았다. 왕이 문둥이 아들을 보자, 자기 아들로 받아들이기는커녕 '이 아이를 죽이거나 외딴곳의 유모에게 맡겨 두 번 다시

이 아이의 소식이 들리지 않도록 하오. 왕비도 이제 혼자 살아가도록 하오. 다시는 보지 않겠소.'라고 했단다.

그래서 비참하기 짝이 없는 내 신세를 한탄하며 이렇게 눈물로 세월을 보내고 있어. 아, 가련한 내 아들아! 내 남편이여! 이만하면 알아듣겠느냐?"

16 그 말을 듣고 소녀가 말했다.

"약속드린 대로 왕후님의 병을 치유할 방법을 찾아냈습니다. 저도 문둥이였으나, 마리아의 아들 예수라는 분이 저를 깨끗이 고쳐주었습니다."

17 "그분이 어디 계시는가?"

18 "그분은 바로 이 집 안에 왕후님과 함께 있습니다."

19 "그럴 리가 있느냐? 그분이 어디 있단 말이냐?"

20 "요셉과 마리아, 그리고 그들과 함께 있는 예수라는 분을 보십시오. 나를 질병과 고뇌에서 구해준 분이 바로 이분입니다."

21 "어떤 방법으로 문둥병이 깨끗해졌단 말이냐? 좀 더 자세히 말해 보아라."

22 "깨끗해지지 못할 것도 없잖아요? 그분의 몸을 씻은 물을 가져다가 내게 붓자, 즉시 문둥병이 사라졌습니다."

23 왕비가 일어나 요셉 일행을 극진히 대접하고, 그들을 위하여 많은 사람을 초대해 잔치를 베풀었다. 그리고 다음 날 향수 뿌린 물을 가져다가 예수를 씻긴 후, 그 물을 가져다가 자기 아들에게 부었다. 그러자 그 아들의 문둥병이 즉시 나았다.

24 왕비가 하나님께 감사와 찬미의 노래를 부르며 말했다.

"오, 예수여! 당신을 낳은 어머니는 참으로 복을 받았습니다. 당신의 몸을 씻은 그 물로, 당신과 똑같은 사람들을 이렇게 치유해 주시다니요?"

25 그리고 왕비는 마리아에게 엄청난 선물을 주고, 최대한의 예의를 갖춰 떠나보냈다.

제7장

1 요셉 일행이 다른 도시에 도착하여 거기 머물기로 했다. 그들이 어떤 사람의 집에 들어갔다. 그 집 주인은 결혼한 지 얼마 되지 않았지만, 부인과 부부관계를 가질 수 없는 처지였다.

2 그런데 그날 밤, 요셉 일행이 그 집에 머물고 있는 동안 주인의 병이 치유되었다. 다음 날 아침 일찍 길을 떠나려고 채비를 갖추는데, 그 주인이 만류하고 융숭하게 대접하였다.

3 그다음 날 길을 떠나 다른 도시에 들어갔더니, 어떤 무덤을 떠나면서 통곡하는 세 여인이 눈에 띄었다. 그 모습을 본 마리아가 소녀에게 말했다.

"무슨 일을 당했는지 가서 물어보고 오너라."

4 소녀가 가서 물어봤으나 그들은 대꾸하지 않았다.

5 소녀가 뒤따라가며 계속 물었다.

"당신네는 누구지요? 어디로 가는 중입니까? 벌써 날이 저물고 곧 밤이 되잖아요. 우리는 나그네입니다. 머물고 갈 여인숙을 찾고 있지요."

6 그러자 세 여인이 비로소 입을 열었다.

"우리를 따라와 같이 머물렀다 가세요."

7 그래서 요셉 일행이 그들을 따라갔다. 각종 가구가 잘 갖춰진 새집으로 안내를 받았다. 때는 겨울이었다. 세 여인이 든 방으로 소녀가 들어가 보았다. 그들은 종전과 다름없이 통곡하고 탄식했다. 그들 곁에 비단으로 온몸을 씌우고, 목에 흑단 깃을 두른 노새 한 마리가 서 있었다. 그들이 노새에게 꿀을 먹이며 입을 맞추었다.

8 소녀가 말했다.

"참 아름다운 노새예요!"

9 그때 한 여인이 눈물을 흘리며 말했다.

"이 노새는 우리 오빠예요. 우리와 똑같이 어머니 뱃속에서 나온 사람이에요. 아버지는 죽을 때 유산을 아주 많이 남겨 놓았고, 오빠가 하나뿐이라 우린 적당한 짝을 구해주려고 했어요. 다른 사람과 마찬가지로 오빠도 결혼해야 한다고 생각했어요.

그런데 질투심 많은 어떤 여자가 우리도 모르는 사이에 마술을 걸었어요. 어느 날 밤, 새벽이 오기 직전이었어요. 우리 집의 문이 모두 굳게 잠겨 있을 때, 당신이 보는 것처럼 오빠가 노새로 변하는 것을 우린 보았지요.

아버지의 유산도 받을 수 없고, 참담한 꼴이 된 우리는 이 세상의 지혜로운 사람, 마술사, 점쟁이 등 많은 사람에게 매달려 보았지만, 하나같이 헛수고였어요.

그래서 비탄에 젖은 우리는, 날이면 날마다 어머니를 모시고 아버지의 무덤을 찾아가 실컷 울며, 그렇게 눈물을 쏟은 뒤 집으로 돌아오지요."

10 그 이야기를 다 듣고 소녀가 말했다.

"용기를 내세요. 눈물을 거두세요. 당신들의 비탄을 치유할 방법이 아주 가까이, 심지어 당신네 사이에, 또 당신네 집 안에 있거든요. 저도 문둥이였지만, 이 여인과 품에 안긴 어린 아기를 보고, 어머니가 이 아기를 씻은 물을 내 몸에 뿌려 즉시 깨끗해졌어요.

이분이 당신들의 비극도 벗겨줄 수 있다고 확신해요. 이제 일어나 우리 안주인 마리아에게 가세요. 마리아를 당신네 방으로 초대하여 비밀을 털어놓고, 그 처지를 도와달라고 간절히 요청하세요."

11 소녀의 말을 들은 여인들이 즉시 마리아에게 달려가 인사하고, 마리아 앞에 털썩 주저앉아 하염없이 눈물을 흘렸다.

"오, 마리아여! 당신 하녀들에게 자비를 베풀어주세요. 이 집에는 가장도, 우리보다 나이 많은 사람도 없고, 우리를 보호할 아버지도 오빠도 없지요. 하지만 당신이 보듯이 노새는 우리 오빠예요. 어떤 여자가 마술을 써서 지금 이 꼴로 만들었어요. 그래서 당신의 동정심에 호소하는 거예요."

12 마리아는 그들과 같이 슬퍼하며 예수를 들어 노새의 잔등에 태웠다. 그리고 아들에게 말했다.

"오, 예수 그리스도여! 당신의 비상한 힘으로 이 노새를 회복시켜, 과거에 그랬던 것처럼 남자로서, 이성을 갖춘 존재가 되도록 해줘요."

13 마리아의 말이 채 끝나기가 무섭게, 노새가 즉시 인간의 형태로 변하

여, 한 점도 결함 없는 청년이 되었다. 그러자 청년과 그 어머니와 자매들이 마리아를 칭송했다. 그리고 아기를 머리 위로 번쩍 치켜들고 입을 맞추며 기뻐했다.

"오, 예수여! 이 세상의 구원자여! 당신을 바라보는 눈이 얼마나 행복하고 큰 복을 받았는지 모릅니다."

14 이윽고 자매들이 자기 어머니에게 말했다.

"오빠가 예전 모습을 되찾게 된 것은 참으로 예수 그리스도의 도움, 그리고 마리아와 그 아들 이야기를 전해준 저 소녀의 친절 덕분이에요. 오빠가 아직 미혼인 만큼, 저분들의 하녀인 소녀와 결혼시키는 것이 마땅해요."

15 온 가족이 이 문제에 대하여 마리아와 상의했다. 마리아가 허락하자 성대한 결혼 잔치가 열렸다. 슬픔이 기쁨으로, 통곡이 환희로 변한 온 가족은 기쁨에 넘쳐 덩실덩실 춤을 추었다. 팔찌에다 가장 비싼 옷차림으로 노래를 부르기 시작했다.

16 모두가 하나님께 영광을 드리고 찬미하면서 말했다.

"오, 예수여! 슬픔을 기쁨으로, 통곡을 환희로 변하게 한 다윗의 아들이여!"

17 요셉과 마리아는 그 집에서 열흘간 머물고 다시 길을 떠났다. 요셉 일행이 떠날 때 배웅하고 돌아온 그 집 사람들이 목을 놓아 울었다. 소녀가 특히 큰 소리로 울었다.

제8장

1 요셉 일행이 사막 지방으로 들어섰다. 강도가 우글거리는 곳이었다. 요셉과 마리아는 밤에 통과하기로 했다. 한참 길을 가다가 길가에서 잠자고 있는 강도 둘을 보았다. 그 옆에는 같은 패거리 강도가 무리를 지어 자고 있었다. 두 강도의 이름은 티투스와 두마쿠스였다. 티투스가 말했다.

"제발 부탁이니 이들을 조용히 지나가게 하자. 우리 패거리가 전혀 눈치채지 못하게 말이야."

2 두마쿠스가 말을 듣지 않자 티투스가 다시 말했다.

"은화 40개를 주겠다. 서약의 징표로 내 허리띠를 가져라."

3 티투스가 즉시 돈과 허리띠를 주면서, 두마쿠스가 입을 열거나 소리를 내지 못하게 하였다. 그가 베풀어준 친절을 깨달은 마리아가 티투스에게 말했다.

"주님이신 하나님이 너를 오른편에 받아주고, 네 죄를 용서할 것이다."

4 예수가 그 말을 받아 어머니에게 말했다.

"오, 어머니! 30년이 지나면 유대인들이 예루살렘에서 나를 십자가에 매달 것입니다. 그때 이 두 강도도 나와 함께 십자가에 달릴 것입니다. 티투스는 내 오른편에, 두마쿠스는 내 왼편에 달리고, 티투스는 나보다 먼저 낙원에 들어갈 것입니다."

5 마리아가 말했다.

"오, 아들아! 네가 그런 형벌을 받다니. 하나님께서 허락하시지 않을 거야."

6 그 후 일행은 여러 우상이 있는 도시에 이르렀다. 그때 그 도시가 모래 언덕으로 변했다. 그리고 오늘날 무화과나무가 있는 마타레아로 갔다. 거기서 예수가 샘물이 솟아나게 하였다. 마리아는 예수의 겉옷을 빨았다. 예수가 흘린 땀에서 발삼향나무 한 그루가 자라났다.

7 그리고 멤피스로 가서 이집트 왕 바로를 만났다. 이집트에서 3년 동안 머물렀다. 예수는 이집트에서 참으로 많은 기적을 일으켰다. 그 이야기는 예수의 어린 시절에 대한 복음서나, 완성된 복음서에도 기록되어 있지 않다.

8 3년이 지나 일행은 이집트에서 나왔다. 유대에 가까이 이르자 요셉은 더 가려고 하지 않았다. 헤롯이 죽은 후 그의 아들 아켈라오가 유대를 통치한다는 말을 듣고 겁을 먹었던 것이다.

9 유대에 들어서자 하나님의 천사가 요셉에게 나타나 말했다.
"오, 요셉! 나사렛 마을로 가서 거기 머물러라."

10 모든 나라의 주인인 그분이, 이렇듯 많은 곳을 이리저리 떠돌게 되었다니 참으로 이상한 일이다.

제9장

1 그들이 베들레헴으로 들어갔다. 그곳에 매우 지독한 디스템퍼(distemper) 전염병이 돌고 있었다. 병에 걸린 아이들은 보기만 해도 참혹했고, 대부분이 죽었다.

2 그때 병들어 죽어가는 아들을 가진 여인이 있었다. 마리아가 예수 그리스도를 씻어주는 것을 보고 다가와 말했다.

"오, 나의 마리아여! 지독한 고통으로 신음하는 내 아들을 보세요."

3 그 말을 들은 마리아가 말했다.

"내 아들을 씻긴 물을 조금 떠다가 당신 아들에게 뿌려 보세요."

4 마리아의 말대로 여인이 그 물을 조금 떠서 격심한 고통에 지쳐 잠든 자기 아들에게 뿌렸다. 그 아들은 잠시 잔 뒤에 눈을 떴다. 그때 이미 완전히 회복되어 있었다. 여인은 뛸 듯이 기뻐하며 마리아에게 다시 갔다.

5 마리아가 말했다.

"당신 아들을 고쳐준 하나님을 찬미하세요."

6 아들이 치유된 여인의 옆집에 또 한 여인이 살고 있었다. 그녀의 아들도 같은 병에 걸려 두 눈이 거의 감긴 상태였다. 그녀는 밤낮으로 탄식했다. 아들이 치유된 여인이 말했다.

"왜 마리아에게 데려가지 않는 거예요? 마리아의 아들 예수의 몸을 씻은 물로 내 아들이 치유되었어요."

7 그 말을 들은 그녀도 그 물을 얻어다가 자기 아들을 씻겼더니, 아들의 몸과 두 눈이 즉시 회복되었다. 그녀가 아들을 데리고 마리아에게 와서 그 사실을 자세히 털어놓았다.

8 그때 마리아가 말했다.

"아들의 건강이 회복되었으니 하나님께 감사하세요. 그리고 그 일을 아무에게도 말하지 마세요."

제10장

1 그 마을에 사는 한 남자에게 2명의 아내가 있었다. 그들이 각각 병든 아들을 두었다. 한 여인은 마리아로서 그 아들의 이름은 갈렙이었다. 이 마리아가 아들을 데리고 예수의 어머니를 찾아와 멋진 양탄자를 바치며 말했다.

"오, 나의 마리아여! 이 양탄자를 받아주시고 대신 작은 기저귀 하나를 주세요."

2 마리아가 허락했다. 갈렙의 어머니가 집에 돌아가 그 기저귀로 옷을 지어 아들에게 입혔다. 그러자 갈렙의 병이 나았다. 하지만 다른 여인의 아들은 죽었다.

3 두 여인이 일주일씩 교대로 집안 살림을 맡아서 했다. 하지만 그 행실이 서로 달랐다. 갈렙의 어머니 마리아의 차례가 되었다. 빵을 굽기 위해 가마솥을 데우다가, 갈렙을 가마솥 옆에 두고 음식을 가지러 자리를 떴다. 그때 다른 여인이 혼자 있는 갈렙을 들어 뜨거운 가마솥에 던지고 딴 데로 가버렸다.

4 돌아온 갈렙의 어머니가 아들이 가마솥 한가운데 누워 웃고 있는 것을 보았다. 가마솥은 불에 달궈지지 않은 듯 싸늘했다. 다른 여인이 갈렙을 그 속에 던졌다고 깨달았다. 마리아가 아들을 들어내 예수의 어머니에게 데리고 가서 사실대로 털어놓았다.

5 그때 예수의 어머니 마리아가 말했다.

"조용히 하세요. 이 일을 당신이 떠벌리고 다닐까 걱정입니다."

6 그 후 경쟁자인 다른 여인이 우물에서 물을 긷고 있었다. 그때 갈렙

이 우물가에서 놀고 있었다. 마침 주변에 아무도 없는 것을 보고 갈렙을 붙잡아 우물에 던졌다.

7 몇 사람이 우물에 와서 물을 길으려 보니 소년이 물 위에 앉아있었다. 밧줄로 소년을 끌어올리자 멀쩡하였다. 그들이 매우 놀라 하나님을 찬미하였다.

8 갈렙의 어머니가 다시 아이를 마리아에게 데려갔다.

"오, 나의 귀부인이여! 경쟁자가 내 아들에게 한 짓을 좀 보세요. 우물에 처넣기까지 했지 뭐예요. 언젠가는 내 아들을 죽이고 말 거예요."

9 마리아가 대답했다.

"하나님이 당신의 억울한 일을 복수하실 거예요."

10 그리고 며칠 후, 경쟁자 여인이 물을 길으러 우물에 갔을 때였다. 그녀의 발이 두레박줄에 감겨 거꾸로 우물 속에 빠지고 말았다. 사람들이 구해주려고 달려갔으나 머리가 깨지고 뼈가 부러진 상태였다.

11 그리하여 그 여인은 비참한 꼴로 죽었는바, 이렇게 기록한 사람의 말이 그대로 이루어졌다.

'그들은 우물을 파서 매우 깊게 만들었다. 그러나 자기들이 판 그 구멍에 떨어지고 말았다.' (잠언 26. 27)

제11장

1 그 마을의 또 다른 여인에게 병든 두 아들이 있었다. 한 아들은 죽고, 다른 아들도 거의 죽어가는 중이었다. 그녀가 아들을 품에 안고 마리아에게 왔다. 하염없이 눈물을 흘리며 말했다.

"오, 나의 귀부인이여! 도와주세요. 나를 멍에에서 풀어주세요. 내가 두 아들을 두었으나 하나는 방금 땅에 묻었고, 하나는 보시다시피 죽기 직전이에요. 내가 얼마나 애타게 하나님의 도움을 간청하며 기도하는지 보세요."

2 그리고 여인이 기도했다.

"오, 주님! 당신은 인자하고 자비로우며 친절하여 내게 두 아들을 주었습니다. 그 가운데 하나는 이미 당신에게 갔으니, 제발 한 아이만은 남겨주십시오."

3 그때 마리아는 그녀의 슬픔이 얼마나 큰지 꿰뚫어보고 동정심이 솟구쳐 말했다.

"당신 아들을 내 아들의 침대에 누이고, 내 아들의 옷으로 덮어주세요."

4 그래서 그리스도가 누웠던 침대에 병든 아이를 뉘었다. 그때 병든 아이가 눈을 감고 막 죽으려는 참이었다. 그런데 예수 그리스도의 옷 냄새가 아이에게 풍기자, 두 눈을 번쩍 뜨는 게 아닌가? 그리고 큰 소리로 어머니를 부르며 빵을 달라고 했다. 빵을 주자 아이가 받아먹었다.

5 그 아이 어머니가 말했다.

"오, 마리아여! 하나님의 능력이 당신에게 머물러 있습니다. 당신 아들의 옷에 닿는 순간, 그와 똑같은 아이들이 치유된다고 확신하게 되었어요."

6 여기서 병이 나은 아이는 복음서에서 바돌로매로 나오는 바로 그 사람이다.

제12장

1 또 다른 문둥이 여인이 예수의 어머니에게 와서 말했다.
   "오, 나의 귀부인이여! 도와주세요."

2 마리아가 물었다.
   "무엇을 원하는지요? 금이나 은을 원하나요? 아니면 문둥병에서 낫기를 바라는가요?"

3 여인이 되레 물었다.
   "누가 그렇게 해줄 수 있단 말인가요?"

4 마리아가 말했다.
   "내 아들 예수를 목욕시키고 침대에 뉘일 테니 잠깐만 기다리세요."

5 그 여인이 그대로 기다렸다. 예수를 침대에 뉘고 나서 마리아가 예수의 몸을 씻은 물을 주면서 말했다.
   "이 물을 조금 떠다가 당신 몸에 부어보세요."

6 여인이 그대로 하자 즉시 깨끗하여 하나님을 찬미하고 감사드렸다. 그리고 마리아와 사흘을 같이 지낸 뒤 떠나갔다.

7 그 여인이 한 도시에서 어떤 왕자를 만났다. 그는 다른 왕의 딸과 결혼한 사람이었다. 그런데 왕자가 신부를 보았을 때, 신부의 이마에 별처럼 생긴 문둥병의 조짐을 발견했다. 그래서 결혼은 무효라며 파혼하였다.

8 어느 날 슬픔에 젖어 하염없이 눈물만 흘리는 사람들을 보고, 그 여인이 이유를 캐물었다. 그들이 말했다.
   "우리의 처지를 캐묻지 말아요. 누구에게든지 우리의 불행을 털어놓을 수 없으니까요."

9 그러나 여인은 사정을 털어놓으라고 졸라댔다. 치유법을 가르쳐줄지 모른다는 말로 달랬다. 그래서 그들은 문둥병의 조짐이 두 눈 사이에 나타난 아가씨를 보여주었다.

10 그 여인이 말했다.
"여러분 앞에 있는 나도 한때 같은 병에 걸렸어요. 볼일이 있어 베들레헴으로 가는 중 어느 동굴에 들어갔는데, 거기서 예수라는 아기를 가진 마리아를 만났지요. 마리아는 내가 문둥이라는 사실을 알고, 안타까워하며 자기 아들을 씻은 물을 조금 주었어요. 그 물을 내 몸에 뿌리자 문둥병이 깨끗이 사라졌지 뭐예요."

11 그들이 말했다.
"이것 보세요, 부인! 우리를 인도하여 마리아 앞에 데려다주지 않겠어요?"

12 여인이 동의하자 매우 고상한 선물을 가지고 마리아에게 갔다. 그들이 안으로 들어가 선물을 바치며, 데리고 간 문둥이 아가씨를 보여주었다.

13 마리아가 말했다.
"예수 그리스도의 자비가 여러분 위에 내리기를 빌어요."

14 그리고 예수 그리스도의 몸을 씻었던 물을 조금 주면서 병자를 그 물로 씻어주라고 하였다. 여인들이 그대로 하자 아가씨가 즉시 치유되었다. 여인들과 그 자리에 있던 모든 사람이 하나님을 찬미했다.

15 그들이 기쁨에 넘쳐 자기네 도시로 돌아가 다시 하나님을 찬미했다.

그러자 문둥병이 나았다는 말을 들은 왕자가, 아가씨를 자기 집으로 맞아들여 결혼식을 올리고 말했다.

"아내의 건강 회복을 기뻐하며 하나님께 감사드립니다."

제13장

1 사탄에게 시달리는 소녀가 그곳에 있었다. 저주받은 악령이 자주 용의 모습으로 나타나 소녀를 집어삼키려 하고, 소녀의 피를 모조리 빨아먹었던바, 소녀의 모습은 창백한 시체처럼 보였다.

2 소녀가 정신이 들 때마다 두 손으로 머리를 감싸고 울면서 몸부림치며 탄식했다.

"아, 나는 저주를 받았구나! 저 사악한 용의 손아귀에서 나를 구해줄 사람이 하나도 없다니!"

3 그 모습을 보고 소녀의 부모와 주변 사람들이 모두 통곡하며 그 불행을 슬퍼했다.

"형제들이여! 친구들이여! 이 살인자의 손에서 나를 구해줄 사람이 그렇게도 없단 말인가요?"

4 그때 문둥병이 치유된 왕의 딸이 소녀의 탄식을 듣고 성 꼭대기에 올라갔다. 그 소녀가 두 손으로 머리를 움켜잡고 한없이 눈물을 쏟았다. 슬픔에 잠긴 주변 사람들의 모습도 보였다.

5 왕의 딸이 귀신들린 사람의 남편에게 물었다.

"네 장모가 살아있는가?"

6 그 남편이 장인과 장모가 다 살아있다고 대답하자, 그 소녀의 어머니

를 데려오라고 했다. 그 어머니가 다가오자 물었다.

"이 귀신 들린 소녀가 당신의 딸이 맞습니까?"

7 그 어머니가 울부짖으며 대답했다.

"오, 공주님! 바로 제가 이 아이를 낳았습니다."

8 왕의 딸이 말했다.

"딸의 비밀을 다 털어놓으세요. 나도 문둥이였으나 예수 그리스도의 어머니 마리아가 고쳐주었습니다. 딸을 원래의 상태로 회복시키려면, 베들레헴으로 데리고 가서 예수의 어머니 마리아를 찾으세요. 그리고 딸의 병이 나을 것을 의심하지 마세요. 딸이 회복되고 기쁨에 넘쳐 귀가할 것이라고, 나는 믿어 의심치 않습니다."

9 그 말이 끝나기가 무섭게 어머니가 일어났다. 그리고 딸을 데리고 베들레헴으로 가서, 마리아에게 딸의 사정을 낱낱이 털어놓았다. 그 말을 다 듣고, 마리아가 자기 아들 예수의 몸을 씻은 물을 조금 주면서 그 딸의 몸에 부으라고 했다.

10 또 예수의 기저귀도 하나 주면서 편안히 보냈다.

"이 기저귀를 받아가세요. 그리고 당신의 원수를 볼 때마다 이 기저귀를 내보이세요."

11 그러자 모녀가 집으로 돌아갔다. 사탄이 소녀를 잡아채고 괴롭히는 시간이 되었다. 마침 저주받은 악령이 거대한 용으로 나타나 소녀가 겁을 집어먹었다.

12 그때 소녀의 어머니가 말했다.

"딸아, 겁내지 마라. 용이 더 가까이 올 때까지 내버려둬라. 마리아가 준 기저귀를 꺼내 보이고 결과를 기다리자."

13 이윽고 무시무시한 용이 다가왔다. 소녀가 겁에 질려 몸을 떨었다. 두 눈을 감고 기저귀를 자기 머리에 얹어 사탄에게 내보였다. 그러자 즉시 그 기저귀에서 불길과 불타는 석탄이 나와 용을 덮쳤다.

"오, 이 얼마나 위대한 기적인가?"

14 용이 주 예수의 기저귀를 보는 순간, 거기서 불이 튀어나와 용의 머리와 두 눈 위에 흩어졌다. 용이 크게 비명을 지르며 소녀를 떠났다.

"마리아의 아들 예수여, 나더러 어쩌란 말입니까? 어디로 도망치란 말입니까?"

15 고통에서 벗어난 소녀가 하나님을 찬미하고 감사드렸다. 기적의 현장에 있던 사람들도 하나님께 감사드렸다.

제14장

1 또 다른 여인이 그곳에 살고 있었다. 그 아들은 사탄에게 사로잡힌 몸이었다. 유다라는 소년이 사탄에게 사로잡힐 때마다, 옆에 누가 있는지 물어뜯으려고 했다. 아무도 없을 때는 자기 손과 신체의 일부를 물어뜯었다.

2 이 가련한 소년의 어머니가 마리아와 예수의 이야기를 듣고, 즉시 일어나 아들을 품에 안고 마리아에게 갔다.

3 그때 마침 야고보와 요셉이 어린아이, 곧 주 예수를 다른 아이들과 어울려 놀게 하려고 밖으로 데려갔다. 아이들이 자리에 앉자 주 예수도 앉았다.

4 그리고 사탄에 사로잡힌 유다가 와서 예수의 오른쪽에 앉았다. 사탄이 유다에게 나타나자, 그가 주 예수를 물어뜯으려고 했다.

5 하지만 물어뜯을 여유가 없었다. 유다가 예수의 오른쪽 옆구리를 치자 예수가 울음보를 터뜨렸기 때문이다. 그때 사탄이 소년에게서 나와 미친개처럼 달아나버렸다.

6 예수를 때린 소년, 거기서 사탄이 개의 모습으로 나온 그 소년이, 바로 예수를 유대인들에게 넘겨준 배신자 가룟 유다였다. 유다가 쳤던 예수의 오른쪽 옆구리를 군인들이 창으로 찔렀다.

제15장

1 예수가 7살이 되던 어느 날, 동갑내기 다른 소년들과 어울려 놀고 있었다. 진흙 장난을 하면서 당나귀, 소, 새, 기타 짐승의 형상을 빚었다. 소년들이 저마다 자기가 만든 것을 자랑하며 앞을 다투었다.

2 주 예수가 소년들에게 말했다.
"내가 만든 이 짐승들에게 걸어가라고 명령하겠어."

3 그러자 짐승들이 즉시 걸어갔고, 다시 돌아오라고 하자 돌아왔다.

4 또 예수는 새와 참새 형상을 만들어 날라고 하면 날고, 멈추라고 하면 멈추고, 고기와 물을 주면 먹고 마셨다.

5 소년들이 집으로 돌아가 부모에게 그 이야기를 하자, 부모들이 주의를 주었다.
"애들아, 그 아이는 마술사다. 앞으로 피하고 조심해라. 가까이 오지 못하게 막고 다시는 같이 놀지 마라."

6 또 어느 날, 예수가 다른 아이들과 놀면서 이리저리 뛰어다니다가, 살렘이라는 염색업자의 가게 앞을 지나게 되었다. 그 가게에 주민들이 맡긴 갖가지 옷이 쌓여 있었다. 여러 색깔로 염색될 차례를 기다리는 중이었다.

7 그때 예수가 그 가게로 들어가 옷을 모두 집어 아궁이에 처넣었다. 가게에 돌아온 살렘이 망쳐진 옷을 보고 난리법석을 떨었다. 예수에게 야단을 치며 크게 나무랐다.

"이게 무슨 짓이냐? 나와 이웃에게 이렇듯 큰 손해를 입히다니! 모두가 자기네 옷을 알맞게 염색하려고 했는데, 네가 와서 몽땅 망쳐놓았잖아?"

8 주 예수가 말했다.

"당신이 원하는 색깔대로 전부 바꿔줄 테니 염려하지 말아요."

9 그리고 옷을 아궁이에서 꺼내자, 각자가 원하던 색깔대로 염색되어 있었다. 이 놀라운 기적을 본 유대인들이 하나님을 찬양했다.

제16장

1 그 도시에서 문짝, 우유 통, 체, 상자 등의 목수 일을 주문받아 하던 요셉은, 시내 어디를 가든지 예수를 데리고 다녔다. 예수는 요셉을 졸졸 따라다녔다.

2 요셉이 만든 물건을 좀 더 길게나 짧게, 넓게나 좁게 해야 알맞은 경우가 자주 생겼다. 그때 예수가 손을 빌려주었다.

3 그러면 요셉이 그렇게 만들기라도 한 듯이, 물건의 치수가 즉시 딱 맞

게 변했다. 솜씨가 신통치 않은 요셉은 자기 손으로 마무리할 필요가 없었다.

4 하루는 에루살렘의 왕이 요셉을 불러 말했다.
"내가 평소 앉는 자리에 딱 맞는 크기로 옥좌를 하나 만들어라."

5 요셉이 황궁에서 그 일을 시작하여 꼬박 2년이 걸려 완성했다. 그런데 옥좌를 그 자리에 설치하려고 보니, 지정된 크기보다 양쪽의 치수가 조금씩 모자랐다. 그것을 본 왕이 요셉에게 크게 화를 냈다. 왕의 노여움을 산 요셉은 겁에 질려서, 저녁도 거른 채 침대에 누워 아무것도 입에 대지 않았다.

6 예수가 무슨 걱정거리가 있느냐고 묻자 요셉이 대답했다.
"2년 동안 죽으라고 한 일이 실패로 돌아갔기 때문이야."

7 예수가 말했다.
"겁낼 것 없어요. 낙담하지 말아요. 옥좌의 한쪽을 잡으세요. 내가 반대편을 잡겠어요. 그러면 옥좌를 제 치수에 맞게 만들 겁니다."

8 예수의 말대로 둘이 양쪽에서 힘껏 잡아당기자, 옥좌가 그 자리에 딱 맞는 크기로 변했다. 옆에서 구경하던 사람들이 그 기적을 보고 놀라 하나님을 찬양했다.

9 그 옥좌의 재료는 솔로몬 시대에 있었던 나무, 즉 각종 형태와 형상으로 장식된 바로 그 목제였다.

제17장

1 어느 날 예수가 또래 소년들을 만나 숨바꼭질을 하였다. 소년들은

숨고 예수가 술래가 되었다. 예수가 어느 집 문 앞에 가서 여인들에게 물었다.

"아이들이 어디 갔지요?"

2 여인들이 아무도 없다고 대답하자 예수가 물었다.

"저 아궁이에 보이는 건 누구지요?"

3 여인들이 대답했다.

"3살짜리 새끼 양들이야."

4 그러자 예수가 큰 소리로 외쳤다.

" 새끼 양들아! 너희 목자에게 나와 봐!"

5 소년들이 즉시 새끼 양의 모습으로 나와 주변을 뛰어다녔다. 그 광경을 본 여인들이 너무 놀라 몸을 떨었다.

6 여인들이 예수에게 경배하며 말했다.

"오, 마리아의 아들 예수여! 당신은 참으로 이스라엘의 착한 목자입니다. 당신 앞에 서 있는 이 하녀들에게, 오, 주님! 파멸이 아니라 구원하러 온 분임을 믿는 우리에게 자비를 베풀어주세요."

7 예수가 이스라엘 아이들이 마치 백성 가운데 있는 에티오피아인들 같다고 했다. 그러자 여인들이 말했다.

"주님! 당신은 모든 것을 알아요. 하나도 당신에게 숨겨진 것이 없어요. 간절히 청하니 자비를 베풀어 이 소년들을 원래의 모습으로 회복시켜 주세요."

8 예수가 말했다.

"자, 얘들아! 이리 나와서 같이 놀자."

9 그때 여인들 앞에서 새끼 양들이 즉시 소년들의 모습으로 돌아왔다.

제18장

1 아달월(Adar月, 태양력 3, 4월)에 예수가 소년들을 불러 모으고 마치 왕처럼 서열을 정해주었다. 소년들이 모두 옷을 벗어 땅바닥에 깔고 그 위에 예수를 앉혔다. 꽃으로 왕관을 만들어 머리에 씌우고 왕을 호위하듯 좌우에 늘어섰다.

2 그리고 그 부근을 지나가는 사람들을 강제로 데려오며 말했다.
"이리 와서 왕에게 경의를 표하시오. 그래야 편안한 여행을 할 수 있소."

3 그때 어떤 사람들이 들것에 한 소년을 태우고 왔다. 그 소년은 또래들과 산에 나무하러 가서 메추라기 둥지를 발견한 후, 알을 꺼내려고 손을 집어넣었다가 그 둥지에서 튀어나온 독사에게 물렸다.

4 그가 사람 살리라고 비명을 질러 또래들이 달려가 보니, 소년은 송장처럼 땅바닥에 널브러져 있었다. 그래서 이웃 사람들이 와서 도시로 운반하는 중이었다.

5 그들이 주 예수가 왕처럼 앉아있고, 다른 소년들이 신하처럼 서 있는 곳에 도착했다. 소년들이 뱀에게 물린 소년 쪽으로 잽싸게 달려가 말했다.
"자, 저리 가서 왕에게 경의를 표하시오."

6 그때 슬픔에 젖은 사람들이 거절했다. 그러나 소년들이 강제로 데려갔다. 그들이 다가오자 예수가 물었다.
"소년을 운반하는 이유가 무엇이오?"

7 소년이 뱀에게 물렸다고 그들이 대답했다. 예수가 자기 소년들에게 말했다.

"거기 가서 그 뱀을 죽입시다."

8 그러나 소년의 부모는 아들의 숨이 막 넘어가려는 참이라 같이 가기를 꺼렸다.

9 소년들이 소리쳤다.

"왕의 말을 못 들었습니까? 가서 그 뱀을 죽이자고 하지 않았습니까? 왕에게 복종하지 않으려는 겁니까?"

10 그리고 그들이 원하지 않음에도, 소년들이 들것을 그 둥지가 있는 곳으로 운반해 갔다. 예수가 소년들에게 물었다.

"그 뱀이 숨어 있던 곳이 여기오?"

11 소년들이 그렇다고 대답하자 예수가 뱀을 불러냈다. 뱀이 즉시 기어 나와 넙죽 엎드렸다.

12 예수가 뱀에게 명령했다.

"가서, 저 소년의 몸에 뿜어 넣었던 독을 도로 빨아내라."

13 뱀이 소년에게 기어가 모든 독을 다시 빨아냈다. 예수가 뱀을 저주하자 즉시 갈가리 찢어져 죽었다. 그리고 예수가 그 소년을 손으로 만지자 원래의 건강을 회복했다.

14 그때 소년이 울기 시작하여 예수가 말했다.

"너는 앞으로 내 제자가 될 테니 울지 마라."

15 이 소년이 복음서에 등장하는 가나안 출신의 시몬이다.

제19장

1 어느 날, 요셉이 아들 야고보에게 땔감을 구해오라고 시켰다. 주 예수가 야고보와 함께 갔다. 둘이 땔감 있는 장소에 도착했다. 야고보가 나무를 줍다가 독사에게 물렸다. 그가 비명을 지르며 소란을 떨었다. 예수가 뱀이 문 자국에 입김을 불어 넣자 즉시 나왔다.

2 또 어느 날, 예수가 평평한 지붕 위에서 소년들과 함께 놀고 있었다. 한 소년이 떨어져 죽었다. 다른 아이들은 모두 달아나고 예수만 홀로 지붕에 남아있었다. 죽은 소년의 친척들이 예수에게 다가와 말했다. "네가 우리 아들을 지붕에서 집어던졌지."

3 예수가 아니라고 했지만 그들은 큰 소리로 외쳤다. "우리 아들이 죽었다! 우리 아들을 이 아이가 죽였다!"

4 예수가 말했다. "당신들은 입증하지도 못할 죄를 나한테 덮어씌우지 말아요. 자, 그 소년에게 가서 진실을 밝히라고 합시다."

5 예수가 지붕 아래로 내려가 죽은 소년의 머리맡에 서서 큰 소리로 물었다. "제이누스야! 지붕에서 누가 널 던졌지?"

6 그러자 죽은 소년이 대답했다. "날 던진 건 네가 아냐. 다른 애가 했어."

7 그 곁에 서 있던 사람들에게 그 대답을 똑똑히 들어두라고 예수가 말했다. 그때 모든 사람이 하나님을 찬양했다.

8 그리고 또 어느 날, 마리아가 우물에서 물을 길러오라고 예수에게 시

켰다. 예수가 물을 길으러 갔다. 가득 찬 물동이를 잡아 올리자 동이가 깨졌다. 그러자 예수는 외투를 펴서 물을 다시 담아 어머니에게 가져다주었다.

9 이 놀라운 일을 보고 입이 벌어진 마리아는, 그 일과 또 그동안 보아온 다른 모든 일을 마음속 깊이 새겨두었다.

10 또 다른 날, 예수가 다른 소년들과 함께 강가로 갔다. 소년들이 조그만 도랑을 파서 강물을 끌어내 물고기 연못을 만들었다.

11 한편 예수는 참새 12마리를 만들었다. 그리고 연못 주변에 놓았다. 동서남북에 각각 3마리씩 두었다. 마침 안식일이었다.

12 유대인 아들이 지나가다가 소년들의 행동을 보고 말했다.
"너희는 안식일에 진흙으로 형체를 만드느냐?"

13 그가 달려와 물고기 연못을 모두 망가뜨리려고 하였다. 예수가 자신이 만든 참새들 머리 위에 손뼉을 치자 새들이 찍찍거리며 날아갔다.

14 그리고 그가 예수의 연못을 망가뜨리려고 오자 물이 모두 사라져버렸다. 예수가 말했다.
"이 물이 사라진 것과 똑같이 네 목숨도 그렇게 사라질 거야."

15 그러자 소년이 그 자리에서 죽었다.

16 또 다른 하루는, 예수가 저녁때 요셉과 함께 집으로 돌아가고 있었다. 한 소년이 달려와 예수와 심하게 부딪쳐 예수가 넘어졌다. 예수가 그에게 말했다.
"날 넘어지게 했으니, 넌 넘어지거나 일어나지 못할 거야."

17 바로 그 순간, 소년이 거꾸러져 죽고 말았다.

제20장

1 예루살렘에 삭개오라는 선생이 살고 있었다. 그가 요셉에게 말했다.
"요셉! 왜 예수를 내게 보내 글을 배우게 하지 않는가?"

2 요셉이 맞장구를 치며 마리아에게 말했다. 둘이 예수를 그 선생에게
데리고 갔다. 예수가 삭개오에게 알파벳을 적어 보였다.

3 선생이 히브리어 알레프(Aleph)를 발음해 보라고 하여 그렇게 했다.
이번에는 베트(Beit)를 발음하라고 해서 예수가 말했다.
"먼저 알레프라는 문자의 뜻부터 설명해주세요. 그래야 베트로 넘어
가겠어요."

4 선생이 매질을 하겠다고 위협하여 예수가 알레프와 베트의 뜻을 설
명하였다. 또 어느 문자가 똑바르고 비스듬한지, 어느 문자가 이중적
의미를 지니고 있으며, 어느 문자에 점이 있고 없는지, 어느 문자가
다른 문자 앞에 오는지 등을 예를 들어 설명했다.

5 이러한 사항을 선생은 들어본 적도, 다른 책에서 읽어본 적도 없었
다. 한걸음 더 나아가 예수가 말했다.
"내 말을 잘 들어보세요."

6 그리고 알레프, 베트, 기멜, 달레트부터 알파벳 끝까지 분명하게 또
박또박 발음했다. 그러자 선생이 매우 놀라며 말했다.
"이 소년은 노아보다 먼저 태어났다고 믿어."

7 그리고 몸을 돌려 요셉에게 말했다.
"이 소년을 가르치라고 당신이 데려왔지만, 이 소년은 그 어느 선생보
다 더 유식해요."

8 마리아에게도 말했다.

"당신의 아들은 더 배울 필요가 없어요."

9 요셉과 마리아가 더 유식한 선생에게 예수를 데리고 갔다. 선생이 예수를 보고 알레프를 읽어보라고 했다. 그래서 알레프라고 했더니, 베트를 해 보라고 했다.

10 예수가 말했다.

"먼저 알레프라는 문자의 뜻부터 설명해주세요. 그래야 베트로 넘어가겠어요."

11 그러자 선생이 예수를 때리려고 손을 들었는데, 그 손이 즉시 말라비틀어지고 선생도 죽어버렸다.

12 요셉이 마리아에게 말했다.

"앞으로 이 아이를 밖에 나돌아다니지 못하게 해요. 이 아이 뜻에 거스르는 사람은 모두 죽어버리니."

제21장

1 예수가 12세 때, 요셉과 마리아가 예수를 예루살렘에 데리고 갔다. 축제가 끝나자 모두 집으로 돌아가고 있었다. 그러나 예수는 율법학자와 장로 등 이스라엘 지식층과 함께 성전에 남아있었다. 서로 유식한 질문을 던지기도 하고 대답도 하였다.

2 먼저 예수가 물었다.

"메시아는 누구의 아들이지요?"

"다윗의 아들이다."

"그렇다면 어찌하여 다윗이 마음속으로(성령에 감동하여) 메시아를 주님이라고 불렀지요? 다윗이 '주께서 내 주님에게 이르기를, 네 원수들을 네 발판으로 만들 때까지, 너는 내 오른쪽에 앉아있으라'고 했습니다."

3 그러자 한 장로 랍비가 물었다.

"성경을 읽었는가?"

4 예수는 성경을 읽었을 뿐만 아니라, 그 안에 들어있는 내용도 잘 안다고 대답했다. 그리고 율법서, 계명과 율법의 세부 사항, 예언서의 신비 등, 아무도 파악하지 못했던 내용까지 설명하였다.

5 그때 랍비가 물었다.

"나는 이런 지식을 지금까지 본 적도, 들은 적도 없습니다. 여러분은 이 소년의 장래를 어떻게 보십니까?"

6 거기 있던 한 천문학자가 예수에게 천문학을 공부한 적이 있느냐고 물었다. 예수는 천구와 천체의 숫자, 삼각형, 사각형, 육각형의 모습, 전진과 후퇴 운동, 크기와 각종 징후, 그리고 인간 이성이 발견할 수 없는 다른 내용도 설명하였다.

7 그러자 물리학과 자연 철학에 박식한 사람이 있었는데, 예수에게 물리학을 공부한 적이 있는지 질문했다. 예수가 물리학과 형이상학에 대해 설명하였다.

8 또 자연의 힘 위에 있는 것과 그 아래 있는 것, 사람 몸의 힘, 여러 기질과 그 효과, 사지의 숫자, 뼈, 핏줄, 동맥, 신경, 뜨겁고 건조하고 차고 습한 몸의 각종 체질과 그 경향, 영혼이 육체에 어떻게 기능하는

지, 여러 가지 감각과 기능이 어떤 것인지, 말하는 기능, 분노, 욕망, 그리고 마지막으로 몸의 생성과 분해의 방식, 기타 인간이 도저히 이해하지 못할 내용까지 설명하였다.

9 그때 그 철학자가 일어나 예수에게 경배하며 말했다.

"오, 주 예수님! 이제부터 저는 당신의 제자와 하인이 되겠습니다."

10 이런저런 문제를 토론하고 있을 때, 사흘간 요셉과 함께 걸어 다니며 예수를 찾은 마리아가 성전에 들어왔다. 학자들 사이에 자리를 잡고 앉아 질문도 하고, 대답도 하는 예수를 발견하고 마리아가 말했다.

"아들아! 왜 우리에게 이런 일을 하였느냐? 나와 네 아버지가 널 찾아다니느라고 정말 혼이 났단다."

11 예수가 말했다.

"왜 두 분은 날 찾아다녔지요? 내가 내 아버지의 집에서 일하고 있어야 한다는 사실을 몰랐던가요?"

12 그러나 두 사람은 그 말뜻을 이해하지 못했다. 그때 학자들이 이 소년이 마리아의 아들이냐고 물었고, 마리아는 그렇다고 대답했다.

13 학자들이 말했다.

"오, 마리아여! 이런 아들을 낳다니 얼마나 행복합니까?"

14 그 후 예수는 나사렛으로 돌아가 부모에게 순종하며 살았다.

15 예수는 키가 자라며 지혜가 깊어져 하나님과 사람 앞에서 더욱 총애를 받았다.

제4권

바돌로매 복음

제1장

1 우리 주 그리스도의 수난을 앞두고 모든 사도가 한자리에 모였다.

2 사도들이 간청했다.

"주님, 하늘의 비밀을 보여주십시오."

3 예수가 말했다.

"내가 이 육체를 벗기 전까지는 아무것도 말할 수 없다."

4 그러나 예수가 수난을 당하고 다시 일어났을 때, 예수를 본 모든 사도가 감히 요청할 수 없었다. 그 모습이 예전 같지 않고, 신성을 완전히 드러내었기 때문이다.

5 바돌로매가 다가와 말했다.

"주님, 할 말이 있습니다."

6 예수가 대답했다.

"사랑하는 바돌로매야, 네가 하고 싶은 말이 무엇인지 내가 안다. 그러나 물어봐라. 네가 알고 싶어 하는 것을 모두 말해주겠다. 그리고 네가 묻지 않은 것도 알려주겠다."

7 바돌로매가 말했다.

"주님, 당신이 십자가에 달릴 때, 저는 멀리서 따라갔습니다. 당신이 어떻게 십자가에 매달렸으며, 어떻게 천사들이 하늘에서 내려와 숭배했는지 보았습니다.

그런데 암흑이 깔리고 눈을 들어 보니, 당신은 십자가에서 사라지고 없었으며, 지하에서 울리는 당신의 목소리가 제 귀에 들렸습니다. 그리고 어마어마한 통곡 소리와 이를 가는 소리가 올라왔습니다. 주님, 십자가를 떠나 어디에 갔었습니까?"

8 예수가 말했다.

"사랑하는 바돌로매야, 그 신비를 보았으니 너는 복을 받았다. 그러면 네가 묻는 것을 모두 알려주겠다. 십자가에서 사라졌을 때, 나는 아담과 모든 선조, 아브라함과 이삭과 야곱을 꺼내오려고 하계로 내려갔다.

대천사 미가엘이 그렇게 해달라고 나에게 요청했다. 하계의 강철 빗장들을 산산조각내며 문을 부수고자 천사들을 데리고 내려가니, 하데스가 악마에게 '하나님이 땅 위에서 내려온 것을 느낀다.'고 했다.

그러자 천사들이 강한 자들에게 소리치기를, '영광의 왕이 하계로 내려왔으니 너희 두목들은 문을 열라.'고 했다.

하데스가 '우리에게 내려온 영광의 왕이 누구냐?'고 물었다.

내가 500개 계단을 내려갔을 때, 하데스는 와들와들 떨면서 '하나님이 내려왔다고 믿는다. 그분의 강한 입김이 앞으로 뿜어 나오는데, 나는 도저히 감당할 수 없다.'고 했다.

그러나 악마가 하데스에게 '굴복하지 말고 용기를 내어라. 하나님이 내려온 것이 아니다.'고 했다.

내가 500개 계단을 더 내려갔을 때, 강한 천사들이 외치기를 '너희 두목들은 문을 열어라! 문들이여, 활짝 열려라! 자, 영광의 왕이 내려왔다.'고 했다.

그러자 하데스가 다시 '아이고 망했구나! 나는 하나님의 입김을 느낀다. 그런데 너는, 하나님이 아직 땅 위에서 내려오지 않았다고 하는

구나!'라고 했다.

그때 바알세불이 '너는 왜 두려워하느냐? 이는 예언자인데, 넌 하나님이라 생각한다. 예언자가 하나님인 체하는 것이다. 우리가 이 예언자를 잡아 하늘로 올라가리라고 생각하는 사람들에게 데리고 가자.'고 했다.

하데스가 '예언자라니 어떤 예언자냐? 정의로운 율법학자 에녹이란 말이냐? 그러나 하나님은 6,000년이 지나기까지, 에녹이 땅으로 내려오지 못하게 했다. 그러면 복수자인 엘리아스란 말인가? 그러나 엘리아스는 종말이 임하기까지 내려오지 않는다.

그렇다면 파멸이란 말인가? 파멸은 하나님으로부터 오는 것인데, 난 어떡하면 좋은가? 정녕 우리의 끝이 가까이 왔단 말인가? 나는 세월의 숫자를 내 손에 가지고 있다.'라고 했다.

그러나 아버지의 말씀이 땅 위에서 내려왔다고 깨달은 악마는, '하데스여, 두려워하지 마라. 모든 문을 단단히 걸어 잠그고 빗장을 튼튼히 하면 된다. 하나님 자신이 땅 위에서 내려온 것은 아니니까 말이다.'라고 했다.

하데스는 '위대한 왕인 하나님의 얼굴을 피해 우리가 어디로 숨는단 말인가? 내가 너보다 먼저 창조되었으니 날 그냥 내버려둬. 더 이상 대항하지 마라.'고 했다.

그때 천사들이 청동 문들을 산산조각내며 깨어버리고, 나는 강철 빗장들을 부수었다. 그리고 내가 들어가 100대를 쳐서 악마를 때려눕히고, 아무도 풀 수 없는 족쇄를 채웠다. 그리고 모든 선조를 거기서 꺼내주고 십자가로 돌아왔다."

9 바돌로매가 물었다.

"주님, 저는 당신이 십자가에 다시 매달려 있고, 죽은 자가 모두 일어나 당신을 숭배하는 것을 보았습니다. 그리고 천사들이 품에 안고 가던 대단히 큰 사람은 누구입니까? 그에게 당신이 무슨 말을 하여 그토록 심한 신음을 냈습니까?"

10 예수가 대답했다.

"맨 처음 창조된 아담이다. 그 사람 때문에 내가 하늘에서 땅 위로 내려온 것이다. 나는 아담에게 '너 때문에, 그리고 네 자손 때문에 내가 십자가에 매달렸다.'고 했다. 그 말을 들은 아담이 신음하면서 '오, 주님! 주님은 그렇게 기꺼이 하셨습니다.'라고 했다."

11 바돌로매가 말했다.

"주님, 아담보다 먼저 천사들이 내려와 찬송가를 부르는 것을 제가 보았습니다. 그런데 다른 천사들보다 더 큰 한 천사가 올라가려고 하지 않았습니다. 그 천사는 불타는 칼을 손에 들고 당신을 쳐다보았습니다.

모든 천사가 그 천사더러 같이 올라가자고 간청했지만, 말을 듣지 않았습니다. 그러나 당신이 명령하자 그 천사의 두 손에서 불길이 뻗쳐나가, 저 멀리 있는 예루살렘 도시까지 이르는 것을 제가 보았습니다."

12 예수가 말했다.

"사랑하는 바돌로매야, 이런 신비들을 보았으니 너는 복을 받았다. 그 천사는 내 아버지의 옥좌 앞에 서 있는 복수의 천사들 가운데 하나다. 아버지가 그를 나에게 보냈다. 그래서 그는 올라가지 않고 세상의 권세를 파멸시키려고 했다.

그러나 내가 올라가라고 명령하자 그 손에서 불길이 뻗쳐나갔다. 그 천사는 성전의 휘장을 찢고, 나의 수난에 대해 이스라엘 자녀들에게 주는 증거로, 휘장을 둘로 갈라지게 하였다. 그들이 나를 십자가에 못 박았기 때문이다."

13 그리고 예수가 사도들에게 말했다.

"여기서 나를 기다려라. 오늘 낙원에서 희생을 바치는데, 내가 가서 받아야 한다."

14 바돌로매가 물었다.

"주님, 낙원에서 바치는 희생은 무엇입니까?"

15 예수가 말했다.

"정의로운 사람들의 영혼이다. 영혼이 육체를 떠나면 낙원으로 가는데, 내가 거기 없으면 들어가지 못한다."

16 바돌로매가 물었다.

"주님, 매일 몇 명의 영혼이 이 세상을 떠납니까?"

17 예수가 대답했다.

"3만 명이다."

18 바돌로매가 다시 물었다.

"주님, 당신이 우리와 함께 살아있을 때도 낙원에서 희생을 받았습니까?"

19 예수가 대답했다.

"사랑하는 사람아, 참으로 네게 말해두지만, 내가 너희를 가르치고 있을 때도 아버지의 오른편에 앉아있었고, 희생을 낙원에서 받아들였다."

20 바돌로매가 물었다.

"주님, 매일 3만 명의 영혼이 세상을 떠난다면 몇 명을 낙원으로 받아들입니까?"

21 예수가 대답했다.

"3명밖에 안 된다."

22 바돌로매가 다시 물었다.

"주님, 몇 명의 영혼이 매일 이 세상에 태어납니까?"

23 예수가 대답했다.

"이 세상을 떠나는 사람들보다 1명 더 많이 태어난다."

24 이 말을 마치고 예수가 사도들에게 평화를 주고, 시야에서 사라졌다.

제2장

1 사도들이 크리티르라는 곳에서 마리아와 함께 있었다.

2 바돌로매가 베드로와 안드레, 요한에게 가서 말했다.

"대단한 총애를 받은 마리아에게 물어봅시다. 이해할 수 없는 분을 어떻게 임신했고, 낳을 수 없는 분을 어떻게 낳았으며, 이토록 위대한 분을 어떻게 낳았는지 물어봅시다."

3 그러나 모두 질문을 망설였다. 그래서 바돌로매가 베드로에게 말했다.

"아버지 베드로여, 당신이 우두머리니 마리아에게 가서 물어보십시오."

4 베드로가 요한에게 말했다.

"너는 정결한 청년이고 흠잡을 데가 없으니, 마리아에게 가서 질문해야 한다."

5 모두 머뭇거리며 이리저리 궁리만 하고 있을 때, 바돌로매가 유쾌한 표정을 지으며 마리아에게 다가가 물었다.

"당신은 대단한 총애를 받았고, 가장 높으신 분의 성전이며, 흠이 없는 분입니다. 우리 사도 전체가 당신에게 질문을 합니다만, 제가 파견되었습니다. 이해할 수 없는 분을 어떻게 임신했고, 낳을 수 없는 분을 어떻게 낳았으며, 이토록 위대한 분을 어떻게 낳았는지 알려주십시오."

6 마리아가 대답했다.

"이 신비에 대하여 질문하지 마라. 내가 그 말을 시작하면, 불이 내 입에서 나와 온 세상을 태워버릴 것이다."

7 하지만 사도들이 더욱 끈질기게 졸라대자, 마리아는 그들의 청을 거절하고 싶지 않아 말했다.

"모두 일어서서 기도하자."

8 사도들이 마리아 뒤로 쭉 서자 마리아가 베드로에게 말했다.

"사도들의 으뜸이고 가장 위대한 기둥인 베드로야, 네가 내 뒤에 서 있느냐? 우리 주님이, 사람의 머리는 그리스도지만 여자의 머리는 남자라고 하지 않았느냐? 네가 내 앞에 서서 기도해라."

9 사도들이 말했다.

"주님이 당신 안에 성전을 짓고, 당신 품에 기꺼이 들었습니다. 그러니 지금 우리보다 당신이 더욱 기도를 인도할 권리가 있습니다."

10 마리아가 말했다.

"너희는 빛나는 별들이다. 예언자가 '내가 두 눈을 들어 언덕을 바라보니, 거기서 나의 도움이 온다.'고 한 것처럼, 너희가 언덕이니 기도해야 한다."

11 사도들이 말했다.

"당신은 하늘의 왕의 어머니로서 기도해야 합니다."

12 마리아가 말했다.

"너희 모습대로 하나님이 참새를 만들어 세상의 네 구석으로 보냈다."

13 사도들이 대답했다.

"7층의 하늘도 안을 수 없는 그분이 당신에게 기꺼이 안겼습니다."

14 그러자 비로소 마리아가 사도들 앞에 서서 하늘을 향해 두 팔을 뻗고 기도하기 시작했다.

"오, 하나님! 가장 위대하고 가장 지혜로운 분, 모든 시대의 왕, 형언할 수 없고 표현할 수 없는 분이여! 당신은 드넓은 하늘들을 말로써 창조하고, 하늘의 궁륭을 조화롭게 마련하고, 무질서한 물질에게 형태를 주었으며, 갈라진 것을 한 군데로 모으고, 어둠과 빛을 갈라놓고, 같은 원천에서 물이 흘러나오게 했으며, 당신 앞에서 공중의 생물과 땅의 생물이 두려워 떨며, 땅에게 제 위치를 주며 땅의 멸망을 원치 않고, 그 위에 풍성한 비를 내리고, 만물의 양육을 돌봐주는 아버지의 영원한 말씀입니다.

7층의 하늘도 당신을 품을 수 없지만, 당신은 기꺼이 내 품에 들어왔고, 내게 아무런 고통도 끼치지 않았습니다. 당신은 아버지의 완전한 말씀이며, 당신을 통하여 만물이 창조되었습니다. 당신의 크고 위대한 이름을 영광스럽게 하시고, 당신의 거룩한 사도들 앞에서 내가 말하도록 허락해 주십시오."

15 기도를 마치고 마리아가 사도들에게 말했다.

"자, 모두 땅에 앉자. 사도들의 으뜸인 베드로는 내 오른쪽에 앉아 왼손을 내 어깨 밑으로 넣어라. 안드레는 마찬가지로 내 왼쪽에 앉아라. 정결한 요한은 내 가슴을 잡아라. 바돌로매는 네 두 무릎을 내 어깨에 붙이고 등을 바짝 눌러라. 그래야 내가 말을 시작할 때 내 사지가 늘어지지 않을 것이다."

16 사도들이 시키는 대로 하자 마리아가 말하기 시작했다.

"내가 하나님의 성전에 살며 천사들의 손에서 음식을 받아먹고 있을 때, 하루는 천사의 모습을 한 분이 내게 나타났다. 그러나 그 얼굴은 형언할 수가 없고, 전에 내게 온 천사처럼 손에 빵도 잔도 들지 않았다. 그러자 즉시 성전의 휘장이 찢어지고 심한 지진이 일어났다. 그분의 모습을 도저히 감당할 수 없어 나는 땅바닥에 엎어졌다. 그때 그분이 내 손을 잡아 일으켜주었다.

내가 하늘을 쳐다보았는데, 이슬구름이 내 얼굴에 다가와 머리에서 발끝까지 물을 뿌렸고, 그분이 자기 옷자락으로 나를 씻어주었다. 그리고 '잘 있었는가? 너는 대단한 총애를 받은 선택된 그릇이다.'라고 했다.

그분이 자기 옷의 오른쪽을 두드리자 엄청나게 큰 빵이 나왔다. 그

제1편_예수 이야기

빵을 제단에 올려놓고 먼저 먹은 뒤 내게도 주었다. 그리고 옷의 왼쪽을 두드리자 포도주가 가득 찬 잔이 나왔다. 그 잔을 제단에 올려놓고 먼저 마신 뒤 내게도 주었다. 내가 바라보니 빵이 조금도 줄어들지 않았고, 잔은 여전히 가득 찬 상태였다.

그때 그분은 '3년이 지나 내가 내 말씀을 네게 보내겠고, 너는 내 아들을 임신할 것이다. 온 세상은 내 아들을 통해 구원받을 것이고, 네가 세상에 구원을 가져올 것이다. 총애를 받은 이여, 평화가 너와 함께하기를 바란다. 내 평화가 너와 함께 영원히 있을 것이다.'라고 했다. 이 말을 마치고 그분은 눈앞에서 사라졌다. 성전은 예전과 같이 변함이 없었다."

17 마리아가 이 말을 하고 있을 때, 그 입에서 불길이 뻗쳐 나와 온 세상이 모조리 타버릴 지경이었다. 그때 예수가 급히 와서 마리아에게 말했다.

"그 이상 이야기하지 마십시오. 그렇잖으면 내가 창조한 것이 모두 끝장납니다."

18 사도들은 하나님이 자기들에게 화를 낼까 봐 두려웠다.

제3장

1 예수가 마우리아 산으로 제자들을 데리고 가서 한가운데 앉았다. 그러나 제자들은 두려워하며 질문하기를 망설였다.

2 예수가 말했다.

"너희가 원하는 대로 질문해라. 그래야 내가 너희를 가르치고 너희에게 보여줄 수 있다. 아직 7일 남았다. 7일이 지나면 나는 아버지께 돌아가고, 이 모습으로 너희에게 다시 나타나지 않을 것이다."

3 사도들이 말했다.

"주님, 약속하신 대로 우리에게 심연을 보여주십시오."

4 예수가 대답했다.

"너희가 심연을 보는 것은 좋지 않다. 그러나 굳이 원한다면 약속을 지키겠다. 자, 따라와 보아라."

5 예수가 사도들을 케루빔이라는 장소, 즉 진리의 처소로 데리고 갔다. 그리고 서쪽에 있는 천사들에게 손짓하자, 땅이 두루마리처럼 말려 올라가고 심연이 눈앞에 나타났다. 심연을 본 사도들이 갑자기 나엎어졌다.

6 예수가 말했다.

"너희가 심연을 보는 것이 좋지 않다고 하지 않았느냐?"

7 예수가 천사들에게 다시 손짓하자 심연이 사라졌다.

제4장

1 예수가 사도들을 데리고 올리브 산으로 갔다.

2 베드로가 마리아에게 말했다.

"당신이 총애를 받았으니, 하늘의 모든 것을 우리에게 드러내 달라고 주님께 요청하여 주십시오."

3 마리아가 베드로에게 말했다.

"오, 위를 깎은 바위여. 주님은 네 위에 교회를 세우지 않았느냐? 네가 먼저 가서 청해야 한다."

4 베드로가 다시 말했다.

"당신은 가장 높으신 하나님의 성전입니다. 가서 요청하십시오."

5 마리아가 말했다.

"너는 아담의 모습이다. 아담이 먼저 빚어지고 그다음에 하와가 만들어지지 않았느냐? 해를 보라. 아담처럼 빛난다. 달을 보라. 하와가 계명을 어겨서 달이 진흙으로 가득 찼다. 하나님이 아담을 동쪽에, 하와를 서쪽에 두고 두 광채를 비추도록 명령했다.

태양은 불타는 마차로 동쪽의 아담을 비추고, 서쪽의 달은 하와에게 우윳빛의 흰 광선을 비추도록 했다. 그러나 하와가 주님의 계명을 어겨서 달이 더러워지고, 그 빛이 찬란히 빛나지 않게 되었다.

그러므로 네가 아담의 모습이니, 네가 가서 청해야 한다. 주님이 내 안에 거처를 잡은 것은, 여인들의 체면을 회복시켜 주라고 그런 것이다."

6 그리고 모두 산꼭대기에 이르러 주님이 잠시 혼자 떨어져 있었다. 베드로가 마리아에게 다시 말했다.

"당신은 하와의 잘못을 바로잡고, 하와의 수치를 기쁨으로 변하게 했습니다. 당신이 요청해야 합니다."

제5장

1 그때 예수가 다시 나타나자 바돌로매가 말했다.

"주님, 사람의 원수를 우리에게 보여주십시오. 우리가 그것을 보고, 그게 어떤 일인지, 그가 어디서 오며, 무슨 힘을 가지고 있기에 당신마저 예외 없이 십자가에 매달았는지 알아보겠습니다."

2 예수가 바돌로매를 응시하며 말했다.

"오, 용감한 마음이여! 너는 쳐다보지도 못할 것을 보여 달라고 한다."

3 공포에 질린 바돌로매가 예수의 발아래 엎드려 말했다.

"오, 영원히 꺼지지 않는 등불이여, 주 예수 그리스도 영원한 분이여, 당신은 당신을 사랑하는 사람들에게 온 세상을 위해 은총을 주고, 땅에 나타나심으로써 영원한 빛을 주었습니다.

그리고 아버지의 명령에 따라 당신의 생명을 바쳐 사명을 완수했습니다. 아담의 낙망을 기쁨으로 바꾸고, 처녀 어머니로부터 탄생함으로써 하와의 슬픔을 은총의 힘으로 극복했습니다. 제게 화를 내지 마시고 질문할 권리를 허락해 주십시오."

4 예수가 바돌로매를 일으키며 말했다.

"바돌로매야, 사람의 원수를 보고 싶으냐? 내가 말해두지만, 네가 원수를 보면, 너뿐만 아니라 모든 사도와 마리아도 엎어져 죽은 사람처럼 될 것이다."

5 그러나 모두 예수에게 말했다.

"주님, 우리는 보고 싶습니다."

6 그래서 예수가 그들을 올리브 산에서 데리고 내려와 하계의 천사들을 위협하고, 미가엘에게 하늘 꼭대기까지 나팔을 힘차게 불라고 지시했다. 그러자 땅이 흔들리고, 660명의 천사에게 이끌려 불타는 쇠사슬에 묶인 벨리알이 올라왔다.

7 벨리알은 길이가 1440m, 넓이가 36m나 되었다. 얼굴은 불의 번개 같

고, 두 눈은 불꽃 같고, 콧구멍에서 악취 나는 연기를 내뿜었다. 입은 갈라진 바위틈 같고, 날개 하나가 72m쯤 되었다.

제6장

1 사도들이 벨리알을 보고 엎어져 죽은 사람처럼 되었다. 그때 예수가 다가와 그들을 일으키며 영혼의 힘을 주었다. 그리고 바돌로매에게 말했다.

"바돌로매야, 가까이 다가가 네 발로 그 목을 밟아라. 그러면 자기 일이 무엇인지, 어떻게 사람들을 속이는지 털어놓을 것이다."

2 예수는 사도들과 함께 멀리 서 있고, 바돌로매가 목청을 돋우어 말했다.

"오, 도시보다 더 넓은 자궁이여!

오, 하늘보다 더 넓은 자궁이여!

오, 7층 하늘이 담지 못할 그분을 담은 자궁이여! 당신은 그분을 고통 없이 담았고, 자신을 가장 작은 존재로 변화시킨 그분을 품에 안았습니다.

오, 많은 사람이 보게 된 그리스도를 그 안에 감추었다가 낳은 자궁이여!

오, 모든 피조물보다 더 넓은 자궁이여!"

3 겁에 질린 바돌로매가 말했다.

"주 예수님, 당신 옷자락을 내게 주면, 감히 벨리알에게 접근할 수 있겠습니다."

4 예수가 말했다.

"너는 내 옷자락을 잡을 수 없다. 십자가에 매달리기 전에 입었던 그 옷이 아니기 때문이다."

5 바돌로매가 말했다.

"주님, 벨리알이 당신의 천사들도 사정없이 해치웠으니 저도 삼킬까 겁이 납니다."

6 예수가 말했다.

"모든 것이 나의 말로, 그리고 아버지의 계획에 따라 창조되지 않았 느냐? 귀신들은 솔로몬 자신에게 복종하도록 만든 것이다. 너는 내 이름으로 말하도록 명령을 받았으니, 가서 원하는 대로 물어봐라."

7 바돌로매가 벨리알의 목을 발로 밟고, 그 얼굴을 세차게 밟아 납작하 게 만들었다.

"너는 누구이며, 이름이 무엇인지 대라."

8 벨리알이 대답했다.

"너무 밟아대지 마. 그러면 내가 누구이며, 어떻게 해서 이런 상태에 이 르렀는지, 나의 일이 무엇이고, 내 세력이 얼마나 위대한지 말해주겠다."

9 바돌로매가 늦춰주면서 요구했다.

"네가 한 짓과 지금 하는 짓을 모조리 대라."

10 벨리알이 대답했다.

"내 이름을 알고 싶은가? 처음에는 사타나엘, 즉 하나님의 천사였고, 그 후에 내가 하나님의 모습을 배척하자 사탄, 즉 지옥의 천사가 되 었다."

제7장

1 바돌로매가 다시 요구했다.

"내게 다 털어놓고, 아무것도 숨기지 마라."

2 벨리알이 말했다.

"하나님의 위대한 영광을 걸고 맹세하지만, 나는 감추고 싶어도 그럴 수가 없다. 나를 단죄할 분이 곁에 서 있으니. 그럴 힘이 있다면, 너희 가운데 하나를 파멸시켰듯이 너도 파멸시켰을 것이다.

나는 최초로 창조된 천사다. 하나님이 하늘을 만들 때, 한 줌의 불을 잡아 나를 먼저 만들고, 그다음에 하늘의 군대 지휘자 미가엘, 3번째 가브리엘, 4번째 우리엘, 5번째 라파엘, 6번째 나다니엘, 그리고 다른 6,000명을 창조했는데, 다른 천사들의 이름은 말할 수 없다.

그리고 회초리를 가지고 다니는 하나님의 포졸들이 있다. 이 천사들이 낮에 7번 나를 채찍질하고, 잠시도 혼자 내버려두지 않으며, 내 힘을 모조리 파괴한다. 말하자면 복수의 천사들인데, 하나님의 옥좌 옆에 서 있다.

이는 최초에 창조된 천사의 무리다. 이 천사들 다음으로 나머지 모든 천사가 창조되었다. 즉 첫째 하늘에 1억 명의 천사가 있고, 2번째부터 7번째 하늘에 각각 1억 명의 천사가 있다.

7겹 하늘 밖에는 첫째 천계, 즉 창공이 있는데, 그곳에 사람들에게 영향력을 끼치는 세력의 천사들이 있다. 거기 또 바람을 다스리는 천사도 넷이 있다.

첫째 천사는 카이룸이다. 보레아스(북풍)를 다스리는데, 손에 불타는 채찍을 들고, 바람이 가지고 있는 엄청난 습기를 통제하며 땅이 마르지 않게 한다.

오에르타라는 천사는 아파르크타이스(동풍)를 다스리는데, 손에 횃불을 들고 앞과 옆을 비추며, 자신의 찬 기운을 덥게 해서 땅이 얼어붙지 않도록 한다.

그리고 남쪽 바람의 천사는 케르쿠타다. 자신의 난폭한 힘을 꺾어 땅이 흔들리지 않게 한다.

서남쪽 바람의 천사는 나우타인데, 얼음 채찍을 손에 들고, 그 채찍을 입에 물어 자기 입에서 나오는 불을 끈다. 만일 이 천사가 자기 입에서 나오는 불을 끄지 않으면, 온 세상이 불타버릴 것이다.

그리고 다른 천사가 바다를 다스리고 거친 파도를 일으킨다. 옆에 서 있는 분이 허락하지 않아 더 이상 말하지 않겠다."

3 바돌로매가 물었다.

"사람들의 영혼을 어떻게 벌주느냐?"

4 벨리알이 대답했다.

"위선자, 비방자, 어릿광대, 탐욕자, 간통자, 마술쟁이, 점쟁이, 그리고 우리를 믿는 자, 내가 뒤에서 떠받쳐주는 자를 어떻게 처벌하는지 상세히 설명하란 말인가?"

5 바돌로매가 말했다.

"간단히 말해봐라."

6 벨리알이 이를 부드득부드득 갈자, 심연에서 불을 뿜는 칼을 가진 바퀴가 올라왔다. 그 바퀴에는 파이프가 달려 있었다.

7 바돌로매가 물었다.

"저 칼은 무엇인가?"

8 벨리알이 대답했다.

"탐식가들을 위한 칼이다. 게걸스럽게 먹어치우는 탐식가들은 온갖 죄를 짓기 때문에 이 파이프에 잡아넣는다. 그리고 2번째 파이프에는 비방자들이 갇힌다. 이웃을 몰래 비방하기 때문이다. 4번째 파이프에는 위선자와 내 술수로 잡아온 나머지가 들어간다."

9 바돌로매가 물었다.

"너는 직접 그런 짓을 하느냐?"

10 사탄이 말했다.

"내가 직접 나갈 수만 있다면, 온 세상을 사흘 만에 멸망시킬 것이다. 그러나 나와 600명의 부하는 세상에 나갈 수 없다. 우리는 날랜 종들이 있어 그들을 부린다. 그들에게 가시가 많은 갈고리를 주어 사냥하러 내보내면, 사람들을 갖은 유혹, 즉 만취, 웃음, 비방, 위선, 쾌락, 간음에 빠지게 하고, 사람들을 나약하게 하는 다른 방법들을 동원하여 우리에게 그 영혼들을 낚아오는 것이다.

다른 천사들의 이름도 알려주겠다. 우박의 천사는 메르메오트인데, 머리에 우박을 이고 있고, 내 종들이 원하는 곳이면 어디든지 파견한다.

그리고 다른 천사들이 눈을 다스리고, 또 다른 천사들이 번개를 다스린다. 만일 어떤 영혼이 우리 세계에서 달아나려고 하면, 이 천사들이 불타는 돌멩이를 쏟아붓고, 우리 몸의 사지에 불을 지른다."

제8장

1 바돌로매가 말했다.

"심연의 용아, 입을 다물어라."

2 벨리알이 말했다.

"천사들에 대해서 더 많이 알려주겠다. 하늘과 땅의 영역을 함께 달리는 천사는 메르메오트, 오노마타트, 두트, 멜리오트, 카루트, 그라파타슥 호에트라, 네포노스, 칼카투라다. 이들은 하늘과 땅과 하계의 영역을 함께 날아다닌다."

3 바돌로매가 말을 중단시키고 말했다.

"입 다물고 가만히 있어. 내가 주님께 간청해야 하니."

4 그리고 땅바닥에 엎드려 머리 위에 흙을 뿌리며 말했다.

"오, 주 예수 그리스도여! 위대하고 영광스러운 이름이여! 모든 천사의 합창대가 주님을 찬미합니다. 말할 자격은 없지만, 저도 주님을 찬미합니다.

세관에서 저를 나오라고 부르시며, 저에게 종전과 같은 생활을 하지 못하게 한 당신이니, 당신의 종의 말을 들어주십시오. 주 예수 그리스도여, 제 말을 들어주십시오. 그리고 죄인들에게 자비를 베풀어주십시오."

5 이렇게 기도하자 주님이 바돌로매에게 말했다.

"일어나라. 신음하는 자에게 몸을 돌려라. 네게 휴식을 선포하겠다."

6 그래서 바돌로매가 사탄을 잡아 일으키며 말했다.

"네 천사를 모두 데리고, 네 본래의 자리로 돌아가라. 주님이 온 세상에 자비를 베풀었다."

7 악마가 말했다.

"내가 어떻게 여기 처박혔는지, 하나님이 어떻게 사람을 만들었는지 설명하도록 해 달라.

내가 세상을 이리저리 방랑하고 있을 때, 하나님이 미가엘에게 '세상의 네 귀퉁이에서 흙을 가져오고, 낙원의 네 강에서 물을 퍼오라'고 했다.

미가엘이 시키는 대로 하자 하나님이 동쪽에서 아담을 빚었고, 형체 없는 흙에게 형체를 주며 근육과 혈관을 뻗게 하고, 모든 것을 통합하여 조화를 이루게 했다. 아담이 하나님의 모습을 닮았던바, 하나님이 아담을 기뻐했다.

미가엘도 아담을 숭배했다. 내가 세상 끝에서 돌아오자, 미가엘이 내게 '하나님이 자기와 같이 만든 하나님의 모습을 숭배해라.'고 했다.

그러나 '나는 불 가운데 불이다. 내가 첫 번째 창조된 천사인데, 진흙과 물질을 숭배하란 말인가?'라고 했다.

미가엘이 '하나님의 노여움을 사지 않으려거든 숭배해라.'고 했다.

나는 '하나님이 내게 노여워하지 않을 것이다. 나는 하나님의 옥좌에 대항하여 내 옥좌를 따로 세우고, 하나님과 똑같이 될 것이다.'라고 했다.

하나님이 내게 화를 냈고, 하늘의 창문들을 열라고 명령한 뒤 나를 아래로 내쳤다. 내가 땅으로 던져질 때, 그분이 내 부하 천사 600명에게도 아담을 숭배하겠는지 물었다. 그들은 '우리 지도자가 한 것을 보았으니, 우리도 우리보다 못한 아담을 숭배하지 않겠다.'고 대답했다.

우리는 땅으로 떨어진 뒤 40년 동안 깊이 잠들었고, 태양이 불보다 7배나 밝게 비칠 때 잠에서 깨어났다. 주변을 둘러보니 부하 600명이 깊이 잠들어 있었다.

그래서 내 아들 살프산을 깨우고, 내가 하늘에서 쫓겨난 것이 사람 때문이니, 어떻게 사람을 속일지 서로 의논했다. 그리고 다음과 같은 계획을 세웠다.

나는 손에 그릇을 들고, 가슴과 겨드랑이에서 땀을 짜냈다. 그리고 네 강물이 흘러가는 그 물에서 몸을 씻었다. 하와가 그 물을 마시자 욕망이 왔다. 만일 하와가 그 물을 마시지 않았다면, 나는 하와를 속일 수 없었을 것이다."

8 그때 바돌로매가 사탄에게 하데스(하계)로 내려가라고 명령했다. 그리고 예수의 발아래 엎드려 눈물을 흘리며 말했다.

"우리가 발견할 수 없는 아버지, 아빠여! 아버지의 말씀이여! 7겹의 하늘도 당신을 담을 수 없지만, 기꺼이, 쉽게, 고통 없이 처녀의 몸에 담겼고, 당신의 생각으로 모든 것이 제대로 이루어지도록 마련하는 동안, 처녀는 자신이 당신을 임신한 줄도 몰랐습니다.

당신은 우리가 요청하지 않아도 우리에게 필요한 빵을 매일 줍니다. 회개하는 우리 죄인들에게 고귀한 하늘의 왕관을 마련해주려고, 당신은 가시관을 썼습니다.

우리가 뉘우침의 포도주를 마시도록, 당신은 십자가에 매달려 쓸개와 식초를 받아 마셨습니다. 우리가 당신의 몸과 피로 만족하도록,

당신은 옆구리를 창으로 찔렸습니다.

네 강물에게 이름을 주는 당신은, 당신이 땅에 나타난 이래 가르친 신앙 때문에 첫째 강을 비손이라고 했고, 사람이 흙에서 빚어졌기 때문에 둘째 강을 기혼이라고 했으며, 당신이 하늘에서 우리에게 본질이 같은 삼위일체를 보여주려고 셋째 강을 티그리스라고 했고, 당신이 땅에 오심으로써, 모든 영혼에게 불멸의 메시지를 통하여 환희를 주었기 때문에 넷째 강을 유프라테스라고 했습니다.

나의 하나님, 위대한 아버지, 왕이여! 주님, 죄인들을 구원해주십시오."

9 바돌로매가 기도하자 예수가 말했다.

"바돌로매야, 아버지가 내게 그리스도라는 이름을 준 것은, 내가 땅에 내려가 내게 오는 모든 사람에게 생명의 기름을 발라주라는 뜻이었다. 그리고 나를 예수라고 부른 것은, 무식한 사람의 죄를 모두 치유하고 사람들에게 하나님의 진리를 주라는 뜻이었다."

10 바돌로매가 다시 물었다.

"주님, 이 신비들을 모든 사람에게 밝혀도 되겠습니까?"

11 예수가 대답했다.

"사랑하는 바돌로매야, 충직하며 신비를 간직할 수 있는 사람에게 맡겨라. 맡겨도 좋을 사람들이 있는가 하면, 어떤 사람들에게 맡겨서는 안 되기 때문이다. 맡길 수 없는 사람은 허풍선이, 술주정뱅이, 오만한 자, 잔인한 자, 우상 숭배자, 간음 유혹자, 비방하는 자, 허위를 가르치는 자, 악마의 일을 하는 자다.

이런 사람들은 받을 자격이 없으니 맡겨서는 안 된다. 이 신비들은 비밀로 지킬 수 없는 사람들에게 알리지 마라. 비밀로 지킬 수 있는 사람은 모두 신비의 한 몫을 받을 것이다.

그러므로 사랑하는 바돌로매야, 이 모든 것을 네게 말함으로써 네가 큰 축복을 받았고, 네 주변의 사람들 가운데 이 신비를 맡은 사람들이 모두 복을 받았다. 신비를 비밀로 지키는 사람은 누구나, 내가 심판할 때 자신이 원하는 것을 모두 받을 것이다."

제5권

마리아 복음

(제1장부터 제3장까지 유실되었다)

제4장

1 부활하신 주님이 찾아오시자 제자들이 물었다.

"물질은 소멸됩니까? 그렇지 않습니까?"

2 예수님이 대답하셨다.

"우주 만물, 곧 창조되거나 지어져 현상을 가지고 있거나 생명을 가지고 있는 것은, 모두 서로 안에서 더불어 살아가며 존재하다가, 언젠가는 해체되어 그들 자신의 근원, 곧 자기 기원으로 녹아들어 흡수된다.

모든 물질의 속성은 그 자신의 본성만이 홀로 존재하는 근원으로 돌아갈 때, 비로소 녹아들어 사라질 수 있다. 들을 귀가 있는 사람은 들어라."

3 베드로가 말했다.

"당신은 이제까지 우리에게 모든 것을 설명해주셨지만, 한 가지만 더 가르쳐주십시오. 세상에서 죄란 무엇입니까?"

4 주님이 대답하셨다.

"이 세상에 죄라는 것은 따로 없다. 죄라고 불리는 타락한 본성에 따라 너희가 행동할 때 죄가 만들어진다. 그것이 바로 너희가 병들고 죽는 이유다. 너희가 너희를 치유할 수 있는 하나에서 벗어나 서로 갈라져 속이기 때문이다.

그리고 자신의 근원을 향한 본성을 회복하기 위해 만물이 가지고 있는 힘의 정수(精髓), 곧 선(善)이 너희 중심에 들어오는 이유도 그와 같다. 알아들을 수 있는 마음을 가진 사람은 알아들어라."

5 주님이 계속 말씀하셨다.

"물질은 본질을 거스르는 성향이 있어 삶의 여정에 색다른 열정을 주기도 하지만, 사람의 몸속에 혼란을 일으키기도 한다. 다시 말해 물질은 참 형상이 존재하지 않는 허깨비 정념, 곧 부질없는 생각을 만들어, 결국은 어지러운 혼란이 사람의 몸을 지배하게 만든다.

그러므로 내가 너희에게 말한다. 선한 용기를 가지고 가슴으로 만족하라. 육체의 소욕을 따르지 말고, 참 형상의 존재 속에서 너희 자신을 만들어 가라.

만일 너희가 용기를 잃고 낙담하고 있거든, 다양한 모습으로 존재하는 자연 속에서 기운을 북돋아라. 들을 귀가 있는 사람은 들어라."

6 주님이 제자들을 축복하고 다시 말씀하셨다.

"너희에게 평화가 있기를! 내가 주는 평화가 너희 안에 깃들기를! 아무도 너희를 속이지 못하게 깨어 있으라. 너희를 잘못된 길로 인도하려고 '보라, 주님이 여기 있다!' 혹은 '보라, 주님이 저기 있다!'고 해도 속지 마라. 참사람의 원형인 인자는 너희 안에 있다.

나를 따르라. 나를 찾는 사람이 참사람의 원형을 발견할 것이다. 그리고 밖으로 나가 하나님의 나라에 대한 복음을 전파하라. 나는 너희에게 그 어떠한 율법도 주지 않았다.

내가 너희에게 증명한 것 외에는 그 어떤 율법도 더 이상 남아있지 않다. 계율에 얽매이지 말고 입법자들이 하는 것처럼 다른 계율을 만들거나 공표하지 마라. 그렇지 않으면 그것이 너희를 지배할 것이다."

7 이 말씀을 하시고 주님은 떠나가셨다.

제5장

1 주님이 떠나시자 제자들은 슬픔에 잠겨 크게 울면서 말했다.

"우리가 어떻게 이방인들에게 가서 주님의 나라에 대한 복음을 전할 수 있겠는가? 그들이 주님의 가르침을 함께 나누려 하지 않는다면 우리가 어찌하겠는가? 유대인들이 주님을 그냥 두지 않았는데 우리라고 그대로 두겠는가?"

2 그러자 마리아가 일어나 그들을 축복하며 말했다.

"형제자매님, 슬픔에 잠겨 울지만 말고 흐트러진 마음을 추스르세요. 주님의 은총이 우리와 함께하시고 우리를 지켜주실 테니까요. 더 이상 망설이지 말고 나아갑시다. 주님이 우리를 준비시켜 참 인간이 되게 하셨으니, 우리 모두 주님의 위대하심을 찬양합시다!"

3 마리아가 이렇게 말하자 그들은 선한 방향으로 마음을 돌렸다. 비통과 망상의 그늘에서 벗어나 모두 한마음으로 주님의 말씀을 음미하기 시작하였다.

4 베드로가 마리아에게 말했다.

"자매여, 우리는 주님이 다른 여인들보다 당신을 더 사랑하신 것을 압니다. 그러니 당신이 기억하는 주님의 말씀 중에서 우리가 듣지 못하였거나 모르는 것이 있으면 말해주시오."

5 마리아가 대답하였다.

"그러면 그동안 숨겨진 주님의 말씀에 대해 말하겠습니다. 제가 환상 가운데 주님을 뵙고 이런 대화를 나누었습니다. 먼저 제가 주님께 말했습니다.

'주님, 제가 환상 가운데 주님을 보았습니다.'

그러자 주님이 말씀하셨습니다.

'네가 나를 보고도 동요하지 않으니 얼마나 놀라운 일이냐? 흔들림 없는 네 마음이 복이 있다. 네 마음이 있는 곳에 보물이 있다.'

제가 주님께 여쭤보았습니다.

'주님, 환상을 보는 사람은 영혼을 통해서 보는 것인가요? 정신을 통해서 보는 것인가요?'

주님이 대답하셨습니다.

'영혼을 통해서 보는 것도 아니고, 정신을 통해서 보는 것도 아니다. 환상을 보고 있는 그 둘 사이의 마음으로 보는 것이다.'

그리고 (…)"

(제6장, 제7장 불명)

제8장

1 욕망이 혼(魂)에게 말했다.

"내가 당신의 타락은 보지 못했지만, 이제 날아오르는 당신을 볼 수 있다. 그렇다면 어찌하여 당신은 내게 속해 있을 때 거짓말을 하였는가?"

2 혼이 대답했다.

"당신은 나를 보지 못하고 나를 인식하지 못했지만, 나는 당신을 보았다. 그리고 당신이 입고 다니는 옷처럼 당신 곁에서 늘 당신을 섬겨왔지만, 당신은 나를 의식하지 못했다."

3 이렇게 말하고 혼은 기뻐하며 떠났다. 혼이 무지라 불리는 3번째 힘으로 나아갔다. 무지가 혼에게 물었다.

"너는 지금 어디로 가고 있는가? 너는 사악함에 물들어 살아왔구나. 비록 곤경에 처했다고 하더라도 비판하지 마라."

4 혼이 말했다.

"나는 너를 심판하지 않았는데, 어찌하여 너는 나를 심판하는가? 나는 묶여있었지만, 내 존재는 묶여있지 않았다. 비록 나는 인식하지 못하고 있었지만, 내 존재는 하늘과 땅에 있는 모든 것들이 하나로 합쳐져 자유롭게 될 것임을 알고 있었다."

5 혼이 무지를 극복하고 위로 나아가자 7가지 형상을 지닌 힘이 나타났다. 첫째는 어둠이요, 둘째는 욕망이요, 셋째는 무지요, 넷째는 죽음에 대한 흔들림, 곧 동요(動搖)요, 다섯째는 물질세계에 대한 집착이요, 여섯째는 어리석은 육체적 인간에 대한 지식이요, 일곱째는 복수심에 대한 지식이다. 이것이 7가지 분노한 힘의 형상들이다.

6 분노한 7가지 형상들이 혼에게 물었다.

"살인자여, 너는 어디에서 나왔는가? 우주의 정복자여, 그대는 어디로 가는가?"

7 혼이 대답했다.

"이제 나를 묶고 있던 모든 속박이 사라졌고, 나를 방황하게 하던 모든 것도 극복되었다. 그리하여 나의 욕망은 끝을 맺었고, 나의 무지는 죽어버렸다.

천상의 영원함 속에서 나는 세상으로부터 구원을 얻었고, 세상이라는 한 형상에서 보다 더 나은 형상으로 나아가는, 도중에 있는 덧없는 존재의 상태에 대한, 망각의 지식이라는 속박으로부터 벗어났다.

그리하여 지금 이 시간부터, 나는 시간의 흐름이 멈춘 침묵 속에 존재하고 있는 영원에 이를 수 있게 되었다."

제9장

1 이 말을 하고 마리아는 침묵에 잠겼다. 그러한 침묵이 지금까지 주님과 대화를 나누던 마리아의 방식이었다.

2 안드레가 의문을 가지고 다른 형제들에게 말했다.

"마리아가 말한 것에 대하여 여러분의 생각은 어떻습니까? 저는 주님이 그런 말씀을 하셨다고 도저히 믿기지 않습니다. 이 말씀은 우리가 알고 있는 가르침과 전혀 다르지 않습니까?"

3 베드로가 한참 생각하다가 또 이의를 제기하며 물었다.

"여러분은 주님이 우리보다 우선하여 이 자매에게, 그것도 공개적으로가 아니라 비밀리에 말씀하셨다고 생각합니까? 그래서 지금 우리가 관습을 바꾸면서까지 이 자매의 말을 듣고 있습니까? 과연 주님이 우리 모두를 두고 이 자매를 선택하셨단 말입니까?"

4 마리아가 울면서 말했다.

"나의 형제 베드로여, 무슨 생각을 그렇게 하시나요? 당신은 제가 마음속으로 혼자 상상하여 이 말을 지어내었다고 생각하나요? 아니면 제가 주님을 빙자해서 거짓말을 한다고 생각하나요?"

5 그때 레위가 나서 베드로에게 말했다.

"베드로 형제여, 당신은 평소에도 성격이 불같더니, 지금도 우리의 적들이 하는 것처럼 자매를 무시하며 마리아와 다투고 있군요. 만일 주님이 우리보다 마리아를 더 귀히 여기셨다면, 누가 감히 마리아를 배척하겠습니까? 분명히 주님은 마리아를 아주 잘 알고 계셨고, 마리아를 우리보다 더 사랑하셨습니다.

이에 대해서 우리는 오히려 부끄러워해야 합니다. 우리는 온전한 인간의 모습으로 오신 주님의 명령을 준행해야 합니다. 주님의 말씀에 따라 모두 흩어져 복음을 전해야 합니다. 그리고 주님이 말씀하신 것 외에 그 어떠한 규정이나 법도 만들지 말아야 합니다."

6 레위의 말을 듣고 모두 밖으로 나가 복음을 전하기 시작했다.

제6권

니고데모 복음

제1장

1 요셉이 말했다.

"여러분은 예수의 부활에 왜 놀랍니까? 놀랄 일은 부활이 아닙니다. 그것은 혼자만 부활하지 않고, 다른 죽은 자를 그분이 일으켰다는 데 있습니다.

다른 사람들은 여러분이 모른다고 해도 그분이 일으킨 시몬, 즉 예수를 자기 품에 안았던 사람과 두 아들은 알아볼 것입니다. 우리가 이들을 묻은 지 얼마 되지 않았기 때문입니다.

이제 이 사람들의 무덤이 열리고 비어있는 것을 보겠지만, 그들은 살아나 아리마대에서 생활하고 있습니다."

2 그래서 사람들이 파견되었다. 그리고 무덤이 열린 채 비어있는 것을 발견했다. 요셉이 말했다.

"아리마대에 가서 그 사람들을 찾아냅시다."

3 그러자 대제사장 안나스와 가야바가 일어났다. 이어서 요셉과 니고데모, 가말리엘과 다른 사람들이 따라 일어나 아리마대로 갔다. 요셉이 말하던 사람들을 만났다. 기도하고 서로 인사를 나누었다.

4 예루살렘에 가서 집회소로 인도되었다. 문을 걸어 잠근 뒤, 대제사장들이 한가운데 성경을 놓고 말했다.

"이스라엘의 하나님을 걸어, 아도나이(주님)를 걸어 맹세하고, 당신들이 어떻게 살아났으며, 누가 죽은 자 가운데서 당신들을 일으켰는지 사실대로 말하기를 바랍니다."

5 일어난(부활한) 사람들이 그 말을 듣고 성호를 그으며 대제사장들에

게 말했다.

"종이와 잉크와 펜을 주십시오."

6 그래서 그것을 가져다주었다. 그들이 책상에 앉아 다음과 같이 기록했다.

'오, 주 예수 그리스도여! 세상의 부활이요, 생명이여! 당신의 부활, 그리고 당신이 지옥(하데스)에서 일으킨 기적들에 대하여 기록하도록 은총을 내려주십시오.'

제2장

1 그때 우리는 세상이 시작된 이래 죽은 모든 이와 함께 지옥에 있었다. 그리고 밤 12시에 암흑 위로 무엇인가 태양과 같은 것이 올라와 비추었고, 빛이 우리 모두에게 비치자 서로 바라볼 수 있었다. 그러자 즉시 우리의 선조 아브라함이 조상들과 예언자들과 더불어 기쁨에 가득 차 서로 말을 주고받았다.

"이 광채는 거대한 빛에서 오는 겁니다."

2 거기 있던 예언자 이사야가 말했다.

"이 광채는 아버지와 아들과 성령에서 나옵니다. 이 빛에 대하여 내가 살아있을 때, '스불론과 납달리 땅, 암흑 속에 앉은 백성이 큰 빛을 보았다.'고 예언했습니다." (마태 4.15~16)

3 그때 광야에서 온 은둔자가 한가운데 나타났다. 선조들이 그에게 물었다.

"누구십니까?"

4 그가 대답했다.

"나는 마지막 예언자 세례 요한입니다. 그분의 길을 바르게 하여 백성들에게 죄 용서를 위해 회개하라고 선포했습니다. 그리고 나에게 다가오는 하나님의 아들을 먼발치에서 보고 백성들에게 말했습니다. '세상의 죄를 지고 가는 하나님의 어린양을 보십시오.'

5 그리고 요단강에서 내 손으로 그분에게 세례를 주었는데, 나는 성령이 비둘기처럼 그분 위에 내려오는 것을 보았습니다. 그리고 아버지 하나님의 음성도 들었습니다.

'이는 내가 사랑하는 아들, 내가 매우 기뻐하는 아들이다.'

6 바로 이런 이유로, 그분이 나를 여러분에게 보내 하나님의 외아들이 이곳으로 온다는 것, 그리고 그분을 믿는 사람은 누구나 구원되고, 믿지 않는 사람은 단죄된다는 것을 알렸습니다.

7 그러므로 여러분에게 말해두지만, 그분을 보면 모두 숭배하십시오. 저 위의 헛된 세상에서 여러분은 우상을 숭배하여 죄를 지었으니, 오직 지금밖에는 회개의 기회가 없습니다. 회개의 다른 기회는 불가능합니다."

제3장

1 요한이 지옥에 있는 사람들에게 가르치고 있을 때, 첫 번째로 창조된, 최초의 아버지인 아담이 그 소리를 듣고 자기 아들 셋에게 말했다.

"아들아, 내가 죽을병에 걸렸을 때, 너를 어디로 보냈는지 인류의 선조들과 예언자들에게 말해주기 바란다."

2 셋이 말했다.

"예언자들과 선조들이여, 귀를 기울여주십시오. 첫 번째로 창조된 나의 아버지 아담이 죽을병이 들었을 때, 나를 낙원의 문으로 보냈습니다. 그리고 하나님이 천사를 시켜 나를 자비의 나무로 인도하고, 내가 기름을 얻어 아버지에게 바르면, 아버지가 병에서 일어나도록 해주기를 하나님께 기도하라고 했습니다.

그래서 나는 시키는 대로 했습니다. 기도를 마치자 주님의 천사가 와서 말했습니다.

'셋아, 무엇을 원하느냐? 아버지의 병 때문에 병자를 일으키는 기름을 원하느냐? 아니면 그런 기름이 흘러나오는 나무를 원하느냐? 그것을 지금은 찾아낼 수가 없다.

그러니까 아버지에게 가서, 세상이 창조된 지 5,500년이 지나면 하나님의 외아들이 사람이 되어 땅으로 내려갈 것이다. 그분이 아담을 그 기름으로 바르고 일으켜 씻어줄 것이며, 그 자손들을 물과 성령으로 씻어줄 것이다. 그러면 아담이 모든 병에서 나을 것이다. 그러니 지금은 불가능하다.'

그래서 나는 그대로 전했습니다."

3 선조들과 예언자들이 그 말을 듣고 매우 기뻐했다.

제4장

1 그들이 환희에 넘쳐 있을 때, 암흑의 상속자인 사탄이 와서 하데스에게 말했다.

"오, 모든 것을 집어삼키고도 만족하지 않는 하데스여. 내 말에 귀를 기울여라. 유대 민족 가운데 예수라는 사람이 있는데, 스스로 하나님의 아들이라고 한다. 하지만 예수는 사람에 불과하고, 우리의 충동질로 유대인들이 십자가에 못 박았다.

이제 예수가 죽었으니 여기 가두어두도록 준비해라. 예수가 사람에 불과하다고 내가 안 것은, 그가 '심지어 내 영혼이 죽음에 이를 정도로 매우 슬프다'고 했기 때문이다.

예수가 인간 사회에서 살아있는 동안, 저 위의 세상에서 내게 몹쓸 짓을 많이 했다. 예수는 어디서나 내 부하들을 발견하는 대로 모조리 내쫓고, 내가 불구자나 절름발이, 소경이나 문둥병자 등으로 만든 사람을 모조리 고쳐주고, 내가 장례를 지내도록 만든 숱한 사람까지 말 한마디로 다시 살려냈다."

2 하데스가 사탄의 말에 대꾸했다.

"예수가 말 한마디로 그런 일을 할 만큼 힘이 강하단 말인가? 만일 그렇게 힘이 강하다면 네가 대적할 수 있는가? 그런 사람에게 대적할 수 있는 자는 아무도 없다고 본다.

그리고 예수가 죽음을 대단히 두려워한다는 말을 네가 들었다고 하지만, 그것은 너를 조롱하고 비웃으며, 더 강한 손으로 널 잡으려고 작정했기 때문이다. 그러니 너는 영원히 저주를 받았다."

3 사탄이 말했다.

"오, 모든 것을 집어삼키고도 만족하지 않는 하데스여, 우리 공동의 적에 대하여 이야기를 듣고, 너는 그렇게도 겁에 질려 있느냐? 나는 예수를 무서워하지 않는다. 오히려 유대인들을 조종해서 예수를 십자가에 못 박고, 쓸개와 식초를 마시라고 주었다. 그러니 예수가 내려오면 네 손아귀에 확 쥐도록 준비해라."

4 하데스가 말했다.

"오, 암흑의 상속자, 멸망의 아들 악마여! 네가 장례를 치르도록 만든 많은 사람을 예수가 다시 살려냈다고 방금 네 입으로 말하지 않았느냐? 예수가 무덤에서 사람들을 풀어주었다면 우리가 어떻게, 무슨 힘을 가지고 예수를 제압하겠는가?

내가 조금 전에 나사로라는 사람을 삼켰는데, 얼마 되지 않아 어떤 사람이 말 한마디로 그를 강제로 내 내장에서 채어 갔다. 내 생각에는 이 사람이 바로 네가 말하는 그 사람이다.

그러니 우리가 그 사람을 여기 받아들인다면, 다른 사람들마저 빼앗길까 걱정이다. 세상의 시작부터 내가 삼킨 사람들이 모두 술렁거리고 있다. 난 지금 뱃속의 고통을 느낀다. 나사로를 빼앗긴 것이 불길한 조짐이다.

죽은 나사로가 독수리처럼 나한테서 날아가고, 땅이 재빨리 나사로를 밖으로 던져버렸다. 그러니 네 재주와 내 재주를 걸고 명령한다. 그 사람을 여기 데리고 오지 마라. 그 사람이 죽은 자를 모두 일으키기 위해 여기 온다고 나는 믿기 때문이다.

우리를 둘러싼 암흑에 걸고 말해두지만, 네가 그 사람을 여기 데리고 온다면, 죽은 자들 가운데서 하나도 나에게 남아있지 않을 것이다."

제5장

1 사탄과 하데스가 이렇게 말을 주고받고 있을 때, 천둥과 같은 우렁찬 소리가 들렸다.

"오, 지배자들이여! 네 문을 열어라. 오, 영원한 문들이여! 모두 활짝 열려라. 영광의 왕이 들어오신다."

2 그 말을 들은 하데스가 사탄에게 말했다.

"할 수 있거든 네가 나가서 맞서 보아라."

3 사탄이 나갔다. 그러자 하데스가 자기 악마들에게 말했다.

"청동 문과 강철 빗장을 하나하나 단단히 조이고, 내 열쇠 꾸러미를 들고 똑바로 서서 구석구석 감시하라. 저 사람이 안으로 들어오면 우리는 대재앙의 밥이 될 것이다."

4 그 말을 들은 선조들이 모두 하데스를 비웃으며 말했다.

"오, 모든 것을 집어삼키고도 만족하지 않는 자여! 문을 열어라. 영광의 왕이 들어오도록 모든 문을 열어라."

5 예언자 다윗이 말했다.

"소경아, 내가 세상에 살아있을 때, '오, 지배자들이여! 네 문들을 열어라.'고 이미 예언했다는 것을 모르느냐?"

6 이사야가 말했다.

"나는 성령으로 이것을 예견하고 이렇게 기록했다. '죽은 자들이 일어나고, 무덤에 든 자들이 일어나며, 지하에 있는 자들이 기뻐할 것이다. 오, 죽음이여! 네 독침이 어디 있느냐? 오, 하데스여! 네 승리가 어디 있느냐?'고 말이다."

7 그때 다시 소리가 들렸다.

"문들을 열어라!"

8 그 소리를 2번이나 들은 하데스가 말했다.

"이 영광의 왕은 누구냐?"

9 주님의 천사들이 말했다.

"강하고 권세 있는 주님, 전투에 강한 주님이시다!"

10 천사들의 대답에 즉시 청동 문들은 산산이 부서지고, 강철 빗장이 모두 부러지고, 쇠사슬에 묶여있던 모든 죽은 자가 풀려나고, 거기 있던 우리도 풀려났다.

11 영광의 왕이 사람의 모습으로 들어오고, 하데스의 어두운 구석이 모두 환하게 밝아졌다.

제6장

1 하데스가 즉시 소리쳤다.

"우리는 패배했다. 저주를 받았다. 그런데 이렇게 큰 전위와 힘을 가진 당신은 누구요? 죄가 없는데도 여기 온 당신, 조그맣게 보이면서도 위대한 일들을 하는 당신, 비천하면서도 고귀하고, 노예이자 주인이고, 병사이자 왕이고, 죽은 자와 산 자 위에 권위를 행사하는 당신은 누구요?

십자가에 못 박히고 무덤에 묻혔다가, 이제 자유롭게 되어 우리의 힘을 모조리 파괴한 당신이 예수요? 십자가와 죽음을 통해 온 세상을 상속받을 것이라고, 최고 지배자 사탄이 우리에게 말한 그 예수란 말이오?"

2 그러자 영광의 왕이 최고 지배자 사탄의 머리를 잡아 천사들에게 넘겨주며 말했다.

"사탄의 손과 발, 목과 입을 강철 족쇄로 채워라."

3 그리고 사탄을 하데스에게 넘겨주며 말했다.

"이 사탄을 받아 내가 재림할 때까지 단단히 가두어두어라."

제7장

1 사탄을 넘겨받은 하데스가 사탄에게 말했다.

"오, 바알세불이여, 불과 고통의 상속자, 상인들의 원수여! 너는 왜 하필이면 영광의 왕을 십자가에 못 박히게 하고, 그분이 여기 내려와 우리를 알거지로 만들게 했느냐?

2 자, 사방을 둘러봐라. 죽은 자 가운데서 하나도 남지 않았고, 네가 지식의 나무를 통해 얻었던 것을 십자가의 나무를 통해 모조리 잃었다. 네 기쁨은 모두 슬픔으로 변했다.

3 너는 영광의 왕을 죽이려고 했지만, 오히려 너 자신을 죽이고 말았다. 너를 단단히 가두어두라고 해서 넘겨받았으니, 내가 얼마나 지독한 고통을 줄지 넌 이제 체험으로 알 것이다.

4 오, 악마의 두목이여! 죽음의 시작이여! 죄의 뿌리여! 모든 악의 꼭대기여! 예수에게서 무슨 잘못을 찾아냈다고, 그를 없애려고 돌아다녔느냐? 이토록 어마어마한 악행을 어찌 감히 저질렀단 말이냐? 이러한 사람을 이 암흑으로 어쩌자고 끌어내렸단 말이냐?

5 그러니 태초부터 죽었던 모든 사람을 너는 빼앗기고 말았다."

제8장

1 하데스가 사탄에게 말하는 동안, 영광의 왕이 오른팔을 뻗어 우리 선조 아담을 잡아 일으켰다. 그리고 다른 사람들을 향해 말했다.
"이 사람이 손을 댄 나무를 통해 죽음을 맛본 너희는 나를 따라오너라. 내가 너희를 십자가의 나무를 통해 다시 일으켰다."

2 그 말과 함께 예수가 모든 사람을 끄집어냈다. 우리 선조 아담이 기쁨에 넘쳐 말했다.
"오, 주님! 지옥의 맨 밑바닥에서 들어 올려주시니 왕께 감사합니다."

3 예언자들과 성인들이 모두 입을 모아 말했다.
"오, 그리스도여! 세상의 구세주여! 우리의 생명을 파멸에서 들어 올려주시니 감사드립니다."

4 그 말을 다 듣고 난 구세주가 아담의 이마에 성호로 축복했다. 그리고 선조들, 예언자들, 순교자들, 조상들에게도 성호로 축복한 뒤, 모두 데리고 지옥 밖으로 뛰쳐나갔다.

5 예수가 나갈 때, 거룩한 아버지들이 뒤따르며 찬송가를 불렀다.
"주님의 이름으로 오시는 분은 복을 받으십시오. 알렐루야! 모든 성인의 영광이 그분에게 있기를 빕니다."

제9장

1 예수가 아담의 손을 잡고 낙원으로 들어가, 아담과 모든 정의로운 사

람을 대천사 미가엘에게 넘겨주었다. 그들이 낙원의 문으로 들어갈 때 늙은이 둘을 만났다. 거룩한 아버지들이 물었다.

"죽음을 맛보지 않고 지옥에도 내려가지 않은, 몸과 영혼을 가지고 낙원에 살고 있는 당신들은 누굽니까?"

2 노인 가운데 하나가 대답했다.

"나는 에녹입니다. 하나님을 기쁘게 하여 나를 이곳으로 이동시켰습니다. 이분은 디셉 사람 엘리야입니다. 우리는 세상이 끝날 때까지 살 것입니다.

그러나 세상이 끝날 때, 적그리스도를 물리치기 위해 하나님께서 파견하실 것이며, 그의 손에 살해될 것입니다. 그리고 사흘 뒤에 다시 일어나 구름에 싸여 주님을 만날 것입니다."

제10장

1 일행이 그러한 대화를 나누고 있을 때, 한 비천한 사람이 십자가를 어깨에 메고 다가왔다. 거룩한 아버지들이 그에게 물었다.

"강도처럼 보이는 당신은 누굽니까? 그리고 어깨에 메고 다니는 그 십자가는 무엇입니까?"

2 그 사람이 대답했다.

"여러분의 말대로 나는 세상에서 강도이자 도둑이었습니다. 그래서 유대인들이 나를 잡아 우리 주 예수 그리스도와 함께 십자가의 죽음으로 넘겼습니다. 그런데 그분이 십자가에 매달려 있을 때, 놀라운 일들이 일어나는 것을 보고 그분을 믿었습니다.

3 내가 그분에게 '당신이 왕으로 다스리는 때가 오면 날 잊지 말아 주십시오.'라고 했습니다. 그러자 그분이 즉시 '네게 말해두는데, 너는 오늘 나와 함께 낙원에 들어갈 것이다.'라고 말했습니다.

4 그래서 나는 십자가를 지고 낙원에 들어왔으며, 대천사 미가엘을 만나 '십자가에 못 박힌 우리 주 예수 그리스도가 나를 여기로 보냈습니다. 에덴의 문으로 인도해주십시오.'라고 했습니다. 그러자 불타는 칼이 십자가 표지를 보고 그 문을 열어주었던바, 내가 안으로 들어왔습니다.

5 그러자 대천사가 '잠깐만 기다리십시오. 인류의 시조 아담이 정의로운 사람들과 함께 오고 있으니, 그들도 같이 들어가야 합니다.'라고 말했습니다. 그리고 여러분이 눈에 띄어 내가 이리 와서 만난 것입니다."

6 그 말을 들은 성인들이 모두 큰 소리로 외쳤다.
"우리 주님은 위대합니다! 그분의 힘은 위대합니다!"

제11장

1 우리 형제는 이 모든 것을 보고 들었다. 그리고 대천사 미가엘이 주님의 부활을 널리 전하도록 우리를 지명하여 파견되었다.

2 우리는 요단강으로 가서, 죽었다가 다시 살아난 다른 사람들과 함께 세례를 받았다. 그다음에 우리는 예루살렘으로 가서, 부활의 파스카 축일을 지냈다.

3 우리는 여기 머물러 있을 수 없어 이제 떠난다. 아버지 하나님의 사랑과 우리 주 예수 그리스도의 은총과 성령의 동료애가 여러분 모두

와 함께 있기를 바란다.

4 기록을 마치고 책에 봉인한 다음, 절반은 대제사장들에게, 절반은 요셉과 니고데모에게 주었다. 그리고 그들은 즉시 사라졌다.

5 우리 주 예수 그리스도께 영광이 있기를 빈다. 아멘.

제12장

1 마리아가 부활한 예수에게 선언한다. 성령이 네 위에 내려오기 전, 그러니까 네가 어렸을 적의 일이다.

2 네가 요셉과 함께 포도밭에 있을 때, 성령이 높은 곳에서 내려와 집 안에 있는 나에게 왔다. 너와 너무 닮아서 나는 성령을 알아보지 못하고 네가 온 줄로 알았다.

3 성령이 말했다.

"내 형제 예수는 어디 있습니까? 만나보려고 왔습니다."

4 그 말을 듣고 나는 어리둥절했다. 유령이 와서 유혹하는가 싶었다. 그래서 내가 성령을 잡아 집 안에 있는 침대 다리에 묶어놓고, 밭에 있는 너와 요셉을 찾으러 나갔다.

5 요셉은 포도밭 울타리를 고치는 중이었고, 너는 포도밭 안에 있었다. 내가 요셉에게 하는 말을 듣고 너는 기뻐하며 말했다.

"그 사람이 어디 있지요? 만나보고 싶어요. 내가 여기서 그를 기다리고 있었어요."

6 네가 하는 말을 듣고 요셉이 어리둥절했다. 우리는 함께 집 안으로 들어가 침대에 묶여있는 성령을 보았다. 우리는 너와 그를 번갈아 보

있는데, 네가 그와 많이 닮았다는 사실을 깨달았다.

7 침대에 묶여있던 그가 풀려나 너를 껴안고 입을 맞추었다. 너도 그에게 입을 맞추었는데, 너희 둘이 하나가 되었다.

제7권

베드로 복음

제1장

1 유대인들 가운데 아무도 손을 씻지 않았다. 헤롯도, 예수를 심판한 재판관들도 씻지 않았다. 아무도 손을 씻지 않자 빌라도가 일어섰다.

2 헤롯왕이 주님을 끌고 가라며 명령했다.

"그에게 하라고 내가 명령한 사항을 모조리 시행하시오!"

3 빌라도의 친구이자 주님의 친구인 요셉이 서 있었다. 사람들이 주님을 십자가에 못 박으려 한다는 것을 알고, 빌라도에게 가서 주님의 장례를 치르겠으니 시체를 달라고 했다.

4 헤롯이 말했다.

"내 형제 빌라도여, 그의 시체를 달라고 하는 사람이 아무도 없었어도, 유대인들의 축일이 다가오고 있어 그를 묻을 작정이었습니다. 사형당한 사람 위에 해가 저물어서는 안 된다고 율법에 기록되어 있기 때문입니다."

5 헤롯은 누룩 넣지 않은 빵의 날, 즉 유대인들의 축일 전날 주님을 백성에게 넘겨주었다.

6 주님을 넘겨받은 백성들이 달려가 주님을 밀치고 말했다.

"하나님의 아들에 대한 권한을 넘겨받았으니 끌고 가자."

제2장

1 주님께 자주색 옷을 입혀 재판관의 자리에 앉히고 말했다.

"오, 이스라엘의 왕이여! 정의로운 판결을 내려주십시오."

2 한 사람이 가시관을 가지고 와서 주님의 머리에 씌웠다. 다른 사람들

은 옆에 서서 주님의 두 눈에 침을 뱉었고, 또 다른 사람들은 두 뺨을 후려갈겼다. 주님을 갈대로 찌르는 사람들도 있었고, 채찍질하는 사람들도 있었다.

3 그리고 그들이 말했다.

"하나님의 아들에게 이런 영광을 바쳐서 존경해주어라."

제3장

1 사람들이 범죄인 2명을 데려다가 세우고 그 사이에 주님을 십자가에 못 박았다.

2 그러나 주님은 고통을 전혀 느끼지 못하는 듯 평화스러운 모습이었다.

3 사람들이 십자가를 일으켜 세웠다. 거기 이런 문구가 씌어있었다. '이 사람은 이스라엘의 왕이다.'

4 그들이 주님의 옷을 나누려고 주사위를 던졌다.

제4장

1 범죄인 가운데 하나가 사람들을 꾸짖었다.

"우리는 우리가 저지른 잘못 때문에 이런 형벌을 받지만, 사람들의 구세주가 된 이 사람은 무슨 나쁜 짓을 했단 말입니까?"

2 그러자 화가 난 사람들이 그 범죄인의 두 다리를 꺾어 고통스럽게 죽이라고 하였다.

제5장

1 낮 12시였다. 온 유대가 암흑에 휩싸였다.

2 사람들은 주님이 살아있는 동안에 해가 질까 봐 걱정하고 또 근심했다.

3 사형당한 사람 위에 해가 져서는 안 된다고 율법에 기록되어 있기 때문이다.

4 한 사람이 말했다.
"저 사람에게 식초에 담은 쓸개를 마시게 해라."

5 사람들이 그렇게 했으나 자기 죄를 머리에 뒤집어쓰고 말았다.

6 많은 사람이 밤이 된 줄 알고 등불을 가지고 나와 다니다가 넘어졌다.

제6장

1 주님이 큰 소리로 부르짖었다.
"나의 힘이여, 당신은 나를 버렸습니다."

2 이 말을 하고 주님은 숨을 거두었다.

3 그때 예루살렘 성전의 휘장이 두 쪽으로 찢어졌다.

4 사람들이 주님의 두 손에서 못을 빼고 주님을 땅에 내려놓았다. 온 땅이 흔들리고 엄청난 공포가 휩쓸었다.

5 해가 다시 비치고 오후 3시가 되었다.

6 유대인들이 기뻐했다.

7 주님의 몸을 요셉에게 묻으라고 내주었다.

8 요셉은 주님이 한 좋은 일들을 보았기 때문이다.

9 요셉이 주님을 받아 몸을 씻기고 아마포로 쌌다. 요셉의 정원에 있는

무덤으로 가져갔다.

10 유대인들과 장로들, 제사장들은 자기네가 저지른 잘못을 깨닫고 탄식하기 시작했다.

"우리 죄 때문에 저주를 받았다! 심판이 가까이 왔다! 예루살렘의 종말이 가까이 왔다!"

11 나는 동료들과 같이 비탄에 잠겼다.

12 마음에 상처를 받은 우리는 몸을 숨겼다.

13 사람들이 우리를 범죄인으로 보고, 성전에 불을 지르려고 한다면서 잡으러 다녔다.

14 이 일로 우리는 안식일이 될 때까지 단식하고 슬퍼하며 밤낮으로 울었다.

제7장

1 율법학자와 바리새파 장로들이 모두 한자리에 모여 있었다.

2 모든 백성이 투덜대며 각자 가슴을 치고 말하는 소리가 들렸다.

"이 죽음으로 이처럼 강력한 징표들이 나타났으니, 그 사람이 얼마나 정의로운 분이었는지 보라!"

3 겁이 난 장로들이 빌라도에게 가서 간청했다.

"그 사람의 무덤을 사흘간 지키도록 우리에게 병사들을 내주십시오. 그 제자들이 와서 시체를 훔쳐가 숨기게 되면, 백성들이 그가 죽은 자들 가운데서 살아났다고 생각하여 우리를 해칠지 모릅니다."

제8장

1 빌라도가 백부장 페트로니우스와 병사들을 내주며 무덤을 지키라고 했다.

2 로마 군인들과 장로들, 율법학자들이 무덤에 갔다.

3 로마 군인들과 백부장이 함께 커다란 돌을 굴렸다.

4 거기 있는 모든 사람이 힘을 합쳐 그 돌로 무덤 입구를 막았다.

5 그리고 7군데 봉인한 뒤 천막을 치고 무덤을 지켰다.

6 안식일이 되자 아침 일찍부터 예루살렘과 부근 지역에서 봉인된 무덤을 구경하려고 많은 사람이 몰려왔다.

7 주님의 날이 다가오던 그날 밤, 로마군이 2명씩 교대로 보초를 서고 있었다.

8 그때 하늘에서 우렁찬 목소리가 들려왔다.

9 보초들은 하늘이 열리는 것을 보았다.

10 어마어마한 광채에 휩싸인 두 사람이 그 열린 틈에서 내려와 무덤으로 다가갔다.

11 그러자 무덤 입구를 막은 돌이 저절로 굴러 무덤에서 약간 비켜섰다.

12 무덤 입구가 열리자 하늘에서 내려온 두 젊은이가 안으로 들어갔다.

13 이 광경을 본 로마 군인들이 백부장과 장로들을 흔들어 깨웠다.

14 그 군인들도 보초를 서느라고 지쳐있었기 때문이다.

15 그리고 지금까지 본 내용을 보고했다. 그때 무덤에서 세 사람이 나오는 것이 보였다. 두 사람이 한 사람을 부축하고, 그 뒤에 십자가가 따라왔다.

16 두 사람의 머리는 하늘에 닿았고, 부축당해서 나오는 사람의 머리는 하늘을 뚫고 더 높이 이르렀다.

17 사람들은 하늘에서 들려오는 목소리를 들었다.

"너는 사람들에게 저 잠에 대해서 설교했다."

18 그러자 십자가에서 대답하는 소리가 들렸다.

"그렇습니다."

19 사람들은 그 자리에서 떠나 빌라도에게 모든 사실을 보고할 것인지에 대해 서로 의논했다.

20 그 문제에 대해 계속 의논하고 있을 때, 하늘이 다시 열리고 어떤 사람이 내려와 무덤으로 들어가는 것이 보였다.

21 백부장과 주변 사람들이 그 광경을 보았다.

22 그들이 지키던 무덤을 버려두고 빌라도에게 달려가, 자기들이 본 대로 자세히 보고했다.

23 그리고 깊은 번민에 휩싸여 말했다.

"그 사람은 참으로 하나님의 아들이었습니다."

24 빌라도가 말했다.

"나는 그의 피에 대해서 무죄하다. 이 일을 결정한 것은 너희다."

25 그들이 모두 빌라도에게 다가가, 백부장과 병사들에게 자기들이 본 것을 절대로 입 밖에 내지 못하도록 명령해달라고 간청하며 애원했다.

"유대인들의 손에 잡혀 돌에 맞아죽는 것보다, 하나님 앞에서 가장 큰 죄의 책임을 지는 것이 더 낫습니다."

제9장

1 주님의 날 새벽녘이었다. 주님의 제자인 막달라 마리아는 화가 머리 끝까지 난 유대인들이 두려웠다.

2 여인들이 죽은 사람들, 곧 그들이 사랑하던 사람들을 위해 평소 하던 일을 주님의 무덤에서 못하여, 친구들을 데리고 주님이 뉘어진 무덤으로 갔다.

3 유대인들의 눈에 띨까 두려워하며 말했다

"그분이 십자가에 못 박힌 날, 우리는 울지 못하고 탄식하지 못했다. 이제라도 그분 무덤에서 실컷 울고 탄식하자. 그런데 누가 무덤 입구를 막은 그 돌을 치워줄까?

그 돌을 치워야만 안으로 들어가, 그분 곁에 앉아 마땅히 해야 할 일을 할 텐데. 돌은 아주 크고 우리가 남의 눈에 뜨일까 두렵다. 도저히 뵐 수가 없다면, 가져간 것을 기념으로 입구에 놓아두고, 집에 이를 때까지 울고 탄식하자."

4 막달라 마리아 일행이 가서 무덤이 열려있는 것을 보았다. 가까이 다가가 안을 들여다보았다. 매우 찬란한 옷을 입은 아름다운 젊은이 하나가 무덤 한가운데 앉아있는 모습이 눈에 들어왔다.

5 그 청년이 물었다.

"너희는 어디서 오느냐? 누구를 찾느냐? 십자가에 못 박힌 그분을 찾느냐? 그분은 일어나 떠났다. 믿을 수 없다면 그분이 누워있던 곳을 자세히 보고, 그분이 없다는 것을 알아들어라. 그분은 일어나 자기가 떠나왔던 곳으로 갔다."

6 그러자 여인들은 무서워 달아났다. 누룩 넣지 않은 빵을 먹는 마지
막 날이었고, 축일이 끝나 많은 사람들이 나와 집으로 돌아가고 있
었다.

제10장

1 그러나 주님의 12제자인 우리는 눈물을 흘리며 비탄에 잠겨있었다.

2 그리고 그때까지 일어난 일을 슬퍼하며 각자 자기 집으로 갔다.

3 시몬 베드로인 나는 형제인 안드레와 더불어 그물을 가지고 바다로
나갔다.

4 우리와 함께 알패오의 아들 레위가 있었다.

제11장

1 일주일의 첫날, 즉 주님의 날에 군중이 모여들었다.

2 많은 병자를 데리고 와서 고쳐달라고 했다.

3 그때 군중 가운데 한 사람이 감히 말했다.

"베드로, 보십시오! 우리가 보는 앞에서 당신은 많은 병자를 치유했
습니다. 소경을 보게 하고, 귀머거리를 듣게 하고, 절름발이를 걷게
하고, 쇠약한 자에게 원기를 회복시켜 주었습니다.

그런데 아름답게 자랐고, 하나님의 이름을 믿는 처녀인 당신 딸은 왜
도와주지 않습니까? 당신 딸은 몸 한쪽이 완전히 마비되어 힘없이
누워있는데, 딴 사람들은 치유하면서 당신의 딸은 외면했습니다."

4 베드로가 미소를 지으며 말했다.

"아들아, 딸의 몸이 성하지 않은 이유는 하나님만 아신다. 하나님이 허약하거나 무력해서 내 딸에게 선물을 내리지 않는 것이 아님을 알라. 오히려 내 영혼을 튼튼히 하고 여기 모인 사람들의 신앙을 증가시키려는 것이다."

5 그리고 몸을 돌려 딸에게 말했다.

"다른 사람의 부축을 받지 말고, 오직 예수의 도움만 받아 자리에서 일어나라. 모든 사람 앞에서 자연스럽게 걸어 나에게 오라."

6 딸이 일어나 베드로에게 왔다.

7 군중이 그 일로 크게 기뻐했다.

8 이윽고 베드로가 군중에게 말했다.

"보십시오. 우리가 요청하는 모든 일에 대하여 하나님께서 무력하지 않음을 여러분이 확실히 믿게 되었습니다."

9 군중이 크게 기뻐하며 하나님을 찬미했다.

10 그러자 베드로가 딸에게 말했다.

"네 자리로 가서 원래 병든 상태로 돌아가라. 이것이 너를 위해서, 또 나를 위해서 이롭기 때문이다."

11 딸이 돌아가 자리에 눕자 다시 병든 상태가 되었다.

12 모든 군중이 한탄하며 베드로에게 딸을 다시 치유하라고 간청했다.

제12장

1 베드로가 군중에게 말했다.

"주님께서 살아있는 만큼, 이것이 딸을 위해서, 그리고 나를 위해서 이로운 것입니다. 딸이 태어날 때 내가 환상을 보았는데, 주님이 말했습니다.

'베드로야, 오늘 네게 큰 시련이 탄생했다. 이 딸은 몸이 건강하게 있는 한 많은 영혼을 해칠 것이다.'

2 그러나 나는 환상이 나를 속인다고 생각했습니다. 딸이 10살이 되었을 때, 숱한 사람의 유혹이 있었습니다. 어머니가 딸을 목욕시키는 것을 본 부자 프톨레메우스가, 사람을 보내 자기 아내로 삼겠다고 하였는데, 어머니가 승낙하지 않았습니다.

3 그는 여러 차례 요청했습니다. 그러다가 프톨레메우스의 하인들이 딸을 데려다가 그 집 문 앞에 놓고 가버렸습니다.

4 그 사실을 알고 나와 아내가 내려가서 딸을 발견했는데, 머리끝에서 발끝까지 온몸이 마비되어 있었습니다.

5 우리는 딸을 데려와 타락과 수치에서 당신의 종을 구해준 주님을 찬미했습니다. 딸이 이런 상태에 있게 된 사연입니다.

6 그러면 이제 여러분은 프톨레메우스의 운명을 알아야 할 차례입니다.

7 우리가 집으로 돌아가자, 자기에게 일어난 일 때문에 밤낮으로 비탄에 잠긴 나머지, 하도 눈물을 흘려 소경이 되었습니다. 그래서 목을 매려고 했습니다.

8 그런데 그날 9시, 혼자 침대에 누웠다가 거대한 광채가 온 집 안을 비추는 것을 보았습니다.

9 그리고 한 음성을 들었습니다.

'프톨레메우스야, 하나님은 타락과 수치를 위해 그들을 준 것이 아니다. 또 나를 믿는 네가 내 처녀를 더럽히는 것은 옳지 않다. 내가 너희 둘에게 단일한 성형인 것처럼, 너는 그 처녀를 누이로 알게 될 것이다. 이제 일어나 빨리 사도 베드로의 집으로 가라. 네가 내 영광을 볼 것이고, 베드로가 이 일을 설명할 것이다.'

10 프톨레메우스는 더 이상 망설이지 않고 하인들에게 데려가도록 지시했습니다. 그리고 내게 와서, 우리 주 예수 그리스도의 힘으로 자기에게 일어난 일을 모두 털어놓았습니다.

11 그러자 그는 육체의 눈과 영혼의 눈을 동시에 뜨게 되었고, 많은 사람이 그리스도에게 희망을 걸었습니다.

12 그는 많은 사람에게 좋은 일을 하고 하나님의 선물을 준 것입니다.

13 그 일이 있은 뒤 프톨레메우스가 이 세상을 떠나 주님에게 갔습니다.

14 그가 유언할 때, 얼마간의 땅을 내 딸의 이름으로 주었습니다. 딸을 통해서 자기가 하나님을 믿게 되고 치유를 받았기 때문입니다.

15 그러나 그 일을 위임받은 나는 주의 깊게 처리했습니다.

16 그 땅을 팔았습니다. 하나님만 알지만, 내 딸과 나는 그 돈을 받은 적이 없습니다. 그 땅을 팔아 한 푼도 가지지 않고 모두 가난한 사람들에게 주었습니다.

17 오, 예수 그리스도의 종이여! 우리가 비록 하나님께서 잊었다고 해도, 하나님은 자기 백성을 돌보고, 각자를 위해 좋은 것을 준비한다는 점을 명심하십시오.

18 형제들이여, 이제 우리는 슬퍼하고 깨어 기도합시다. 그러면 하나님의 선하심이 우리를 돌볼 것이며, 우리는 그것을 기다릴 것입니다."

19 베드로가 모든 사람 앞에서 주 그리스도의 이름을 찬미하고, 모든 이에게 빵을 나누어주었다.

20 그리고 자리에서 일어나 집으로 돌아갔다.

제13장

1 이 이야기를 잘 기억해두어라. 어느 농부에게 딸이 있었다. 외동딸로 서 농부는 딸을 위해 기도해달라고 베드로에게 간청했다.

2 기도를 마치고 사도가 딸의 아버지에게 말했다.
"주님은 딸의 영혼을 위해 적절한 것을 내려주었소."

3 그러자 그 소녀가 즉시 엎어져 죽었다.

4 오, 육체의 파렴치를 피하는데, 그리고 피의 오만을 꺾는데 적절하 고, 하나님을 항상 기쁘게 하는 보답이여! 그러나 불신하는 이 늙은 이는 하늘의 은총, 즉 신성한 축복의 가치를 깨닫지 못했다.

5 자기 딸이 죽은 자 가운데서 다시 일어나게 해달라고 베드로에게 간 청했다.

6 소녀가 다시 살아나 며칠 지났다.

7 신도로 가장한 남자가 그 늙은이의 집에 들어가 함께 머물렀는데, 소 녀를 유혹하여 둘이 다시는 모습을 나타내지 않았다.

제14장

1 형제들이 하나님의 힘을 가졌다고 하는 시몬을 타도하라고 베드로에 게 간청했다.

2 그때 시몬은 그 마술에 탄복한 공회원 마르첼루스의 저택에 머물고 있었다.

3 사람들이 말했다.

"형제 베드로여, 우리말을 믿어주십시오. 이 마르첼루스만큼 현명한 사람은 세상에 또 없습니다. 그리스도에게 희망을 두는 과부는 모두 마르첼루스에게 안식처를 구하고, 모든 고아가 그 손에서 음식을 받고 있습니다.

4 형제여, 무엇을 더 알고 싶단 말입니까? 가난한 자가 모두 마르첼루스를 자기네 수호자라고 부르고, 그 저택은 순례자와 가난한 자들의 집이라고 부릅니다.

5 황제가 마르첼루스에게 '너에게 관직을 전혀 주지 않겠다. 관직을 주면 온 나라를 털어 그리스도교 신자들을 이롭게 할 테니 말이다.'라고 했습니다.

6 마르첼루스가 대답하기를 '제 재산은 모두 황제의 것입니다.'라고 했습니다.

7 그러나 황제는 '나를 위해 그 재산을 보존한다면 그것은 내 것이 될 것이다. 그러나 네가 마음대로 너절한 부랑자들에게 재산을 나눠주니 내 것이 아니다.'라고 말했습니다.

8 형제 베드로여, 이 점을 고려해서 우리가 당신에게 경고하는 것은, 이 사람의 위대한 자선이 모두 신의 모독으로 변했다는 점입니다.

9 그 사람이 시몬에게 넘어가지 않았다면, 우리도 주 하나님에 대한 거룩한 신앙을 저버리지 않았을 것입니다.

10 마르첼루스는 지금 화를 펄펄 내며 모든 선행을 후회하고, 하나님에 대한 지식을 치른다고 여기며, 지금까지 그 많은 재산을 낭비했다고 말합니다.

11 그뿐 아니라 나그네가 찾아오면 지팡이로 때리고, 하인들에게 끌어 내라고 지시합니다.

12 이 배교자들에게 그토록 많은 재산을 허비했다는 등 온갖 독설을 마구 해댑니다.

13 그러나 혹시 당신 안에 주님의 자비나 그분 계명의 선이 남아있다면, 하나님의 종들에게 이토록 풍성히 자선을 베푼 이 사람의 잘못을 고쳐주기 바랍니다."

14 그러나 사태를 깨달은 베드로는 깊은 슬픔에 잠겨 이렇게 질책했다. "아, 악마의 술수와 유혹은 얼마나 다양한가? 악의 음모와 계략이 얼마나 지독한가?

15 악마는 분노의 날에 자기를 위해 거대한 불을 준비하여 단순한 사람들을 파괴하고, 악랄한 늑대로서 영원한 생명을 집어삼키고 낭비하게 만든다.

16 너는 최초의 인간을 욕정의 함정에 빠뜨렸고, 네 오래된 사악함과 육체의 사슬로 묶어버렸다.

17 너는 가장 쓰디쓴, 쓴맛 나는 나무의 열매이고, 각양각색으로 유혹하는 욕정이다.

18 나와 함께 제자이고 사도였으나. 사악하게 행동하며 우리 주 예수 그리스도를 배반한 유다를 네가 만들었다. 주님은 너를 반드시 처벌할

것이다.

19 너는 헤롯의 마음을 딱딱하게 만들었고, 바로를 충동질하여 하나님의 거룩한 종 모세에게 대항하여 싸우게 했다.

20 너는 가야바가 감히 우리 주 예수 그리스도를 잔인한 군중에게 넘겨주도록 했고, 지금도 무죄한 영혼들에게 독화살을 쏘아대고 있다.

21 모든 이의 사악한 원수여, 거룩하고 전능한 하나님 아들의 교회가 너를 저주할 것이며, 우리 주 예수 그리스도의 종들이 아궁이에서 꺼낸 부지깽이처럼 너를 꺼버릴 것이다.

22 네 암흑이 너와 네 자손, 즉 가장 사악한 씨 위에 돌아가고, 네 악행이 네 위에 떨어지고, 네 위협이 네게 떨어지고, 사악함의 원천이자 암흑의 심연인 너와 네 천사들 위에 네 유혹이 돌아갈 것이다.

23 네 암흑이 너와 함께, 네가 소유하는 그릇들과 함께 있으라. 하나님을 믿을 사람들에게서 물러가라. 그리스도의 종들에게서, 그리스도를 위해 싸울 사람들에게서 물러가라.

24 암흑의 문들은 너 혼자 차지하라. 다른 사람들의 문을 너는 공연히 두드리고 있다. 그 문은 네 것이 아니라, 그것을 지켜주는 그리스도 예수의 것이다.

25 잡아먹는 늑대인 너는, 네 것이 아니라 그리스도 예수에게 속하고, 그분이 가장 세심한 배려를 베풀어 지키는 양 떼를 약탈해 가려기 때문이다."

26 베드로가 정신적으로 극심한 고통을 느끼며 이 말을 할 때, 주님을 믿는 사람이 더욱 늘어갔다.

제15장

1 형제들은 베드로에게 시몬과 대결하여, 시몬이 더 이상 사람들을 괴롭히지 못하게 해달라고 간청했다.

2 베드로는 즉시 모인 무리를 떠나 시몬이 머무르는 마르첼루스의 저택으로 갔다. 수많은 군중이 뒤따랐다.

3 대문에 이르자 베드로가 문지기에게 말했다.

"네가 베드로 때문에 유다에서 달아났는데, 그 베드로가 너를 대문에서 기다린다고 가서 말하시오."

4 문지기가 베드로에게 말했다.

"손님, 당신이 베드로인지 아닌지 제가 모릅니다. 그러나 지시를 받은 것은 있습니다. 당신이 어제 이 도시에 들어온 것을 안 시몬이, '낮이든 밤이든 무슨 시간에든지, 그 사람이 오면 내가 집 안에 없다고 하라.'고 내게 말했습니다."

5 베드로가 그 문지기에게 말하였다.

"시몬이 시킨 대로 잘 설명하였소."

6 그리고 따라온 사람들에게 몸을 돌려 말했다.

"여러분은 위대하고 놀라운 일을 보게 될 것입니다."

7 덩치 큰 개 한 마리가 강한 쇠줄로 단단히 매어있는 것을 본 베드로가 개에게 다가가 풀어주었다.

8 풀려난 개가 사람의 목소리로 베드로에게 물었다.

"표현할 수도 없고, 살아있는 하나님의 종인 당신은 내게 무엇을 하라고 지시합니까?"

9 베드로가 개에게 말했다.

"너는 안으로 들어가 모든 사람이 보는 앞에서 '베드로가 네게 공개 석상으로 나오라고 하였다. 사악한 자야, 단순한 영혼들을 괴롭히는 자야. 너 때문에 내가 로마로 왔다.'고 시몬에게 말하라."

10 개가 즉시 달려들어가 시몬 일행 한가운데로 돌진하여 앞발을 들고 커다란 목소리로 소리쳤다.

"시몬에게 말한다. 그리스도의 종 베드로가 대문에 서서 네게 말하기를, '공개 석상으로 나와라. 단순한 영혼들을 속이는 가장 악독한 자야, 너 때문에 내가 로마로 왔다.'고 한다."

11 시몬이 믿을 수 없는 그 광경과 개 말을 듣고, 옆에 있던 사람들을 속일 말을 잊어버려 모든 사람이 깜짝 놀랐다.

제16장

1 마르첼루스가 그것을 보고 대문으로 나가 베드로의 발 앞에 엎드려 말했다.

"거룩한 하나님의 종 베드로여, 내가 당신의 발을 잡고 있습니다. 내가 죄를 크게 지었지만 벌을 주지는 마시길 바랍니다.

2 당신이 자기 입으로 설교하는 그리스도에 대한 진실한 신앙을 가지고 있다면, 그분의 계명을 기억하고 있다면, 당신의 동료 사도인 바울에게 내가 배운 것처럼, 아무도 미워하지 말고, 아무에게도 화를 내지 마시길 바랍니다.

3 나의 죄를 따지지 말고, 하나님의 거룩한 아들에게 대신 기도해주십

시오. 그분의 종들을 박해하여 그 분노를 일으켰습니다.

4 그러므로 하나님의 착한 심부름꾼답게 대신 기도하여, 시몬의 죄와 더불어 내가 영원한 불에 떨어지지 않게 해주십시오.

5 시몬이 나를 설득하여 '젊은 하나님 시몬에게'라는 문구와 함께, 자기에게 석상을 세우게 했다고 해도 말입니다.

6 베드로여, 당신이 돈으로 매수될 수만 있다면 내가 전 재산을 주었을 겁니다. 그 재산을 경멸하여 내 영혼을 구했을 것입니다. 살아있는 하나님을 믿을 수만 있다면, 재산 따위는 아무것도 아니라고 여겼을 것입니다.

7 그리고 시몬이 하나님의 힘을 가지고 있다고 했어도, 속지만 않았다면 하는 생각에 분노를 느낍니다.

8 가장 친애하는 베드로여, 나는 하나님의 종인 당신의 말을 들을 자격이 없었고, 그리스도 안에 있는 하나님의 신앙에 대해 확고한 기초를 가지고 있지 못합니다. 그래서 나는 넘어갔습니다.

9 당신이 진리 안에서 설교하는 우리 주 그리스도가, 당신도 있는 앞에서 동료 사도들에게 말하기를, 만일 겨자씨만 한 신앙이 있다면, 이 산에게 이동하라고 하면 즉시 산이 이동할 것이라고 했어도 고깝게 여기지 마십시오.

10 베드로여, 당신이 물 위에 있을 때 신앙을 잃었다고 해도, 그분이 당신을 택하여 당신 위에 손을 얹었고, 당신과 함께 기적을 일으켰습니다. 이러한 일들로 나는 확신을 얻었으니, 이제 회개하고 당신의 기도에 의지하는 것입니다.

11 우리 주님과의 그 약속에서 비록 내가 떨어져 나갔다고 해도, 내 영혼을 받아주십시오. 내가 회개하는바 그분이 자비를 베풀어주리라 믿습니다.

12 전능하신 그분은 신실하여 내 죄를 용서할 것입니다."

제17장

1 베드로가 큰 소리로 말했다.

"우리 주님, 전능하신 하나님, 우리 주 예수 그리스도여! 당신에게 영광과 광채가 있기를 빕니다. 당신에게 찬미와 영광과 영예가 영원히 있기를 빕니다. 아멘.

2 거룩한 주님, 모든 사람이 보는 앞에서 우리를 온전히 격려하고, 지금 당신 안에서 일으켜 세우시니, 마르첼루스를 강하게 만들고, 그 집에 오늘 당신의 평화를 보내주십시오. 길을 잘못 들었거나 잃은 사람은, 누구든지 당신만 홀로 회복시킬 수 있기 때문입니다.

3 오, 주님! 잠시 흩어졌지만, 이제 당신을 통해 다시 모인 양 떼의 목자여, 우리 모두가 간청하니 마르첼루스를 다시 어린 양으로 받아주시고, 오류와 무지에서 더 이상 크게 방황하지 않고, 오히려 당신의 양 떼 안에 들도록 해 주십시오.

4 주님, 슬픔과 눈물로 우리가 당신에게 간청하니, 이러한 상태의 마르첼루스를 받아들여 주십시오."

5 그리고 베드로가 마르첼루스를 껴안았다. 그리고 주변에 모인 군중에게 몸을 돌리자, 그들 가운데 실없이 웃기만 하는 사내, 가장 사악

한 악마가 들어있는 사람이 있었다.

6 그 사람에게 베드로가 말했다.

"웃고 있는 네가 누구든지 간에, 곁에 서 있는 모든 사람에게 너를 공개적으로 드러내라."

7 그 말을 들은 젊은이가 그 집의 정원으로 달려들어가, 큰 소리로 부르짖으며 벽에 달라붙어 말했다.

"베드로, 시몬과 네가 보낸 개가 심하게 다투고 있다. 시몬이 개에게 내가 여기 없다고 말하라고 하지만, 개는 네가 시킨 것보다 더 말을 많이 하고 있다. 네가 시킨 신비한 일을 마치면, 개는 네 발 아래서 죽을 것이다."

8 베드로가 말했다.

"네가 어떤 악마든지 간에, 너도 그러면 우리 주 예수 그리스도의 이름으로 그 젊은이에게서 나가고 해치지 마라. 여기 서 있는 모든 이에게 네 정체를 보여라!"

9 그 말을 들은 악마가 젊은이를 떠나서, 그 집 정원에 서 있던 대리석상을 잡고 발로 차 산산조각을 냈다. 그것은 황제의 석상이었다.

10 그 모습을 본 마르첼루스가 이마를 치면서 베드로에게 말했다.

"중대한 죄를 저질렀습니다. 황제가 이 소식을 듣는다면 우리를 호되게 처벌할 것입니다."

11 베드로가 말했다.

"당신의 영혼을 구하기 위해 전 재산을 쓰겠다고 하는 말을 들으니, 당신이 방금 전하고 다른 사람이 되었음을 알겠소. 그러나 진정으로 뉘우치고 진심으로 그리스도를 믿는다면, 흐르는 물을 손에 받아들고 주님께 기도한 후, 그 물을 부서진 석상 조각에 뿌리시오. 그러면 종전대로 복구될 것입니다."

12 돌에 그 물을 뿌리자 석상이 원래대로 되었다. 마르첼루스가 기도할 때 의심하지 않아 베드로가 크게 기뻐했다.

13 이 첫 번째 기적이 자기 손으로 이루어져 마르첼루스도 사기가 크게 올랐다.

14 그래서 마르첼루스는 불가능한 것도 그분을 통하면 모두 가능하게 되는 예수 그리스도, 하나님의 아들을 진심으로 믿었다.

제18장

1 밤이 되고 베드로가 아직 잠들지 않았을 때, 찬란한 옷을 입은 예수가 미소를 띠며 나타나 말했다.

"너를 통해, 그리고 내 이름으로 네가 일으킨 기적들을 통해 수많은 형제가 이미 나에게 돌아왔다.

2 그러나 돌아오는 안식일에 너는 신앙적 시험을 당하고, 더 많은 이방인과 유대인들이, 내 이름 안에서 모욕과 조롱을 받고 침 뱉음을 당한 나에게 돌아올 것이다.

3 네가 징표와 기적을 요청하면 내가 나 자신을 드러낼 것이며, 네가 많은 사람을 개종시킬 것이다. 그러나 시몬이 자기 아비의 업적을 가지고 너에게 대항하도록 하라.

4 시몬의 모든 행동은 요술이고 마술의 착각임을 알 것이다. 이제 우

물쭈물하지 말고, 내가 보낸 사람들을 모두 내 이름으로 확고하게 세워라."

제19장

1 날이 밝자 주님이 자신에게 나타난 사실과 그 지시 사항을 베드로가 형제들에게 알렸다.

"형제들이여, 내 말을 믿으시오. 이 시몬이 자기 주문을 가지고 크게 해를 끼쳤던바, 내가 유다에서 내쫓았습니다.

2 시몬은 유다에서 에우불라라는 여자의 집에 머물렀습니다. 에우불라는 사회적 지위가 꽤 있는 여자로서, 금과 진주를 많이 소유하고 있었습니다.

3 시몬이 2명을 그 집에 몰래 끌어들였습니다. 시몬 외에는 그 집에서 아무도 본 적이 없는 이 둘이, 마술을 부려 안주인의 금을 모조리 챙겨 사라졌습니다.

4 그 범죄를 발견한 에우불라는 종들을 고문하고 말했습니다.

'너희는 이 신성한 분의 방문을 이용하여 내 재산을 강탈했다. 이분이 단순한 여인인 나에게 와서 영광을 베푸는 모습을 너희가 보았기 때문이다. 그러나 이분의 이름은 주님의 힘이다.'

5 그때 나는 사흘간 단식하고, 이 죄가 드러나도록 기도하다가 환상을 보았습니다.

6 내가 주님의 이름으로 가르쳤던 이탈리쿠스와 안톨루스가 거기 나타났고, 또 발가벗긴 채 묶여있는 소년이 나타나 내게 밀가루 반죽

을 주면서 말했습니다.

'베드로야, 이틀을 더 견뎌라. 그러면 하나님의 놀라운 일을 볼 것이다. 에우불라의 집에서 없어진 것은, 시몬과 다른 2명이 마술을 써서 착각에 빠뜨린 후 훔쳐냈기 때문이다.

7 사흘째 되는 날 9시경, 이 사람들이 나폴리로 가는 성문 옆에서 아그리피누스라는 금 세공업자에게 1kg쯤 되는 순금의 젊은 신상을 팔 것이다.

8 너는 더럽혀지지 않도록 그것을 만지지 말고, 에우불라의 하녀 몇을 데리고 가서 금 세공업자의 가게를 보여주고 그곳을 떠나라.

9 이 일로 많은 사람이 주님의 이름을 믿게 될 것이며, 그들이 교활함과 사악함으로 항상 훔치고 있다는 사실이 밝혀질 것이다.'

10 그 말을 듣고 에우불라에게 갔더니, 그 여자는 옷을 찢고 머리카락을 헝클어뜨린 채 통곡하고 있었습니다.

'에우불라여, 침대에서 일어나 얼굴을 가다듬고, 머리카락을 손질한 후 당신에게 어울리는 옷으로 갈아입으시오. 그리고 모든 영혼을 심판하는 주 예수 그리스도께 기도하십시오. 그분이 보이지 않는 하나님의 아들이오.

11 만일 당신이 과거의 죄를 진심으로 뉘우친다면, 그분 안에서 틀림없이 구원받을 것입니다. 그리고 그분에게서 힘을 받으시오.

12 이제 주님이 나를 통해서, 당신이 잃은 재산을 모두 찾을 것이라고 말합니다. 그것을 받으면, 당신은 이 세상을 포기하고, 영원한 안식을 추구하기 위해 찾은 것임을 깨달으시오.

13 그리고 이 말을 잘 들으시오. 나폴리로 가는 성문 옆에서 종들을 풀어 지켜보도록 하시오.

14 모레 9시경, 내가 환상에서 본 대로 1kg쯤 되는 순금의 젊은 신상을 가지고 오는 두 청년을 발견할 것입니다.

15 그들은 거룩한 생활과 우리 주 예수 그리스도에 대한 신앙을 잘 아는 아그리피누스라는 사람에게 그 신상을 팔려고 할 것입니다.

16 그리스도를 통하여 이것을 보게 되면, 당신은 마술사 시몬이 아니라, 살아있는 하나님을 믿어야 한다는 사실을 알 것입니다.

17 그 변덕스러운 악마 시몬은 당신을 계속 비탄에 처박아두고, 무죄한 종들을 고문당하게 하고, 설득력 있는 말재주와 공허한 말로 당신을 타락시키고, 자기 입으로 하나님에 대한 헌신을 떠들면서 그것은 말뿐이고, 속은 사악함으로 가득 차 있습니다.

18 축일을 기리기 위해 당신이 우상을 한곳에 치워 휘장을 씌우고, 장신구를 모두 받침대에 올려놓았을 때, 당신들이 보지 못한 두 청년을 시몬이 끌어들여 마술을 부리게 함으로써, 당신의 장식물을 훔쳐 사라지게 했던 것입니다.

19 그러나 시몬의 계획은 하나님이 내게 알려줘서 실패하고 말았습니다.

20 이는 당신이 어떠한 사악함이나 타락을 하나님 앞에 저질렀다고 해도, 하나님은 모든 진리로 가득 차고, 산 이와 죽은 이의 공정한 심판자인바, 당신이 속거나 지옥에서 멸망하지 않게 하려는 것입니다.

21 당신의 재산을 지켜주는 그분을 통하지 않고는, 사람에게 생명의 희망은 달리 없습니다. 그러니 당신의 영혼을 다시 찾으시오.'

22 그러자 에우불라가 내 발아래 엎드려 말했습니다.

'보세요. 당신이 누군지 나는 모릅니다. 그러나 나는 그를 하나님의
종으로 받아들였습니다. 무엇이든 요청하는 대로 주었습니다. 그의
손이 가난한 자들을 돌보게 했고, 그에게도 선물을 별도로 듬뿍 주
었습니다. 내가 그에게 무슨 해를 끼쳤다고, 그가 우리 집 안에 이토
록 큰 고통을 주는 겁니까?'

23 내가 에우불라에게 말했습니다.

'우리는 말이 아니라 행동과 행실에 믿음을 두어야 합니다. 그러므로
시작한 것을 계속해야 합니다.'

24 나는 에우불라를 떠나 하인 둘을 데리고 아그리피누스에게 가서 말
했습니다.

'이들을 잘 봐 두시오. 내일 두 청년이 와서 보석이 박힌 순금 신상을
팔려고 할 텐데, 이들의 여주인 물건입니다. 그러니 당신은 신상을
받아들어 검사하고, 장인의 솜씨를 경탄하는 체하시오. 그때 이들이
들어오고, 그 뒤의 일은 하나님이 증명할 것이오.'

25 다음날 9시경, 에우불라의 하인들이 왔습니다. 아그리피누스에게 순
금 신상을 팔려는 두 청년도 왔는데, 즉시 붙잡혀 여주인에게 보고
가 들어갔습니다.

26 그러나 번민이 심해진 에우불라는 관청으로 갔습니다. 자기가 당한
일을 큰 소리로 선언했습니다.

27 지방 장관 폼페이우스는, 에우불라가 관청에 처음 나오는 것처럼 정
신없이 번민하는 것을 보고, 즉시 수비대에게 범인을 잡아와 심문하

라고 명령했습니다.

28 두 청년은 고문을 받았습니다. 그들은 시몬의 하수인으로서 돈을 받고 그런 짓을 했다고 자백했습니다.

29 한참 더 고문을 받은 후, 에우불라가 잃은 모든 재산이 성문 밖 동굴의 땅속에 묻혀 있으며, 다른 보물도 많다고 자백했습니다.

30 그 말을 들은 폼페이우스는 두 청년을 각각 쇠사슬에 묶어 성문으로 갔습니다.

31 두 청년이 떠난 지 오래되자, 궁금해진 시몬이 그들을 찾으려고 성문으로 들어올 때였습니다. 사람들이 무리 지어 오고, 두 청년이 쇠사슬에 묶여 끌려오는 것을 보고 즉시 사태를 깨달았습니다. 그리고 지금까지 유다에 나타나지 않았습니다.

32 에우불라는 전 재산을 찾아 가난한 자들에게 모두 주었습니다. 주 예수 그리스도를 믿고 신앙이 튼튼해졌습니다.

33 이 세상을 경멸하고 포기하면서, 과부와 고아들에게 자선하고 가난한 자에게 옷을 주었습니다.

34 그리고 오랜 세월이 흘러 그는 숨을 거두었습니다.

35 가장 사랑하는 형제 여러분, 이 모든 일이 유다에서 일어났습니다. 그래서 사탄의 전령이라는 그가 거기서 추방당한 것입니다.

36 사랑하는 형제 여러분, 다 함께 단식하고 주님께 기도합시다. 거기서 시몬을 추방한 그분은, 여기서도 그 뿌리를 뽑을 수 있습니다.

37 그분이 우리에게 시몬과 그 마술에 대항할 힘을 주고, 시몬이 사탄의 전령임을 폭로하도록 해주기를 빕니다. 시몬이 오지 않으려고 거부해

도, 그분은 안식일에 시몬을 율리우스 광장으로 데려올 것입니다.

38 우리가 소리쳐 부르지 않아도, 우리말에 귀를 기울이는 그리스도께 무릎을 꿇읍시다. 우리 눈에 보이지 않아도 그분은 우리를 보고 있고, 우리 안에 있으며, 만일 우리가 원한다면 우리를 버릴 것입니다.

39 그러므로 우리 영혼에서 모든 사악한 유혹을 깨끗이 몰아냅시다. 그러면 하나님이 우리를 떠나지 않을 것이고, 우리가 눈짓만 해주면 그분이 우리와 함께 머물 것입니다."

제20장

1 그때 형제들과 로마에 있는 모든 사람이 모여들어 각자 금화 한 닢을 바쳤다.

2 공회원, 집정관, 관료도 모두 모였다. 이윽고 베드로가 들어와 한가운데 자리를 잡았다.

3 모든 사람이 큰 소리로 말했다.

"베드로! 너의 신이 누구인지, 그 위대함이 무엇인지 보여라! 네가 그 신을 업고 그토록 자신만만하니 말이다. 신들을 사랑하는 로마인들에게 인색하게 굴지 마라. 시몬의 증거는 이미 보았으니 이제 네 차례다. 우리가 어느 쪽을 참으로 믿어야 할지, 너희 둘이 우리에게 확신을 주어야 한다."

4 그 말을 할 때 시몬이 들어와 베드로 곁에 혼란스러운 표정으로 서 있었다. 한참 침묵이 흐른 후 베드로가 말했다.

"로마인들이여, 여러분이 우리의 공정한 심판관이 되어야 합니다. 이제 나는 살아있고 진실한 하나님을 믿는다고 선언하며, 여러분 가운데 많은 사람이 증인이듯, 내가 이미 알고 있는 그분의 증거를 보여주기로 약속합니다.

5 여러분이 보는 바와 같이, 이 사람은 가장 존경스럽고 소박한 여인 에우불라에게 마술을 걸어 사기를 치고 단죄되었으며, 내가 유다에서 쫓아내 지금 아무 말도 하지 못하고 있는 것입니다.

6 거기서 쫓겨나 여러분 가운데 몸을 숨길 수 있다고 믿어 이 장소로 왔습니다. 그리고 나와 마주 보고 있습니다.

7 '자, 시몬! 말해봐라. 예루살렘에서 우리 손으로 치유가 이루어지는 것을 본 너는 내 발아래, 그리고 바울의 발아래 엎드리지 않았느냐? 원하는 대로 돈을 줄 테니, 제발 사람들에게 손을 얹어 그런 좋은 일을 너도 할 수 있게 해달라고 애걸하지 않았느냐?

그 말을 들은 우리는 즉시 너를 저주했고, 돈으로 우리를 유혹할 수 없다고 하였다. 그런데도 두렵지 않으냐? 나는 베드로다. 주 그리스도가 나를 모든 일에 준비된 사람으로 부르는 것이 타당하다고 여겼다. 또 나는 살아있는 하나님을 믿고, 그분을 통해 네 마술을 쳐부술 것이다.'

8 그러면 이제, 여러분 앞에서 시몬이 평소에 부리던 놀라운 일을 일으키라고 합시다. 내가 방금 시몬에 대해서 한 말을 여러분은 믿지 않을 겁니까?"

제21장

1 시몬이 말하였다.

"너는 나사렛 사람 예수, 즉 목수의 아들이고 자신도 목수인 그 사람, 그리고 그 가족이 유다 출신인 사람을 이야기하는 모양이다. 베드로, 잘 들어라. 로마인들은 분별력이 있고 바보가 아니다."

2 그리고 백성을 향해 말했다.

"로마인 여러분, 신이 출생을 합니까? 신이 십자가에 못 박힙니까? 자기 주님을 가진 자는 결코 신이 아닙니다!"

3 그 말을 듣고 많은 사람이 대답했다.

"시몬, 말 한번 잘했다!"

4 베드로가 말했다.

"그리스도를 거스르는 네 말은 저주를 받아라!

5 예언자들이 그분에 대해서 '그분의 세대를 누가 선언하겠는가?'라고 말하는데, 너는 그따위 말을 하느냐?

6 다른 예언자는 '우리가 한 분을 보았다. 그분은 은총도 아름다움도 가지지 않았다.'고 말한다.

7 그리고 마지막 시대에 성령으로 소년이 태어난다. 그 어머니는 남자를 모르고, 아무도 소년의 아버지라 주장하지 않는다. 그 여인은 해산을 했고, 그리고 해산을 하지 않았다고 한다. 문제를 일으키는 것이 네게 작은 일이냐고 한다. 처녀가 임신할 것이라고 한다.

8 다른 예언자가 아버지의 명예 안에서 '우리는 그 여인의 음성을 듣지 못했고, 산파도 들어가지 않았다.'고 말한다.

9 또 다른 예언자는, 그분은 여인의 뱃속에서 태어나지 않았고, 하늘의 장소에서 내려왔다고 말한다. 손을 대지 않아도 돌이 깎이고, 그 돌이 모든 왕국을 부수었다고 한다. 건축가들이 버린 돌이 구석의 머리가 된다고 한다. 그분은 선택되고 귀중한 돌이라고 부른다.

10 예언자가 그분에 대하여 사람의 아들처럼 구름을 타고 오는 것을 보았다고 한다. 더 이상 무슨 말이 필요하겠는가?

11 로마인 여러분! 여러분이 예언서에 익숙하다면 이 모든 것을 설명해 줄 수가 있습니다. 예언을 통해서 비밀리에 전해지고 하나님의 왕국이 실현되기 때문입니다. 그러나 이런 것은 나중에 여러분에게 드러날 것입니다.

12 자, 시몬! 사람들을 속여먹던 짓을 한 가지 해봐라. 그러면 내가 주 예수 그리스도를 통하여 그 마술을 풀어버리겠다."

제22장

1 시몬이 대담하게 나서 말했다.
"집정관이 허락한다면 하겠다."

2 그러나 집정관은 불공평하게 행동한다는 인상을 피하고, 둘을 공평하게 대한다는 것을 보여주고 싶었다.

3 그래서 소년 한 명을 앞으로 내세우며 시몬에게 말했다.
"이 소년을 데려다가 죽여라."

4 그리고 베드로에게 말했다.
"너는 그 소년을 살려내라."

5 집정관이 백성에게 연설하고 말했다.

"둘 가운데 누가 하나님께 더 적합한지는 여러분이 판단하시오. 죽이는 자인가, 살리는 자인가?"

6 시몬이 소년의 귀에다 대고 뭐라고 하자, 소년이 아무 말도 못 하고 즉시 죽었다.

7 백성 가운데 술렁거림이 일어났다. 마르첼루스의 집 창문에서 내려다보던 여인이 군중 뒤에서 고함을 쳤다.

"하나님의 종 베드로! 그는 내 외아들이란 말이에요. 아들이 죽다니요!"

8 백성들이 그 여인에게 길을 비켜주며 베드로에게 데리고 왔다. 여인이 베드로의 발아래 엎드려 말했다.

"난 이 외아들뿐이에요. 이 애가 자기 손으로 내게 먹을 것을 대주고 나를 일으키고 운반했어요. 그런데 죽어버렸으니 누가 날 도와주겠어요?"

9 베드로가 여인에게 말했다.

"이 사람들을 증인으로 데리고 가서 아들을 운반해 오시오. 하나님의 힘으로 당신 아들이 다시 살아나는 것을 이 사람들이 보고 믿을 수 있도록 하시오."

10 그 말을 듣고 여인이 쓰러졌다. 베드로가 젊은이들에게 말했다.

"이제 우리는 기꺼이 믿으려고 하는 젊은이들이 좀 필요하오."

11 그러자 여인을 운반하고 죽은 아들을 운반해 오려는 젊은이 30명이 즉시 일어섰다.

12 과부가 정신을 차릴까 말까 할 때 젊은이들이 여인을 부축해 일으켰다.

13 그러나 여인은 울부짖으며 자기 머리카락을 쥐어뜯고 얼굴을 할퀴었다.

"아들아, 보라! 그리스도의 종이 너를 데려오라고 사람을 보냈다."

14 그때 따라간 젊은이들이 소년이 정말 죽었는지 콧구멍을 검사하고 죽었음을 깨달은 뒤, 그 어머니를 위로하며 말했다.

"당신이 베드로의 하나님을 정말 믿는다면, 우리가 당신 아들을 일으켜 베드로에게 데려다줄 것이며, 베드로가 다시 살려서 당신에게 돌려줄 것이오."

15 젊은이들이 그 말을 하고 있을 때, 광장의 집정관이 베드로를 쳐다보고 말했다.

"베드로, 할 말이 있소? 소년이 저기 죽어 있소. 황제마저 총애하던 소년이오. 그 소년을 난 아끼지 않았소. 물론 다른 젊은이가 내겐 많지만 나는 당신을 믿고, 또 당신이 설교하는 그 주님을 믿고, 당신이 틀림없고 신뢰할 만한 사람이라고 여겨서 소년을 죽게 내버려둔 것이오."

16 베드로가 말했다.

"하나님은 시험하거나 저울로 잴 그런 분이 아니라, 진심으로 그분을 사랑하는 사람들이 숭배할 분입니다. 그분은 자격 있는 사람들의 말에 귀를 기울입니다.

그러나 이제 하나님과 나의 주 예수 그리스도가 여러분 가운데서 시험을 받고 있는바, 그분은 자기 죄인들의 회개를 위해 나를 통해 이러한 징표와 기적을 일으키는 것입니다.

오, 주님! 이제 모든 사람이 보는 앞에서 시몬이 죽인 사람을 내 음성을 통하여 당신의 힘 안에서 일으켜 주십시오."

17 그리고 소년의 주인에게 말했다.

"자, 와서 소년의 오른손을 잡으시오. 소년이 다시 살아나 당신과 함께 걸어갈 수 있을 겁니다."

18 집정관 아그립바가 소년에게 달려와 그 손을 잡고 다시 살려냈다.

19 그 광경을 본 군중이 모두 목청을 돋워 소리쳤다.

"하나님은 단 한 분, 베드로의 하나님뿐이다!"

20 젊은이들이 과부의 아들도 들것에 실어 운반해 왔다. 사람들이 길을 비켜줘 베드로에게 데리고 왔다. 베드로가 하늘을 향해 두 팔을 뻗고 말했다.

"당신의 아들 예수 그리스도의 거룩한 아버지여! 당신이 우리에게 힘을 준 것은 당신을 통하여 우리가 요청하여 얻고, 이 세상에 있는 것을 경멸하고, 오직 당신만 따르도록 하려는 것입니다. 당신을 본 사람은 적지만 당신을 알게 된 사람은 많습니다.

주님, 우리 주위를 비추고, 빛을 주고, 나타나고, 아들이 없으면 꼼짝 못 하는 이 늙은 과부의 아들을 일으켜주십시오. 이제 나의 주인 그리스도의 말을 본받아 내가 젊은이에게 말한다. 일어나라! 어머니에게 도움이 되는 한 어머니와 함께 걸어라. 그리고 나에게 너를 바쳐서, 더 높은 봉사와 성직의 직책을 수행하라."

21 그러자 즉시 죽은 사람이 일어섰다. 그 광경에 군중이 크게 놀랐다.

백성들이 소리쳤다.

"당신은 하나님, 베드로의 하나님, 보이지 않는 하나님, 구세주입니다!"

22 자기 주님께 말로 호소하는 사람의 힘을 보고 참으로 놀란 사람들이, 서로 수군거리며 기적을 받아들이고 스스로 거룩하게 되려고 힘썼다.

제23장

1 이 소문이 온 로마에 퍼지며, 한 공회원의 모친이 군중을 헤치고 와서 베드로의 발아래 엎드려 말했다.

"당신은 자비로운 하나님의 종이며, 그분 은총의 빛을 원하는 자 누구에게나 내려준다는 말을 하인들에게서 들었습니다. 그 빛을 제 아들에게도 내려주세요. 당신은 아무에게도 인색하지 않다고 들었으니, 비록 여인의 간청이라 해도 외면하지 말아주세요."

2 베드로가 여인에게 물었다.

"나의 하나님을 믿습니까? 그분에 의해 당신의 아들이 다시 살아날 것이라고 믿습니까?"

3 그 여인이 큰 소리로 울고 눈물을 흘리며 말했다.

"베드로님, 저는 믿어요. 믿고말고요."

4 모든 백성이 고함쳤다.

"이 어머니에게 아들을 허락해주시오!"

5 베드로가 말했다.

"이 모든 사람 앞에 아들을 이리 운반해 오시오."

6 그리고 베드로가 백성에게 몸을 돌려 말했다.

"로마인들이여, 나도 여러분과 똑같은 사람으로서 인간의 육체를 입고 있는 죄인이지만 자비를 얻은 것입니다. 그러니 나 자신의 힘으로 이런 일을 하는 듯이 보지 마십시오. 이 힘은 나의 주 예수 그리스도의 힘이고, 그분은 산 이와 죽은 이의 심판관입니다.

그분을 믿고 그분의 파견을 받아 나는 감히 죽은 자를 다시 일으켜 달라고 간청하는 것입니다. 부인이여, 아들을 이곳으로 운반해 와서 다시 생명을 얻도록 하시오."

7 여인이 군중을 헤치고 서둘러 나가면서 큰 기쁨에 젖었다. 진심으로 주님을 믿고 집에 도착했다. 젊은이들을 시켜 아들을 운반하게 하고 광장으로 왔다. 여인은 젊은이들에게 모자를 쓰고 관 앞에서 걷도록 했다.

8 장례 때 아들의 몸에 사용했던 모든 것을 관 앞에 운반해 가도록 했는데, 베드로가 보고 죽은 자와 자신에게 동정을 베풀기를 바라는 마음에서였다.

9 애도하는 모든 무리와 함께 여인이 광장으로 갔다. 수많은 공회원과 그 부인들이 하나님의 놀라운 일을 보기 위해 그 뒤를 따랐다.

10 그때 죽은 자인 니코스트라투스는 공회에서 대단한 존경과 사랑을 받는 인물이었다. 사람들이 운반하여 베드로 앞에 내려놓았다.

11 베드로가 모두 잠잠하라고 한 뒤 큰 소리로 말했다.

"로마 시민들이여, 이제 나와 시몬 사이에 올바른 판결을 내려야 할 때입니다. 살아있는 하나님을 믿는 자가 누구인가, 시몬인지 나인지 잘 생각해 보십시오.

시몬에게 여기 누워있는 몸을 일으켜 보라고 하십시오. 그러면 하나님의 천사로 시몬을 여러분이 믿어도 무방합니다. 시몬이 못 일으키면, 그다음에 내가 나의 하나님을 부르고, 아들을 살려서 모친에게 줄 것입니다. 그러면 여러분은 이 사람이 마술사이자 사기꾼임을 믿게 될 것입니다."

12 모두 그 말을 듣고 베드로의 도전이 정당하다고 수락했다. 그리고 시몬을 격려하며 말했다.

"자, 당신 안에 무엇인가 있다면 그것을 끄집어내시오. 저 사람을 누르시오. 아니면 당신이 납작코가 될 것이오. 왜 기다리고 있는 거요? 어서 시작하시오!"

13 모두 자기를 재촉하는 것을 본 시몬이 말없이 서 있다가, 백성이 잠잠해지고 자기를 쳐다볼 때 목청을 돋워 말했다.

"로마인들이여, 죽은 자가 다시 살아나는 것을 본다면, 여러분은 베드로를 도시 밖으로 내쫓겠습니까?"

14 모든 백성이 말했다.

"내쫓을 뿐만 아니라, 동시에 불에 태워 죽이겠소."

15 시몬이 죽은 자의 머리맡에 가서 3번 허리를 굽히고 3번 허리를 편 뒤, 죽은 자가 머리를 들고 움직이며, 두 눈을 떠서 자기에게 고개 숙이는 것을 백성에게 보여주었다.

16 백성이 즉시 베드로를 죽이려고 장작과 부싯돌을 찾기 시작했다. 그러나 그리스도의 힘을 얻은 베드로는 목소리를 한껏 높여 자기를 목

청껏 욕하는 사람들에게 소리쳤다.

"로마인들이여, 여러분의 눈과 귀와 마음이 소경인 한, 여러분을 바보요, 돌대가리라고 불러서는 안 된다는 것을 이제야 알겠습니다. 여러분의 분별력이 캄캄해 있는 한, 여러분은 마술에 걸려있다는 사실을 깨닫지 못합니다. 죽은 자가 일어나지도 않았는데, 다시 살아났다고 믿으니 말입니다.

로마인들이여, 내가 차라리 침묵하고 말 한마디 없이 죽어서, 여러분을 이 세상의 착각 속에 그대로 내버려두는 편이 나을지 모릅니다. 그러나 나는 눈앞에 꺼지지 않는 불의 별자리를 보고 있습니다.

그러니까 여러분이 동의한다면, 죽은 자가 말을 하도록 하시오. 살아있다면 일어서라고 하고, 턱을 싼 헝겊을 자기 손으로 풀게 하고, 어머니를 소리쳐 부르게 하고, 여러분이 소리칠 때 죽은 자가 뭐라고 소리치느냐 반문하도록 하시오. 그리고 여러분에게 손짓해 보라고 하시오.

이 사람이 죽은 자요, 여러분이 마술에 홀려 있다는 것을 확인하고 싶다면, 여러분을 그리스도에게서 후퇴하게 만든 이 사람을 관에서 끄집어내시오. 그러면 운반되어 들어올 때와 똑같은 상태에 있음을 깨달을 것입니다."

제24장

1 집정관 아그립바가 자제하지 못하고 자리에서 일어나 시몬을 손으로 밀쳐버렸다. 그러자 죽은 자가 종전대로 그 자리에 누워있었다.

2 백성이 분노했다. 시몬의 마술에서 깨어나 소리쳤다.

"황제여, 우리의 말에 귀를 기울여주십시오. 죽은 자가 일어서지 않는다면, 베드로 대신에 시몬을 불태워야 합니다. 시몬은 우리를 참으로 눈멀게 했습니다."

3 그때 베드로가 손을 내저으며 말했다.

"로마인들이여, 진정하시오! 소년이 다시 살아나면, 시몬이 불태워져야 한다고 내가 말한 게 아닙니다. 그러나 내가 그렇게 하라고 말한다면, 여러분이 그렇게 하시오."

4 백성이 소리쳤다.

"베드로여, 당신이 그렇게 안 한다고 해도 우리가 하겠소!"

5 베드로가 말했다.

"정 그렇게 하겠다면, 이 소년은 살아나지 못할 것이오. 우리는 악을 악으로 갚으라고 배우지 않고, 원수를 사랑하고 박해자들을 위해 기도하라고 배웠습니다. 심지어 이 사람마저 뉘우친다면, 하나님이 악행을 기억하지 않을 것인바 더 잘된 일입니다.

그러니 이 사람에게 그리스도의 빛으로 들어오도록 하시오. 그러나 시몬이 그렇게 할 수 없다면, 자기 아버지인 악마의 유산을 받도록 하고, 여러분의 손은 더럽히지 마시오."

6 말을 마친 베드로가 소년에게 갔다. 소년을 살리기 전에 그 어머니에게 말했다.

"아들의 명예를 위해서 당신이 해방한 젊은이들에게 주인이 살아나면 자유인으로서 주인을 섬기게 할 겁니까? 당신 아들이 다시 살아나면 이 사람들이 다시 노예가 될 테고, 그러면 이 사람들의 감정이 상할 것으로 보이기 때문입니다.

그러나 당신 아들이 다시 일어나고, 이 사람들이 아들과 함께 살아야 할 터이니, 모두 자유를 계속 누리게 하고, 종전대로 생활 지원을 받도록 하시오."

7 그리고 여인의 생각을 알아보려고 계속 쳐다보았다. 소년의 어머니가 말했다.

"내가 달리 무엇을 할 수 있겠습니까? 집정관 앞에서 선언합니다. 아들의 장례식을 위해 내놓았던 모든 재산은 이들의 몫이 될 것입니다."

8 베드로가 여인에게 말했다.

"나머지는 과부들에게 나누어주시오."

9 베드로가 마음에 기쁨이 충만하여 기도했다.

"자비로운 주님 예수 그리스도여, 언제나 자비와 선하심을 보여준 것처럼 당신을 부르는 종 베드로에게 나타나시고, 봉사하기 위해 자유를 얻은 이 모든 사람 앞에서 이제 니코스트라투스를 일으켜주십시오!"

10 베드로가 소년의 옆구리에 손을 대고 말했다.

"일어나시오!"

11 그러자 소년이 일어나 옷깃을 여몄다. 턱의 헝겊을 풀고 다른 옷을 달라고 하며 관에서 내려와 베드로에게 말했다.

"우리 주 예수 그리스도가 당신과 대화하는 것을 제가 보았으니 그분에게 갑시다. 그분이 나를 당신에게 보여주며 '이 사람은 내 것이니 나에게 데려오'라고 당신에게 말했습니다."

12 소년의 말을 들은 베드로가 주님의 도움으로 더욱 힘을 얻어 백성에게 말했다.

"로마인들이여, 죽은 자들은 다시 살아나 이렇게 말하고, 부활한 뒤 이렇게 걷고, 하나님이 원하는 만큼 오래 삽니다. 구경하려고 모인 백성 여러분, 이제부터 이 모든 사악한 길, 인간이 만든 모든 신, 모든 종류의 더러움과 욕정을 버려야 합니다. 영원한 생명에 도달하는 신앙을 통하여 그리스도의 형제로서 자격을 받을 것입니다."

제25장

1 그때부터 사람들은 베드로를 신으로 떠받들며, 자기 집 안의 모든 병자를 그 발아래 운반해 와서 고쳐주기를 청했다. 그러나 베드로는 너무 많은 사람이 몰려와 기다리는 것을 보고 물러가라는 신호를 보냈다.

2 그리고 베드로가 마르첼루스의 집으로 사람들을 초대했다. 소년의 어머니가 베드로에게 자기네 집에 오라고 간청했다. 그러나 베드로는 주님의 날에 마르첼루스의 집에서 과부들을 만나 직접 보살펴주기로 되어 있었다.

3 다시 살아난 소년이 말했다.

"나는 베드로 곁을 떠나지 않겠습니다."

4 그러자 그 어머니가 기쁨에 넘쳐 자기 집으로 돌아갔다.

제26장

1 안식일 다음날, 그 소년의 어머니가 금화 2,000개를 가지고 마르첼루스의 집에 와서 베드로에게 말했다.
"그리스도를 섬기는 처녀들에게 이것을 나누어주십시오."

2 그때 죽은 자 가운데서 다시 살아난 소년은 아무것도 남에게 준 것이 없음을 깨달았다. 그래서 금화 4,000개를 베드로에게 가지고 와서 말했다.
"부활한 나는 2배의 봉헌물을 가져왔고, 오늘부터 나 자신을 살아있는 봉헌물로 하나님께 바치겠습니다."

제27장

1 주님의 날, 베드로가 형제들에게 설교하며 그리스도 안에서 그 신앙을 격려하고 있었다.

2 그때 많은 공회원이 참석했다. 기사와 귀부인들도 그 자리에 있었다. 모두 신앙이 튼튼해졌다.

3 그곳에 크리세, 즉 '황금'이라는 이름을 가진 대단히 부유한 여인이 있었다.

4 크리세는 태어난 이래 은이나 유리로 된 그릇을 쓰지 않고, 오직 금으로 된 그릇만 사용하여 그런 이름을 얻었다.

5 그 여인이 베드로에게 와서 돈을 내놓으며 이렇게 말하고 떠났다.
"하나님의 종 베드로여, 당신이 하나님이라고 말한 그분이 꿈에 나타나 말했습니다. '크리세야, 너는 내 종 베드로에게 금화 1만 개의 빚을 졌으니 가져다주어라.' 그래서 내게 나타났다가 하늘로 돌아간 그 분에게서 피해를 입을까 두려워 여기 돈을 가져왔습니다."

6 베드로가 그 돈을 보고, 어려운 사람들을 구제할 수 있다고 여기며 주님을 찬미했다. 그런데 거기 모인 몇몇이 베드로에게 말했다.

"베드로여, 그 여자에게서 돈을 받은 것은 잘못입니다. 그녀는 로마 시를 통틀어 간통으로 악명이 높습니다. 한 남자만 상대하는 게 아니라, 심지어 자기 집의 소년들하고도 관계합니다. 그러니 돈을 돌려주십시오."

7 그 말을 들은 베드로가 껄껄 웃으며 형제들에게 말했다.

"그 여자의 평소 생활에 대해 나는 아무것도 아는 것이 없습니다. 그러나 이 돈을 이유 없이 받은 건 아닙니다. 그녀는 그리스도에게 진 빚이라고 하면서 가져왔고, 그리고 그리스도의 종에게 주었으니, 그분이 이 돈을 마련한 것입니다."

제28장

1 사람들이 안식일에도 병자들을 데려와 치유를 간청했다. 예수 그리스도의 이름을 믿기만 하면, 모든 육체의 병이 치유되어 전신이 마비된 자가 다 낫고, 수종 병을 비롯하여 이틀에서 나흘 거리 열병으로 고생하는 사람이 모두 치유를 받았으며, 매일 같은 주님의 은총에 대단히 많은 사람이 추가되었다.

2 그런데 여러 날이 지나서 마술사 시몬이, 자신이 진실한 하나님이 아니라, 어중이떠중이가 속임수를 믿는 것을 베드로에게 보여주겠다고

약속했다.

3 시몬이 가짜 기적을 일으키자, 이미 견고한 신앙을 가진 제자들의 경멸과 비웃음을 샀다. 응접실로 귀신을 불러들였으나 형체뿐이고 실체가 없었다. 그러니 무슨 말을 더 하겠는가?

4 마술로 자주 단죄를 받았다고 해도, 시몬은 절름발이를 잠시 건강한 사람처럼 보이게 했다. 소경도 마찬가지였다. 한때는 많은 죽은 자를 니코스트라투스에게 한 것처럼, 살아서 움직이는 것처럼 보여주었다.

5 그런데 베드로가 뒤따라가며 사사건건 구경꾼들에게 그 정체를 폭로했다. 매번 로마인들의 푸대접과 조롱, 불신을 받으며 약속을 지키지 못하게 되자, 그가 극단적인 제안을 했다.

"로마인들이여, 지금 여러분은 베드로가 나보다 더 큰 힘을 가지고 나를 정복했다고 해서 나보다 베드로를 섬깁니다. 그러나 여러분은 속고 있습니다. 비록 약화되었지만 나는 하나님의 힘입니다. 그래서 철저한 속물이자 불경스러운 여러분을 떠나 내일 하나님께 날아갈 것입니다.

그때 여러분은 추락한 자가 되고, 나는 서 있는 자가 됩니다. 나는 나의 아버지께 올라가, 아버지의 아들인 나마저 저 사람들이 비웃고 끌어내리려 했지만, 나는 굴복하지 않고 끝내 돌아왔다고 아버지께 말할 것입니다."

제29장

1 다음날, 시몬이 날아가는 것을 보려고 어마어마한 군중이 모여들었

다. 베드로는 환상을 보고 이번에도 시몬을 단죄하기 위해 그곳으로
갔다.

2 시몬이 로마에 들어서면서 하늘을 날아 군중을 놀라게 했다. 그러나
시몬을 폭로하던 베드로는 마침 로마에 머무르지 않았다.

3 시몬이 속임수로 온 도시를 석권하자 백성들은 제정신이 아니었다.
시몬이 높은 곳에 우뚝 서 베드로에게 말했다.

"이 모든 관람자 앞에서 내가 승천하는 지금 비로소 네게 말한다. 유
대인들이 네 신을 죽였고, 그 신이 선택한 너를 돌로 쳤다. 만일 네
신이 위대한 힘을 가졌다면, 그 신에 대한 신앙이 하나님에 대한 신
앙임을 보여라. 나는 내가 어떤 존재임을 이 모든 군중에게 승천으로
보여줄 것이다."

4 시몬이 공중으로 들어 올려지고, 로마의 시민들은 시몬이 신전과 언
덕 위로 날아가는 것을 보았다. 신자들이 베드로를 쳐다보았다.

5 도저히 믿을 수 없는 광경을 본 베드로가 주 예수 그리스도께 큰 소
리로 외쳤다.

"저 사람을 그대로 내버려 둔다면, 당신을 믿게 된 신자들이 이제 타
도되고, 나를 통해서 당신이 일으킨 징표와 기적들도 불신을 받게
될 것입니다. 주님, 은총과 함께 빨리 오십시오. 시몬이 저 높은 곳에
서 떨어져 죽지는 않고 부상만 당하게 하십시오. 다리가 세 군데 부
러져 불구자가 되게 해 주십시오!"

6 그러자 시몬이 그 높은 곳에서 추락하여 다리가 세 군데 부러졌다.
군중이 시몬을 돌로 치고 각자 집으로 돌아갔다.

7 그 후 모든 사람이 베드로를 믿었다.

제30장

1 제멜루스라고 하는 시몬의 친구는 시몬을 뒤에서 밀어주었다. 그리스 여자와 결혼한 사람으로서, 그 일이 있은 지 얼마 안 되어 여행길에서 돌아왔다. 시몬의 다리가 부러진 것을 보고 말했다.
"시몬, 하나님의 힘이 꺾였다면, 그 하나님도 착각임이 증명된 것이 아닌가?"

2 제멜루스가 베드로를 따르며 말했다.
"나도 그리스도를 믿는 무리에 끼이겠습니다."

3 베드로가 말했다.
"형제여, 반대할 이유가 어디 있겠소? 와서 우리와 함께 머무시오."

4 그러나 시몬은 불행 중에도 협조자들을 만나 들것에 실려 밤에 로마를 떠났다.

5 아리차아에 머문 뒤, 마술로 인해 로마에서 메라치나로 유배된 카스토르라는 사람의 집을 찾아 들어갔다. 거기서 시몬은 수술을 받았다. 악마의 천사인 시몬은 그렇게 최후를 마쳤다.

제31장

1 베드로는 로마에 머물며 형제들과 함께 기뻐했다. 주님의 은총으로 매일 증가하는 수많은 백성을 보고 밤낮으로 감사드렸다.

2 집정관의 첩 4명, 아그리피나, 니카리아, 예우페미아, 도리스도 베드

로에게 왔다. 주님의 말씀에 대한 설교를 들은 집정관의 첩 4명은 가슴이 미어졌다. 그들이 아그립바와 단절하고 순결을 지키기로 서로 약속했다.

3 아그립바는 그들을 정열적으로 사랑했던바, 혼란에 빠져 상심한 끝에 조사하였다. 그들이 어디 갔는지 사람을 시켜 알아본 결과 베드로에게 간 것을 알아냈다.

4 그들이 끌려오자 아그립바가 말했다.
"그 그리스도교 신자가 너희에게 나와 동침하지 말라고 가르치더냐? 단언하지만 너희와 그놈을 산 채로 불에 태워 죽이겠다."

5 넷은 아그립바의 손에서 그 어떠한 고통도 모두 감수하기로 했다. 더 이상 욕정에 시달리지 않고, 예수의 힘으로 강해지기를 원했다.

6 그때 크산티페라는 대단한 미인이 있었다. 황제의 친구인 알비누스의 부인이었다. 그 부인이 다른 부인들을 데리고 베드로에게 오자 알비누스와 떨어지게 되었다.

7 크산티페를 사랑하는 알비누스는 아내가 자기와 같은 침대에서 자지 않으려고 하자 화가 치밀어 베드로를 없애려고 하였다. 아내가 침대를 피하는 것이 베드로의 탓이라고 믿었기 때문이다.

8 그 외에도 많은 여인이 순결의 교리에 심취하여 남편과 떨어졌다.

9 남자들도 술의 절제와 순결 안에서 하나님을 숭배하려고 아내와 동침하는 것을 그만두었다. 그래서 로마는 이루 말할 수 없는 불안에 휩싸였다.

제32장

1 알비누스가 그 문제로 아그립바에게 가서 말했다.

"내 아내를 별거시킨 베드로를 단단히 처벌하지 않으면 내 손으로 처치하겠습니다."

2 아그립바는 첩들이 별거를 해서 자기도 똑같은 처지라고 대답했다.

3 알비누스가 말했다.

"아그립바, 왜 우물쭈물하는 겁니까? 베드로 찾아 질서 파괴 죄로 처형합시다. 우리 아내들을 되찾고, 그로 인해 아내를 빼앗기고도 보복할 수 없는 사람들의 속을 시원하게 풀어줍시다."

4 그 계획이 진행되는 동안, 크산티페가 남편이 아그립바와 꾸미는 음모를 알았다. 즉시 베드로에게 사람을 보내 로마를 떠나는 것이 좋겠다고 알렸다.

5 나머지 형제들이 베드로에게 마르첼루스와 함께 로마에서 피신하라고 간청했다. 그러나 베드로는 말했다.

"형제 여러분, 탈주병처럼 행동하란 말입니까?"

6 사람들이 말했다.

"아니지요. 당신이 주님을 계속 섬기도록 하려는 것입니다."

7 베드로가 형제들의 의견에 동의하여 혼자 피신하며 말했다.

"아무도 따라오지 마시오. 나는 변장하고 혼자 물러가겠소."

제33장

1 그래서 베드로가 성문을 나섰는데, 주님이 로마로 들어가는 모습이

보였다.

2 베드로가 물었다.

"쿼바디스 도미네?(주님, 어디로 가십니까?)"

3 주님이 말했다.

"십자가에 못 박히기 위해 로마로 가는 길이다."

4 베드로가 물었다.

"주님, 다시 십자가에 못 박히신단 말입니까?"

5 주님이 말했다.

"그래, 베드로야. 나는 다시 십자가에 못 박힐 것이다."

6 그때 제정신이 들어 베드로가 하늘로 올라가는 주님을 보았다. 그리고 주님을 찬미하며 로마로 되돌아갔다.

7 베드로가 형제들에게 자기가 본 것을 설명하며 말했다.

"나는 십자가에 못 박힐 것이오."

8 이는 그 일이 베드로에게 일어날 것이었기 때문이다.

제34장

1 형제들이 매우 슬퍼하고 눈물을 흘리며 말했다.

"베드로여, 제발 간청입니다. 젊은 우리를 좀 생각해주십시오."

2 베드로가 말했다.

"만일 주님의 뜻이 이렇다고 한다면, 우리가 원치 않는다고 해도 그 일은 일어날 것입니다. 그러나 주님은 여러분을 자기 안에서 신앙을 세워줄 수 있고, 그분이 여러분의 기초를 자기 위에 두게 할 것이며,

여러분을 자기 안에서 증가시킬 것입니다.

그분이 여러분을 손수 심은 것은 여러분도 그분을 통하여 다른 사람들을 심도록 하려는 것입니다. 나에 대해서는, 주님이 육체 안에 나를 머물게 하는 동안 주저하지 않겠습니다. 나를 데려가겠다고 한다면, 기뻐하고 또 기뻐할 것입니다."

3 베드로가 이렇게 말함으로써 모든 형제가 눈물을 흘리고 있을 때, 병사 넷이 베드로를 체포하여 아그립바에게 끌고 갔다. 기분이 상한 아그립바가 베드로에게 무종교의 죄를 걸어 십자가에 못 박으라고 명령했다.

제35장

1 가난한 자와 부한 자, 고아와 과부, 성한 자와 장애인 등 모든 형제가 한자리에 모여 베드로를 보려고 했고 또 구출하려고 했다.

2 모든 백성이 한목소리로 소리치는 것을 아무도 누를 수 없었다.

"아그립바여, 베드로가 무슨 해를 끼쳤단 말인가? 당신을 어떤 식으로 해쳤는가? 로마인들이여, 대답하라!"

3 다른 사람들도 말했다.

"이 사람이 죽으면, 주님이 우리도 파멸시킬까 두렵다."

4 베드로가 사형장에 이르러 백성들을 잠잠하게 하고 말했다.

"그리스도의 병사들인 여러분! 그리스도에게 희망을 둔 여러분! 나를 통하여 여러분이 본 징표와 기적을 기억하십시오. 하나님의 자비를 생각하십시오. 그분이 얼마나 많은 치유를 여러분에게 베풀었는지 기억하십시오.

앞으로 와서 모든 이에게 각자의 행위에 따라 보상할 그분을 기다리십시오. 지금은 아그립바에게 화를 내지 마십시오. 아그립바는 자기 아버지의 영향 아래 있는 종이기 때문입니다. 주님이 앞으로 일어날 일을 내게 보여주었는바, 이 일은 어쨌든 일어날 것입니다. 그런데 내가 왜 시간을 끌고 십자가를 지지 않겠습니까?"

제36장

1 베드로가 십자가 앞에 서서 말했다.

"오, 십자가의 이름이여! 숨겨진 신비여!

오, 십자가의 이름으로 말했지만 말로 표현할 수 없는 은총이여!

오, 하나님께 분리될 수 없는 인간의 본성이여!

오, 더러운 입술로 밝혀질 수 없는, 말로 표현할 수도 없고 분리할 수도 없는 사랑이여!

2 지상에서 해방되는 마지막 순간에 이르러, 이제 내가 당신을 잡습니다. 나는 당신을 있는 그대로 선언하겠습니다.

3 오랫동안 내 영혼에게서 숨겨지고 드러나지 않은, 십자가의 신비를 나는 감추지 않겠습니다.

4 그리스도 안에서 희망을 갖는 여러분을 위해, 십자가는 눈에 보이는 이것이어서는 안 됩니다.

5 이 수난은 그리스도의 수난과 같이, 눈에 보이는 것과 다른 그 무엇이기 때문입니다.

6 무엇보다도 들을 수 있는 여러분, 생애의 마지막 순간에 이른 내게서, 그것을 들을 수 있는 여러분은 귀를 기울이십시오.

7 모든 외부적 감각에서 겉으로 보이지만 실제로 실체가 아닌 모든 것에서 영혼을 따로 떼어 내십시오.

8 눈을 감고 귀를 막고, 바깥으로 보이는 행동에서 멀리 떨어지십시오.

9 그러면 그리스도에 대한 사실들, 구원의 모든 비밀을 알게 될 것입니다.

10 말하지 않는 듯해도 듣는 그분에게 많은 것을 털어놓도록 하십시오.

11 베드로, 이제는 네 몸을 받을 사람들에게 그 몸을 넘겨야 할 시간이다. 그러니 이 몸을 받는 것을 의무로 삼는 너희는 받으라.

12 사형 집행자들이여, 내 머리를 아래쪽으로 해서 십자가에 못 박아주기를 부탁합니다.

13 그 이유는 들을 귀가 있는 자들에게 설명하겠소."

제37장

1 베드로는 자기가 요청한 대로 매달린 다음에 이렇게 말했다.
"듣는 것을 의무로 삼는 사람들아, 내가 매달린 바로 이 시간 하는 말에 귀를 기울이십시오.

2 여러분은 모든 자연의 신비와 모든 것의 시작, 어떻게 시작했는지를 알아야 합니다.

3 최초의 사람은 그 모습이 나와 비슷한데, 거꾸로 추락함으로써 예전과 다른 출생 법을 보여줍니다. 움직임이 없으면 죽은 것이기 때문입

니다.

4 그러므로 아래로 끌려 내려온 사람, 자기 최초의 시작도 땅으로 던져 버린 그 사람은, 소명의 영상처럼 내걸려 이 우주 전체를 세웠습니다.

5 거기서 그는 오른쪽에 있는 것을 왼쪽에 있는 것으로 보여주고, 성질의 나타남도 모두 바꾸어 공정하지 않은 것이 공정하게 여겨지고, 본질적으로 악한 것이 선한 것으로 보이게 만들었습니다.

6 이에 대해 주님이 신비 안에서 너희가 만일 오른쪽에 있는 것을 왼쪽에 있는 것으로, 왼쪽에 있는 것을 오른쪽에 있는 것으로, 위에 있는 것을 아래에 있는 것으로, 뒤에 있는 것을 앞에 있는 것으로 만들지 않으면, 왕국을 깨닫지 못할 것이라고 말합니다.

7 이러한 개념을 내가 이미 여러분에게 선언했고, 내가 매달린 형태를 여러분이 보고 있지만, 이는 최초로 태어난 그의 모습을 나타내는 것입니다.

8 그러니 내 사랑하는 자들이여, 지금 내 말을 듣는 자나, 앞으로 들을 자나, 모두 과거의 잘못을 버리고 다시 뒤로 돌아가야 합니다. 여러분이 그리스도의 십자가를 져야 합니다.

9 그리스도는 밖으로 뻗어 나온 말씀, 유일하고 하나인 말씀입니다.

10 성령은 이에 대하여 그리스도는 말씀, 곧 하나님의 목소리 외에 무엇이겠느냐고 말합니다.

11 그러니 말씀은 내가 못 박힌 곧게 솟은 이 나무이며, 목소리는 가로지른 나무, 즉 인간의 본성입니다.

12 십자가의 기둥과 가로지른 나무를 한가운데 고정시킨 못은 인간의

개종(또는 전환점)과 회개입니다.

13 오, 생명의 나무여! 방금 내가 나무에게 부여한 그 이름이여! 당신은
이 모든 것을 내게 알려주고 드러내주었습니다.

14 내가 당신에게 감사드림은, 단단히 못 박힌 이 입술로 하는 것이 아닙
니다. 진리와 허위를 다 함께 토해내는 혓바닥으로 하는 것도 아닙니
다. 육체적 기술로 조종하는 것은 더욱 아닙니다.

15 오, 왕이여. 침묵 속에 알려지는 목소리로 당신에게 감사드립니다.
이 목소리는 부패할 물질은 듣지 못합니다. 이 세상에 없으며, 땅 위
에서 말해진 적이 없고, 책에 기록되지도 않고, 한 사람이나 여러 사
람에게 속한 것도 아닙니다.

16 예수 그리스도여, 나는 이 목소리로 감사드립니다. 내 안에 있는 영
혼, 곧 당신을 사랑하고, 당신에게 말하고, 당신을 바라보고 중재하
는, 그 영혼이 침묵의 목소리로 감사를 드립니다.

17 영혼만이 당신을 압니다. 당신은 나의 아버지이고, 나의 어머니입니
다. 당신은 나의 형제입니다. 당신은 친구입니다. 당신은 종입니다.
당신은 가정부입니다. 당신은 모든 것이고, 모든 것이 당신 안에 있습
니다. 당신은 존재이고, 당신 외에 아무것도 존재하지 않습니다.

18 그러므로 여러분도 그분과 함께 피난처를 구해야 합니다. 그분 안에
서만 여러분의 존재가 있다고 배우면, 그분이 여러분에게 말해주는
것, 즉 눈이 보지 못했고, 귀가 듣지 못했고, 사람의 마음속에 들어
간 적이 없는 것을 모두 얻게 될 것입니다.

19 오, 더럽혀지지 않은 예수여. 그러므로 우리에게 당신이 약속한 것을

이제 요청합니다. 우리가 당신을 찬미합니다. 감사드리고 당신께 고백합니다. 힘없는 인간이지만, 그래도 당신께 영광을 드립니다. 당신은 하나님일 뿐, 그 외의 것이 아니기 때문입니다.

20 지금, 그리고 영원히 당신께 영광이 있기를 빕니다. 아멘."

제38장

1 그때 옆에 서 있던 군중이 목청껏 "아멘!"을 외쳤다. 그 '아멘' 소리에 맞추어 베드로가 주님께 영혼을 바쳤다.

2 그리고 복된 베드로가 숨을 거둔 것을 본 마르첼루스는, 다른 사람의 충고도 받지 않고, 자기 손으로 베드로를 십자가에서 내려 우유와 포도주로 시체를 씻었다.

3 4kg쯤 유향을 갈고, 몰약과 노회와 향료를 23kg가량 섞어서 시체에 바른 뒤, 대단히 비싼 석관을 꿀로 채우고 자기 돌무덤 안에 안치했다.

4 그런데 베드로가 밤에 마르첼루스를 찾아와 말했다.
"마르첼루스! 죽은 자가 자기네 죽은 자를 묻게 하라는 주님의 말을 너는 들었는가?"

5 마르첼루스가 대답했다.
"그렇습니다."

6 베드로가 말했다.
"네가 죽은 자를 위해서 사용한 것은 공연한 짓이었다. 살아있는 네가 죽은 자처럼 죽은 자를 보살폈기 때문이다."

7 잠에서 깨어난 마르첼루스가 형제들에게 베드로의 나타남을 알렸다.

8 마르첼루스는 베드로가 그리스도에 대한 신앙을 굳건히 만들어준 그 형제들과 함께 머물며, 바울이 로마에 올 때까지 자신도 더욱 신 앙의 힘을 얻었다.

제39장

1 한편 베드로가 세상을 떠났다는 사실을 뒤늦게 알게 된 네로는, 자기 에게 보고하지 않고 사형을 집행한 집정관 아그립바를 좌천시켰다.

2 그 이유는, 네로가 베드로를 더욱 잔인하게, 최고로 혹독한 형벌에 처하고 싶었기 때문이다.

3 그때 베드로가 네로의 노예 가운데 일부를 제자로 삼아 그들이 주인 을 떠났던바, 네로의 분노가 이만저만이 아니었다.

4 네로는 한동안 아그립바와 말도 하지 않았고, 베드로가 제자로 만든 형제를 모조리 잡아 죽이려고 했다.

제40장

1 어느 날 네로는 자기를 질책하는 형체를 보았다. 그 형체가 이렇게 말했다.

"네로! 너는 지금 그리스도의 종들을 박해하거나 멸망시킬 수 없다. 그들에게서 손을 떼라!"

2 네로는 그 환상 때문에 매우 혼이 나서, 베드로가 세상을 떠난 순간 부터 제자들에게서 손을 뗐다.

3 그 후 형제들은 한마음으로 계속 모여 주님 안에서 기뻐하고 환호하

며, 하나님이자 구세주인 우리 주 예수 그리스도에게 성령과 함께 영
광을 드렸다.

4 그분에게 영광이 영원히 있기를 빈다. 아멘.

제8권

빌립 복음

제1장

1 한 사람의 히브리인이 다른 한 사람을 히브리인으로 만들게 되면 그는 개종자가 된다. 하지만 개종자가 또 다른 사람을 개종자로 만들기는 어렵다.

2 어떤 개종자는 자신의 관념에 따라 다른 사람을 만들어 간다. 적어도 그의 자아가 깨어져 고정 관념이 무너질 때까지 그렇게 한다.

제2장

1 노예는 자유를 원할 뿐 주인의 재산을 탐내지 않는다. 하지만 아들은 아들일 뿐만 아니라 아버지의 재산도 요구한다.

제3장

1 죽은 자의 후계자는 스스로 죽어있어 죽은 것을 상속받는다. 하지만 산 자의 후계자는 스스로 살아있어 산 것과 죽은 것을 동시에 상속받는다.

2 죽은 자는 아무것도 상속받지 못한다. 죽은 자가 어떻게 상속을 받을 수 있겠는가? 만일 죽은 자가 살아있는 것을 상속받을 수 있다면, 그는 죽지 않고 훨씬 더 오래 살 것이다.

제4장

1 이방인이 죽지 않는 이유는 죽기 위해 사는 것이 아니기 때문이다.

2 하지만 진리를 알고 믿는 자는 생명을 발견하여 죽을 수 있다. 그가

살아있기 때문이다.

제5장

1 그리스도께서 세상에 오심으로써 세상이 창조되었고, 성읍들이 경배를 받았으며, 죽은 자들이 들려 나갔다.

제6장

1 우리가 히브리인이었을 때, 우리는 고아였고 어머니밖에 없었다.

2 하지만 우리가 그리스도인이 되었을 때, 우리는 아버지와 어머니를 모두 갖게 되었다.

제7장

1 겨울에 씨를 뿌리는 자는 여름에 거둔다. 겨울은 이 세상이요, 여름은 다른 세계다. 여름에 거두기 위해 이 세상에 씨를 뿌리자.

2 그러므로 우리는 겨울을 위해 기도하지 않는 것이 합당하다. 겨울이 지나면 여름이 온다.

3 그러나 겨울에 거두면 그는 실제로 거두는 것이 아니라 단지 뜯을 뿐이다.

제8장

1 이런 식으로는 수확을 얻지 못한다. 열매가 나오지 않는 것은 계절이나 안식일의 문제가 아니다.

제9장

1 그리스도는 어떤 이들의 몸값을 치르시고, 어떤 이들을 구원하시고, 어떤 이들을 심판하러 오셨다.

2 그는 낯선 자들의 몸값을 치르시고, 그들을 자기 것으로 만드셨다.

3 그는 자신의 뜻으로 담보로 주신, 자기에게 속한 자들을 구별해 두셨다.

4 그가 스스로 자신의 목숨을 내어놓으신 것은 그가 나타나셨을 때만이 아니라, 세상이 존재하게 된 바로 그날부터 그는 자기 생명을 내어놓으셨다.

5 그 후 그는 그것을 가져가려고 나오셨다. 그것이 담보로 주어졌기 때문이다.

6 그것은 강도들의 손에 떨어져 사로잡혔으나 그가 그것을 구원하셨다.

7 그는 악한 자들만이 아니라 세상에 있는 선한 자들을 다 구원하셨다.

제10장

1 빛과 어둠, 생명과 죽음, 오른쪽과 왼쪽은 서로 형제들이다. 그들은 분리할 수 없다.

2 그러므로 선도 선이 아니고 악도 악이 아니며, 생명도 생명이 아니고 죽음도 죽음이 아니다.

3 이런 이유로 각 사람은 원래의 본성으로 녹아들어 갈 것이다.

4 그러나 세상 위로 높아진 자들은 해체될 수 없어 영원하다.

제11장

1 세상에 속한 것들에게 주어진 이름은 참으로 기만적이다. 그것은 우리의 생각을 올바른 것에서 그릇된 것으로 돌려놓는다.

2 그러므로 '하나님'이라는 말을 듣는 자는 올바른 것을 인식하지 못하고 그릇된 것을 인식한다.

3 아버지와 아들과 성령과 생명과 빛과 부활과 교회와 기타의 것에 대해서도 마찬가지다.

4 사람들은 올바른 것을 안 경우가 아니면 올바른 것을 인식하지 못하고 그릇된 것을 인식한다.

5 우리가 듣는 이름들은 속이기 위해 세상에 있는 것이다.

6 만일 그것들이 이온에 있다면 결코 세상에 있는 이름처럼 쓰이지 않을 것이다. 세속적인 것들 가운데 속하지 않고 이온 속에서 끝난다.

제12장

1 하나의 유일한 이름은 이 세상에서 전해지지 않았다. 아버지께서 아들에게 주신 이름이요, 만유 위에 있는 이름, 곧 아버지의 이름이다.

2 아들은 아버지의 이름을 입지 않으면 아버지가 되지 않을 것이다. 이 이름을 지니고 있는 자들은 그것을 알지만 말하지 않는다. 그것을 지니고 있지 않는 자는 그것을 알지 못한다.

3 그러나 진리가 세상에 이름을 존재하게 했다. 이름 없이는 그것을 가르칠 수 없기 때문이다.

4 진리는 단일한 것이자 또한 많은 것이다. 우리가 많은 것을 통해 사

랑 속에 있는 이 단일한 것을 배우게 된다.

제13장

1 권능은 인간을 속이기 원한다. 인간이 참으로 선한 자들과 유사성이 있음을 보았기 때문이다.

2 그들은 선한 자들의 이름을 취해 선하지 않은 자들에게 주었다. 그 이름을 통해 인간을 속여 그들을 선하지 않은 자들에게 묶어 두려 함이다.

3 그런데 후에 만일 그들이 그들에게 호의를 베푼다면, 그들은 선하지 않은 자들에게서 그들을 옮겨 선한 자들 가운데 그것을 두게 될 것이다.

4 그들이 이러한 일들을 알고, 자유로운 인간을 잡아다가 영원히 자기네 노예로 삼으려 했다.

제14장

1 인간에 대항하여 싸우는 두 권능이 있다. 인간을 구원하려는 것이 아니라 이용하려는 것이다.

2 만일 인간이 구원되면 희생 제물도 없을 것이요, 그들에게 동물도 바치지 않을 것이다. (…)

3 바로 이런 자들이 그들에게 희생 제물을 바치는 것이다. 그들은 진실로 그것을 산 채로 바쳤으나, 그들이 그것을 바쳤을 때 그들은 죽었다.

4 인간에 대해 말하자면, 그들은 인간을 하나님께 죽은 채로 바쳤으나 그는 살아났다.

제15장

1 그리스도께서 오시기 전에는 세상에 밥이 없었다.

2 아담이 있던 낙원에 짐승들을 키울 나무들은 많이 있었으나, 인간을 먹일 밀은 없었던 것과 같다.

3 인간은 짐승들처럼 먹고 살았으나, 완전한 인간인 그리스도께서 오셨을 때, 인간의 음식으로 먹고 살 수 있도록 하늘에서 밥을 가져오셨다.

제16장

1 권능들은 자신이 행하는 것이 자기 힘과 의지에 의한 것이라고 생각했으나, 성령께서는 비밀리에 자신이 원하시는 대로 모든 일을 그들을 통해 성취하고 계셨다.

2 태초부터 존재한 진리가 모든 곳에 씨를 뿌렸다. 그것이 뿌려질 때는 많은 이들이 보았으나, 거둘 때는 보는 자가 별로 없었다.

제17장

1 어떤 이들은 '마리아가 성령으로 잉태했다'고 한다. 그들은 오류 가운데 있다. 그들은 자기가 무슨 말을 하는지 알지 못한다.

2 언제 여인이 여인에 의해 잉태된 일이 있었는가? 마리아는 아무 권능

에게도 더럽힘을 당하지 않은 처녀였다.

3 그녀는 사도들과 사도적인 히브리인들에게 큰 저주였다.

4 아무 권능도 더럽히지 못한 마리아에 의해 그 권능들 스스로 더럽혀
진 것이다.

5 그리고 주님께 다른 아버지가 계시지 않았다면, 그분은 '하늘에 계신
나의 아버지'라고 말씀하시지 않고, 그냥 '나의 아버지'라고 하셨을 것
이다.

제18장

1 주님께서 제자들에게 말씀하셨다.
"모든 집에서 가지고 나와 아버지의 집으로 들어가라. 그러나 아버지
의 집에서는 아무것도 취하지 말고 가지고 나가지도 마라."

제19장

1 예수는 숨겨진 이름이요, 그리스도는 드러난 이름이다. 이런 이유로
예수는 다른 곳에 존재하지 않으며, 그를 부를 때 그의 이름은 언제
나 예수다.

2 그리스도 또한 그의 이름으로서 시리아어로 메시아요, 희랍어로 그
리스도다. 분명히 다른 모든 사람들도 자기네 말에 따라 그 이름을
가지고 있다.

3 나사렛 사람이라는 말은 숨겨진 것을 드러내는 것이다.

제20장

1 그리스도는 자기 안에 모든 것을 지니고 계신다. 그것이 인간이든 천사든, 비밀이든 아버지든 마찬가지다.

제21장

1 주님께서 먼저 돌아가시고 나중에 부활하셨다고 주장하는 사람은 오류 가운데 있다. 그분은 먼저 부활하시고 나중에 돌아가셨다.

2 어떤 사람이 먼저 부활하지 않았다고 해서 그가 죽지 않겠느냐? 하나님께서 살아 계시니 그는 이미 죽어 있을 것이다.

제22장

1 아무도 큰 것 속에 값어치 있는 것을 숨겨두지 않을 것이나, 사람들은 여러 번에 걸쳐 한없이 값진 것을 한 푼어치밖에 안 되는 것 속에 던져 넣었다.

2 사람의 영혼을 비교해 봐라. 그것은 한없이 값진 것이나 하찮은 육체 속에 존재하게 되었다.

제23장

1 어떤 자들은 벌거벗은 채 부활하지 않을까 염려한다. 그로 인해 그들은 육체 가운데 부활하기를 원하나, 그들은 벌거벗은 자가 육체를 입은 자임을 알지 못하고 있다.

2 벌거벗지 않은 자는 자신을 벗기 위해 살과 피를 감싸고 있는 자들

이다. 살과 피는 하나님의 나라를 유업으로 받을 수 없다.

3 유업으로 받지 못할 것은 우리가 입고 있는 살과 피다.

4 그러면 유업으로 받을 것은 무엇인가? 예수와 그의 피에 속하는 것이다.

5 그러므로 그분이 '내 살을 먹고 내 피를 마시지 않는 자는 그 안에 생명이 없다'고 하셨다.

6 그의 살은 말씀이요, 그의 피는 성령이다. 이것을 받은 자는 음식을 가진 것이며, 그는 마실 것과 입을 것을 가진 것이다.

7 나는 그것이 부활하지 않는다고 말하는 자들을 잘못이라고 지적한다.

8 너희는 육체가 부활하지 않는다고 말한다. 그러면 우리가 너희 말을 존중할 수 있도록 무엇이 부활할 것인지 말해보라.

9 너희는 육체 속에 있는 영을 말하나, 그것 또한 육체 속에 있는 이 빛이다.

10 그러나 이것 또한 육체 속에 있는 것이니, 너희가 무슨 일을 하든지 너희는 육체 밖에서 아무것도 말하지 않는다.

11 그러므로 이 육체 속에서 부활하는 것이 필요하다. 모든 것이 그 안에 있기 때문이다.

제24장

1 이 세상에서는 옷을 입은 자들이 옷보다 낫다.

2 그러나 천국에서는 옷이 옷을 입은 자들보다 낫다.

제25장

1 그 장소 전체가 정화되는 것은 물과 불을 통해서 가능하다.

2 보이는 것은 보이는 것에 의해, 숨겨진 것은 숨겨진 것에 의해 정화된다.

3 보이는 것들을 통해 숨겨진 것들이 있다.

4 물속에 물이 있고, 성유(聖油) 속에 불이 있다.

제26장

1 예수님이 그들을 은밀히 데려가셨다. 그는 자신의 본 모습대로 자신을 드러내지 않고, 그들이 볼 수 있을 만한 방식으로 자신을 나타내셨다.

2 그는 그들 모두에게 자신을 드러내셨다. 그는 큰 자에게는 큰 자로 자신을 나타내셨으며, 작은 자에게는 작은 자로 자신을 나타내셨다.

3 그는 천사들에게는 천사로, 사람들에게는 사람으로 자신을 나타내셨다. 그래서 그의 말씀은 모든 사람에게 감추어졌다.

4 실로 어떤 이들은 자신이 보고 있다고 생각하며 그분을 보았으나, 그가 산 위에서 영광 가운데 제자들에게 나타나셨을 때 그는 작지 않으셨다.

5 그는 위대하셨으나 제자들을 위대하게 만드셨다. 그들이 위대함 속에 있는 그를 볼 수 있게 하셨던 것이다.

6 그는 그날 감사기도를 드리며 이렇게 말씀하셨다.
"완전한 자, 빛을 성령과 결합시킨 분께서 천사들과 그 형상들을 저희와 결합시켰습니다."

제27장

1 어린양을 무시하지 마라. 그가 없으면 왕을 볼 수 없다.

2 벌거벗었으면 아무도 왕에게로 들어갈 수 없다.

제28장

1 천상의 인간은 지상의 인간보다 훨씬 더 많은 아들이 있다.

2 아담의 아들들이 죽었어도 많다면, 완전한 인간의 아들들은 죽지 않고 태어나니 얼마나 많겠는가?

제29장

1 아버지께서는 아들을 만드시나, 아들은 아들을 만들 권능이 없다.

2 태어난 자는 낳을 권능이 없고, 아들은 자신을 위한 아들들이 아니라 형제들이 있다.

제30장

1 세상에 태어나는 모든 것은 자연적 방법으로 태어나지만, 다른 자들은 영적 방법으로 태어난다.

2 그에 의해 태어난 자들은 그곳으로부터 완전한 인간에게 소리치나니, 그들이 천상의 장소에 대해서 한 약속에 근거하여 양육되기 때문이다. (…)

제31장

1 만일 말씀이 그곳에서 나왔다면, 그것은 그 입으로부터 양육될 것이며, 그것은 완전해질 것이다.

2 완전한 자가 잉태하고 낳는 것은 입맞춤에 의한 것이다. 이러한 이유로 우리도 서로 입을 맞추는 것이다.

3 우리는 서로 안에 있는 은혜로부터 수태(受胎)하게 된다.

제32장

1 언제나 주님과 동행한 3명의 마리아가 있었다.

2 그의 어머니와 그의 자매, 그의 친구 막달라 마리아였다.

제33장

1 아버지와 아들은 하나의 이름이며, 성령은 이중의 이름이다.

2 그들은 모든 곳에 있다. 위에도 있고 아래도 있으며, 숨겨진 데도 있고 드러난 데도 있다.

3 성령은 드러난 아래에도 있고 숨겨진 위에도 있다.

제34장

1 성인들은 악한 권능들의 섬김을 받는다. 그들이 성인들을 위해 무언가를 할 때마다, 성령에 의해 눈이 멀어 자기들이 보통 사람을 섬기는 것으로 생각한다.

2 그 때문에 어느 날 한 제자가, 이 세상의 어떤 것을 주님께 요청했다.

3 그분이 그에게 말씀하셨다.

"너의 어머니(성령)께 요청하라. 그러면 그분이 다른 이(성인)에게 속한 것(악한 권능)들을 네게 주실 것이다."

제35장

1 사도들이 그 제자들에게 말했다.

"우리의 모든 제물이 소금을 얻게 하소서."

2 그들은 소피아(지혜)를 소금이라고 불렀다. 그것이 없으면 아무 제물도 받아들여질 수 없다.

제36장

1 소피아는 석녀(石女)라서 아이가 없다. 이런 이유로 그녀는 소금의 흔적이라고 불리게 되었다.

2 그러나 그들이 자기 방식으로 있는 곳에 성령도 있으니, 그녀의 아이들이 많을 것이다.

제37장

1 아버지께서 소유하고 계신 것은 아들에게 속하나, 아들이 어릴 동안에는 아버지의 것이 아들에게 위임되지 않는다.

2 그러나 그가 어른이 될 때, 그의 아버지는 그에게 자신의 모든 소유를 주신다.

제38장

1 성령이 낳으셨으나 길을 잃은 자들은, 보통 영으로 인해 길을 잃는다.

2 그러므로 이 하나의 같은 입김에 의해 불은 타오르기도 하고 꺼지기도 한다.

제39장

1 에카모트(Echamoth, 위의 소피아)와 에크모트(Echmoth, 아래의 소피아)는 별개의 존재다.

2 에카모트는 단순히 지혜이나, 에크모트는 죽음을 아는 자인 죽음의 지혜이니, '작은 지혜'라고 불린다.

제40장

1 소와 나귀와 같은 종류의 다른 가축들도 있다. 다른 것들은 야생이라 사막에서 산다.

2 사람은 가축을 이용해 밭을 갈고 자신과 짐승들을 먹인다.

3 완전한 인간을 비교해 보라. 그는 복종하는 권능들을 통해 밭을 갈아 존재하게 될 모든 것을 위해 준비한다.

4 선하든 악하든, 오른쪽이든 왼쪽이든 불문하고, 모든 곳이 서는 것은 이로 인함이다.

5 성령께서는 독특한 자들뿐만 아니라, 길든 자들이든 길들지 않은 자들이든, 모든 사람을 돌보시고 모든 권능들을 다스리신다.

6 실로 그는 그들을 모아 가두니, 그들은 원할지라도 피할 수 없을 것

이다.

제41장

1 창조된 자는 아름답다. 너희는 그의 아들들이 고귀한 피조물임을 발견할 것이다.

2 만일 그가 창조되지 않고 태어났다면, 너는 그의 씨앗이 고귀함을 발견할 것이다.

3 그러나 이제 그는 창조되었으며, 그는 낳았다. 이것은 무슨 고귀함인가?

제42장

1 먼저 간음이 있은 후에 살인이 존재하게 되었다.

2 그는 간음으로 태어났으니 뱀의 자식이었다. 그래서 그는 자기 아비처럼 살인자가 되었으며, 자기 동생을 죽였다.

3 실로 서로 같지 않은 자들 사이에 일어나는 모든 성행위는 간음이다.

제43장

1 하나님은 염색공이다. 진짜라고 불리는 좋은 물감이 그로 물든 것과 함께 용해되듯이, 하나님께서 물들이신 자들도 그러하다.

2 그의 물감은 불멸이니, 그의 색으로 인해 불멸이다. 이제 하나님은 자신이 물에 담그시는 것을 담그신다.

제44장

1 누구든지 참으로 존재하는 것처럼 되지 않고는 그것을 알 수 없다. 이것은 세상에 있는 인간의 길이 아니다.

2 그는 태양이 되지 않고도 태양을 보고, 하늘과 땅과 기타의 것들을 보지만, 그가 이러한 것들은 아니다.

3 이것은 진리의 경우에 꼭 들어맞는다. 그러나 너는 그곳의 어떤 것을 보고 그러한 것들이 되었다.

4 너는 영을 보고 영이 되었다. 그리스도를 보고 그리스도가 되었으며, 아버지를 보았으니 아버지가 될 것이다.

5 그러므로 너는 이곳에서 모든 것을 보고 너 자신은 보지 못하지만, 저곳에서는 너 자신을 본다.

6 그리고 너는 네가 보는 것이 될 것이다.

제45장

1 믿음은 받아들이는 것이고 사랑은 주는 것이다. 믿음이 없이는 아무것도 받을 수 없다.

2 사랑이 없이는 아무것도 줄 수 없다. 우리는 받아들이기 위해 믿지만, 그것은 사랑하고 주기 위해서다.

3 만일 누가 사랑으로 주지 않으면, 그는 그가 준 것으로부터 아무 유익을 얻지 못한다.

제46장

1 주님을 받아들이지 않는 자는 여전히 히브리인이다.

제47장

1 우리 앞에 있던 사도들은 그에 대하여, 예수 나실인 메시아, 즉 그리스도라는 이름을 가지고 있었다.

2 마지막 이름은 그리스도요, 첫째 이름은 예수요, 중간 이름은 나실인이다.

3 메시아에는 2가지 의미가 있다. 그리스도와 헤아림을 받은 자라는 뜻이다.

4 다음에 나실인은 진리다. 그리스도는 헤아림을 받으셨다. 나실인과 예수는 헤아림을 받은 자다.

제48장

1 진주는 진흙 속에 던져져도 크게 무시를 당하지 않으며, 그것에 향유를 바르면 더욱 값이 나갈 것이다.

2 그러니 그것은 그 소유자의 눈에 항상 가치가 있다.

3 하나님의 아들들이 어디에 있든지 그들을 항상 비교해 보라. 그들은 여전히 그들의 아버지 눈에 값진 존재들이다.

제49장

1 네가 '나는 유대인이요!' 하고 말해도, 아무도 감동하지 않을 것이다.

2 네가 '나는 로마인이요!' 하고 말해도, 아무도 혼란스러워하지 않을 것이다.

3 네가 '나는 희랍인이요!', '야만인이요!', '노예요!', '자유인이요!' 하고 말해도, 아무도 동요하지 않을 것이다.

4 그러나 네가 '나는 그리스도인이요!' 하고 말하면, 세상이 벌벌 떨 것이다.

5 네가 그와 같은 이름을 받기 원한다. 권능들이 그의 이름을 들을 때, 그들은 그를 감당할 수 없을 것이다.

제50장

1 하나님은 인간을 먹는 분이다.

2 이런 이유로 그분께 사람을 제물로 바쳤다. 사람을 제물로 바치기 전에는 짐승들을 제물로 바쳤다.

3 이는 그것을 제물로 받은 자가 신이 아니었기 때문이다.

제51장

1 유리병과 흙 항아리는 다 같이 불을 이용해 만든다.

2 유리병은 깨지면 다시 만든다. 그것이 숨을 통해 존재하게 되었기 때문이다.

3 흙 항아리가 깨지면 그것을 박살 내 버린다. 그것은 숨을 통해 존재하게 된 것이 아니기 때문이다.

제52장

1 방아를 돌리는 나귀가 40㎞를 걸었다. 나귀는 방아에서 풀려났으나 여전히 제자리에 있었다.

2 이와 같이 많은 여행을 하고도, 조금도 목적지로 나아가지 못하는 사람들이 있다.

3 그들에게 저녁이 왔지만, 그들은 성읍도 마을도 피조물도 자연도 권능도 천사도 보지 못했다. 그 가련한 자들은 헛수고만 한 것이다.

제53장

1 성체(聖體)는 그리스도시다. 시리아어로 파리사타(Pharisatha, 확장되어 나온 사람)라고 하는데, 하나님이 내미신 분이라는 뜻이다.

2 예수님이 세상을 십자가에 못 박으러 오셨기 때문이다.

제54장

1 주님이 레위의 염색 작업장으로 들어가셨다. 72가지 색을 취하여 큰 통속에 던지셨다. 그리고 그것을 꺼내자 온통 흰색으로 되어 있었다.

2 그가 말씀하셨다.

"이와 같이 사람의 아들도 염색장이로 왔다."

제55장

1 석녀라고 부르는 지혜에 대해 말하자면, 그녀는 천사들의 어머니였다.

2 막달라 마리아는 주님의 친구로서, 주님이 다른 제자들보다 그녀를 더욱 사랑하셨다. 주님은 그녀의 입에 자주 입을 맞추었다.

3 제자들이 불만을 표시했다.

"주님, 어찌하여 우리들보다 마리아를 더 사랑하십니까?"

4 주님이 대답하셨다.

"내가 왜 너희를 마리아처럼 사랑하지 않겠느냐?"

제56장

1 소경과 소경 아닌 사람이 어둠 속에 있을 때는 서로 다르지 않다.

2 그러나 빛이 오면 소경 아닌 사람은 빛을 볼 것이요, 소경은 어둠 속에 남아있을 것이다.

제57장

1 주님께서 말씀하셨다.

"자신이 존재하기 이전의 상태에 있는 자는 복이 있다. 지금의 그는 전에도 그랬고, 앞으로도 그럴 것이기 때문이다."

제58장

1 인간의 우월성은 눈으로 보기에 분명치 않지만, 눈에 숨겨져 있는 것 속에 있다. 결국 그는 자기보다 강한 짐승들을 지배하며, 드러난 것과 감춰진 것에서 위대하다. 그들은 이로 인해 살아남을 수 있다.

2 만일 사람이 그것에서 분리되면, 그들은 서로 죽이고 물어뜯는다. 그

들은 음식을 발견하지 못해 서로 먹는다.

3 그러나 이제 그들은 땅을 경작하여 음식을 발견했다.

제59장

1 만일 어떤 사람이 물속에 들어갔다가, 아무것도 받지 못하고 올라와 '나는 그리스도인이요!'하고 말한다면, 그는 이익을 얻기 위해 그 이름을 빌려온 것이다.

2 그러나 그가 성령을 받는다면, 그 이름을 선물로 지니고 있는 것이다. 선물을 받은 자는 그것을 돌려줄 필요가 없으나, 이익을 얻기 위해 그것을 빌려온 자는 대가를 지불해야 한다.

3 이것이 어떤 사람이 신비를 체험할 때 그에게 일어나는 현상이다.

제60장

1 혼인의 신비는 위대하다. 그것이 없으면 세상이 존재하지 않을 것이다.

2 세상의 존재는 사람에게 달려 있으며, 사람의 존재는 혼인에 달려 있다.

3 더럽혀지지 않은 관계에 대해 생각해 보라. 그것은 위대한 힘이 있다. 그것의 형상은 그 형태의 더럽힘으로 이루어져 있다.

제61장

1 더러운 영들에 대해 말하자면, 그들 가운데 남자도 있고 여자도 있다. 남자들은 여성의 형상 속에 거하는 영혼들과 결합하는 자들이요, 여자들은 남성의 형상 속에 있는 자들과 뒤섞인 자들로서, 불복

종한 자를 통해 그렇게 하는 것이다.

2 그런데 아무도 그들을 피할 수 없다. 사람이 남성의 권능이나 여성의 권능, 즉 신랑과 신부를 받아들이지 않으면 그를 가두어버리기 때문이다.

3 부정한 여인들이 혼자 있는 남자를 보면, 그를 덮쳐 그와 어울려 그를 더럽힌다. 마찬가지로 음탕한 남자들이 홀로 있는 아름다운 여자를 보면, 그녀를 더럽히려고 꾀며 강요한다.

4 그러나 그들이 남자와 그 아내가 나란히 있는 것을 보면, 여자는 그 남자에게 가지 못하고, 남자도 그 여자에게 가지 못한다.

5 그러므로 만일 그 형상과 천사가 서로 결합하면, 아무도 감히 그 남자나 여자에게 가지 못한다.

6 세상에서 벗어난 자는, 비록 그가 세상에 있다고 해도 더 이상 가두어 둘 수 없다.

7 그는 분명히 욕망과 두려움을 넘어섰다. 그는 자연의 주인이요, 질투를 이긴다.

8 어떤 사람이 오면 그들은 그를 붙잡아 억압한다. 그런데 이 사람이 저 사람을 붙잡는 거대한 권능을 피할 수 있겠는가? 그가 어떻게 그들로부터 숨을 수 있겠는가?

9 종종 어떤 이들이 와서 '우리는 믿음이 있다'고 말한다. 이는 그들이 더러운 영들과 악마들을 피할 수 있기 때문이다. 만일 그들에게 성령이 계시면, 더러운 영이 그에게 달라붙지 못할 것이다.

제62장

1 육체를 두려워하지 말고 사랑하지 마라.

2 네가 그것을 두려워하면 그것이 너를 지배할 것이고, 네가 그것을 사랑하면 그것이 너를 삼켜 무력하게 할 것이다.

제63장

1 그는 세상에 있거나 부활 가운데 있거나, 아니면 중간에 있는 거처들 속에 있다. 하나님께서 나를 그들 가운데 속하지 않게 하시기를!

2 이 세상에는 선과 악이 있다. 세상의 선은 선이 아니며, 세상의 악은 악이 아니다. 그러나 이 세상 이후에는 진정한 악이 있다. 중간이라고 부르는 것이다. 그것은 죽음이다.

3 우리가 이 세상에 있는 동안, 우리 자신을 위해 부활을 얻는 것이 합당하다. 우리가 육신을 벗어날 때, 그 나머지 가운데서 발견되거나 중간을 걷지 않기 위해 필요하다.

4 많은 사람이 도중에 길을 잃었다. 죄를 짓기 전에 세상에서 나오는 것이 좋다.

제64장

1 어떤 자들은 죄짓기를 원치 않고, 죄지을 힘도 없다.

2 또 어떤 자들은 설혹 죄를 짓고 싶은 마음이 생겨도, 그렇게 하지 않는 것이 더 낫지 않다. 그 욕망이 그들을 죄인으로 만들기 때문이다.

3 하지만 어떤 자들은 죄짓기를 원치 않는다고 해도, 의로움이 그 둘

을 모두, 즉 원치 않음과 행하지 않음을 감춰줄 것이다.

제65장

1 어떤 사도적인 사람이 환상 속에서, 어떤 사람들이 불의 집에 갇혀 불의 사슬로 묶인 채, 불타는 기름 덩어리에 누워있는 것을 보았다.

2 그들은 불을 견딜 능력을 보유하고 있었다. 그들에게 이런 말이 들렸다. "불이 아니면 구원을 받을 수 없으나 그들은 그것을 원치 않았다. 그들은 벌로 바깥 어둠이라고 불리는 곳을 받았다. 그가 그 속으로 던져졌기 때문이다."

제66장

1 혼과 영은 물과 불로부터 존재하게 되었다. 신방(新房)의 아들은 물과 불과 빛으로부터 존재하게 되었다.

2 불은 성유(聖油)요, 빛은 불이다. 나는 형상 없는 불이 아니라, 그 형상이 흰색인 다른 불에 대해 말하는 것이다. 그것은 밝고 아름다워 더욱 아름다움을 준다.

제67장

1 진리는 알몸으로 이 세상에 온 것이 아니라, 상징들과 표상들 속에서 왔다. 다른 방식으로 진리를 받아들일 수 없다.

2 신생(新生)과 신생의 표상이 있다. 물론 그들은 그 표상을 통해 다시 태어나야 한다.

3 부활이란 무엇인가? 표상은 표상을 통해 부활해야 한다.

4 신랑과 표상은 그 표상을 통해 진리로 들어가야 한다. 이것이 회복이다. 그것을 지닌 자들은 아버지와 아들과 성령의 이름을 얻을 뿐만 아니라, 자력으로 그것을 얻었다는 것이 적절하다.

5 누가 자력으로 그 이름을 얻지 못한다면, 그는 그 그리스도인이라는 이름을 빼앗길 것이다.

6 그러나 우리는 십자가 권능의 향기로운 도유식(塗油式) 속에서 그것을 받는다.

7 사도들은 이 권능을 오른쪽과 왼쪽이라고 불렀다.

8 이 사람은 이제 그리스도인이 아니라, 한 사람의 그리스도다.

제68장

1 주님께서 신비 속에서 모든 일을 행하셨다.

2 세례와 성유식과 성찬식과 대속(代贖)과 신방이 그것이다.

제69장

1 주님께서 말씀하셨다.

"나는 아래 있는 것들을 위에 있는 것들과 같이 만들고, 바깥에 있는 것들을 안에 있는 것들처럼 만들기 위해서 왔다. 나는 그곳에서 그것들을 하나로 만들기 위해 왔다."

2 그분은 상징들과 표상들을 통해 이곳에서 자신을 드러내셨다. '천상의 인간이 있으며 그 위에 어떤 분이 계시다'고 말하는 자들은 틀렸다.

3 하늘에서 나타나신 그분이 아래에 계신 분이라고 불리는 그 천상의 인간이다.

4 그리고 감춰진 것들이 속해 있는 그분이 바로 그분 위에 계신 분이시다.

5 내적인 것과 외적인 것, 그리고 외적인 것 밖에 있는 것이라고 말하는 자들은 선하다.

6 이로 인해 주님께서는 파멸을 바깥 어둠이라고 부르셨다. 그것 밖에 다른 것이 있는 것이 아니다.

7 그분은 비밀 속에 계신 나의 아버지라고 말씀하셨다. 그분은 '네 방에 들어가 문을 닫고 은밀한 중에 계시는 네 아버지께 기도하라'고 말씀하셨다. 아버지는 그들 모두의 내면에 계신 분이시다.

8 그러나 그들 모두의 내면에 있는 것은 충만함이다. 그것 외에 그것 안에는 아무것도 없다. 이것이 우리가 그들 위에 있는 것이라고 말하는 것이다.

제70장

1 그리스도 이전의 그들은 몇 사람이 더 이상 들어갈 수 없는 곳에서 왔으며, 더 이상 나올 수 없는 곳으로 갔다.

2 그리고 이후에 그리스도께서 오셨다. 그는 들어간 자들을 데리고 나오셨으며, 나간 자들을 데리고 들어오셨다.

제71장

1 하와가 아담 안에 있을 때는 죽음이 존재하지 않았다. 그녀가 그에게

서 분리되었을 때 죽음이 찾아오게 되었다.

2 만일 아담이 다시 완전해져서 자신의 이전 자아를 얻는다면, 그녀의 죽음은 더 이상 존재하지 않을 것이다.

제72장

1 "나의 하나님, 나의 하나님, 어찌하여 나를 버리셨나이까?"

2 그가 이 말씀을 십자가 위에서 하셨다. 그가 나뉜 곳이 그곳이었다. (…)

제73장

1 신방(新房)은 짐승들을 위한 것도 아니고, 노예들을 위한 것도 아니다.

2 더러운 여인들을 위한 것도 아니고, 자유인들과 처녀들을 위한 것이다.

제74장

1 우리는 진실로 성령을 통해 다시 태어났고, 그리스도를 통해 새로 태어났다.

2 이 두 경우에 우리는 성령을 통해 기름 부음을 받았다. 우리가 태어났을 때 우리는 하나가 되었다.

제75장

1 빛이 없으면 물속이나 거울 속에서 아무도 자신을 볼 수 없을 것이다.

2 이런 이유로 그 둘, 즉 빛과 물속에서 세례를 주는 것이 합당하다. 그런데 빛은 성유(聖油)다.

제76장

1 예루살렘에 특히 희생제를 위한 건물이 3채 있다. 서쪽을 향해 있는 건물은 성소(聖所)라 부르고, 남쪽을 향해 있는 건물은 성소 중의 성소라고 부른다.

2 그리고 동쪽을 향해 있는 3번째 건물은 지성소(至聖所)라 부르며, 대제사장만이 들어가는 곳이다.

3 세례는 성소이고, 구원은 성소 중의 성소이며, 지성소는 신방이다.

4 세례는 부활과 구원을 포함한다. 구원은 신방에서 일어난다. 그러나 신방은 다른 것들보다 뛰어난 곳에 있다. 너희는 그와 같은 것을 발견하지 못할 것이다.

5 그것에 친숙한 자들은 하늘나라를 기다리며, 예루살렘에 있는 성소에서 기도하는 자들이다.

6 이들은 지성소라고 불린다. 그 휘장이 찢어지기 전까지 위에 있는 신방의 상징 외에 다른 신방이 없었다.

7 이로 인해 그 장막이 위에서 아래까지 찢어졌던 것이다. 어떤 자들은 아래에서 위로 올라가야 했다.

제77장

1 권능들은 완전한 빛을 입은 자들을 보지 못하므로 그들을 구속할

수 없다.

2 우리는 합일 속에서 성례전을 통해 이 빛을 입을 수 있다.

제78장

1 만일 여자가 남자에게서 분리되지 않았다면, 그녀는 남자와 함께 죽지 않았을 것이다.

2 그 분리가 죽음의 시작이 되었다. 이 때문에 그리스도께서 태초부터 있던 그 분리를 고쳐서 둘을 다시 하나로 만들고, 그 분리의 결과로 죽은 자들에게 생명을 주어서 그들을 하나로 만들려고 오셨다.

제79장

1 그러나 여인은 신방에서 자신의 남편과 하나가 된다. 진실로 신방에서 하나가 된 자들은 더 이상 분리되지 않는다.

2 그러므로 하와는 신방에서 아담과 하나가 되지 않았다. 그래서 그에게서 분리되었다.

제80장

1 아담의 영혼은 호흡으로 존재하게 되었다. 그것은 영과 동의어다.

2 그에게 주어진 영은 그의 어머니였다. 그의 혼은 영에 의해 대치되었다.

3 그가 그 영과 결합했을 때, 그는 권능들이 이해할 수 없는 말을 했다.

4 그들은 그에게 질투를 느꼈다. 그들이 그러한 영적 결합에서 분리되었기 때문이다.

5 분리가 그들을 위해 상징적인 신방을 만들 기회를 주었던바, 인간들이 더럽힘을 당하게 되었다.

제81장

1 예수께서 요단강에서 자신을 나타내셨다. 그것은 하늘나라의 완성이었다.

2 모든 것이 있기 전에 나신 그분이 다시 태어나셨다. 한번 기름 부음을 받은 그분이 다시 기름 부음을 받으셨다.

3 구원을 받으신 그분이 이제 다른 이들을 구원하셨던 것이다.

제82장

1 신비를 말해도 된다면, 만유의 아버지께서 하강한 처녀와 결합하셨다. 그날 불이 그분을 위해 빛났다.

2 그분이 위대한 신방에 나타나셨다. 그러므로 그분의 몸은 바로 그날 존재하게 되었다.

3 그것은 신랑과 신부에게서 존재하게 된 몸처럼 신방을 떠났다.

4 그래서 예수님이 이들을 통해 그것 안에 모든 것을 세우셨다.

5 제자들은 각자 자신의 안식에 들어가야 한다.

제83장

1 아담은 2명의 처녀, 즉 영과 대지로부터 존재하게 되었다.

2 그러므로 그리스도는 태초에 일어난 추락을 교정하기 위해 처녀에게

서 태어나셨다.

제84장

1 낙원에는 두 그루의 나무가 있다. 하나는 짐승을 낳고, 다른 하나는 인간을 낳는다.

2 아담은 짐승을 낳는 나무의 열매를 먹었다. 그는 짐승이 되었고, 짐승들을 낳았다.

3 이런 이유로 아담의 자손은 짐승들을 숭배하는 것이다.

4 아담이 그 열매를 먹은 나무는 지식의 나무다. 그것이 죄가 늘어난 이유다.

5 만일 그가 다른 나무의 열매, 즉 인간을 낳는 생명나무의 열매를 먹었다면, 신들이 인간을 숭배할 것이다.

6 태초에 하나님이 인간을 창조하셨다. 그러나 이제는 인간들이 하나님을 창조하고 있다.

제85장

1 그래서 세상에 이런 일이 생겼다. 인간이 신들을 만들고, 자기들의 피조물을 숭배하는 것이다.

2 그 진리에 합당하게 되려면, 신들이 인간을 숭배하는 것이 마땅할 것이다.

제86장

1 보통 인간이 성취하는 것은 그의 능력에 달려 있다. 우리는 사람의 성취를 능력이라고 한다. 그 성취는 안식으로부터 태어난 그의 자녀들이다.

2 이와 같이 그의 능력은 그가 성취하는 것 속에 있지만, 안식은 아이들에게서 나타난다.

3 너희는 이것이 형상에까지 이른다는 것을 발견할 것이다.

4 자기 일을 자신의 능력으로 행하고, 안식으로부터 자신의 자녀를 낳는 형상적 인간이 있다.

제87장

1 이 세상에서는 노예가 자유인을 섬기지만, 하늘나라에서는 자유인이 노예를 섬긴다.

2 신방의 자녀가 혼인의 자녀를 섬길 것이다. 신방의 자녀는 오직 하나의 이름을 가지고 있다.

3 그들은 다 함께 안식을 누린다. 다른 형상을 취할 필요가 없다. 통찰력을 지니고 있기 때문이다.

제88장

1 섬김을 받으려는 사람이 섬기려는 사람보다 많다.

2 섬기는 사람들 속에 진정한 공경이 있다.

제89장

1 그분이 세례를 받기 위해 물로 내려가셨다. 그것으로 거룩하게 되니, 그의 이름으로 세례받는 사람은 용서를 받을 것이다.

2 그분이 '우리가 이와 같이 하여 모든 의를 이루어야 한다.'고 말씀하셨기 때문이다.

제90장

1 자신이 먼저 죽고 나서, 후에 부활할 것이라고 말하는 자들은 오류 속에 있다. 그들이 살아있는 동안 먼저 부활을 경험하지 않는다면, 그들은 죽을 때 아무것도 받지 못할 것이다.

2 그러므로 그들이 세례에 대해 말할 때, '세례는 위대하다'고 한다.

3 사람들은 세례를 받아야 살 것이다.

제91장

1 사도 빌립이 말했다.

"목수 요셉이 동산을 만든 것은 장사를 위해 나무가 필요했기 때문이다. 그는 자신이 심은 나무로 십자가를 만들었다.

2 그의 아들이 바로 그가 심은 나무에 달렸다. 그의 아들은 예수요, 그 심은 것은 십자가였다."

제92장

1 그러나 생명나무는 동산 한가운데 있다.

2 우리가 기름을 얻는 것은 올리브나무이며, 그 기름으로 부활을 얻는다.

제93장

1 이 세상은 시체를 먹는 자다. 그 속에서 먹힌 모든 것이 죽는다.

2 진리는 생명을 먹는 자다. 그러므로 진리에 의해 양육된 자는 아무도 죽지 않는다.

3 예수님은 거기서 오셨으며 양식을 가지고 오셨다. 그는 그것을 갈망한 자들이 죽지 않도록 그들에게 생명을 주셨다.

제94장

1 하나님께서 동산을 만들어 인간에게 주셨다.

2 인간은 동산에서 행복하게 살았다. (…)

3 하나님께서 '이것은 먹고 저것은 먹지 말'라고 하신 바로 그곳이다.

4 그곳은 내가 모든 것을 먹을 곳이니, 생명나무가 거기 있기 때문이다.

5 그것이 아담을 죽였으나, 여기서는 생명나무가 인간을 살렸다.

6 율법은 나무다.

7 그것은 선악에 대한 지식을 줄 수 있는 능력이 있다.

8 그것은 그를 악에서 옮기지 않았으며, 그를 선 가운데 두지도 않았고, 그 열매를 먹은 자들을 위해 죽음을 창조했다.

9 그러므로 그가 '이것은 먹고 저것은 먹지 말'고 했을 때, 그것이 죽음의 시작이 되었다.

제95장

1 우리가 그리스도인으로 불린 것은, 분명히 세례라는 말 때문이 아니라 성유라는 말에서 비롯되었다.

2 성유는 세례보다 뛰어나다. 그리스도가 그 이름을 지니신 것은 성유 때문이다.

3 아버지께서 그 아들에게 기름을 부으셨으며, 아들이 사도들에게, 사도들이 우리에게 기름을 부었다.

4 기름 부음을 받은 자는 모든 것을 소유한다. 그는 부활과 빛과 십자가와 성령을 소유한다.

5 아버지께서 신방에서 그에게 이것을 주셨으며, 그는 단순히 그것을 선물로 받았다.

제96장

1 아버지는 아들 안에 계시고, 아들은 아버지 안에 있다.

2 이것이 하늘나라다.

제97장

1 주님께서 올바르게 말씀하셨다.
"어떤 자들은 웃으며 하늘나라에 들어갔다가 나왔다.

2 어떤 그리스도인은 물속으로 내려가자마자 이 세상의 모든 것을 비웃으며 나왔다.

3 그것을 하찮게 여겼기 때문이 아니라, 그에 대한 경멸로 가득 차 있

었기 때문이다.

4 하늘나라에 들어가기를 원하는 자는 그걸 얻을 것이다.

5 그가 이 세상의 모든 것을 경멸한다면, 그는 웃으며 나올 것이다."

제98장

1 떡과 잔과 기름도 역시 그렇다.

2 이것보다 뛰어난 다른 것이 있다고 해도 그렇다.

제99장

1 이 세상은 실수로 생긴 것이다. 이것을 창조한 자는 불사불멸의 것으로 창조하려고 했다. 그는 그의 바람을 이루지 못했다.

2 세상은 불멸이 아니었고, 세상을 만든 자도 불멸이 아니었기 때문이다.

3 사물이 불멸인 것이 아니라, 아들들이 불멸이기 때문이다.

4 먼저 아들이 되지 않으면, 아무도 불멸을 받을 수 없다. 받을 능력이 없는 자에게 어찌 줄 수 있으리오?

제100장

1 기도의 잔에는 술과 물이 들어 있다. 그것이 감사를 드리는 피의 유형으로 정해져 있기 때문이다.

2 그리고 그것은 성령으로 가득 차 있다. 그것은 온통 완전한 인간에게 속한다.

3 우리가 이것을 마실 때, 우리는 자신을 위해 완전한 인간을 받는다.

제101장

1 살아있는 물은 몸이다. 우리는 살아있는 인간을 입어야 한다.

2 그러므로 그가 물속에 내려갈 때, 살아있는 인간을 입기 위해 자기 자신을 벗어버린다.

제102장

1 말은 말을 낳고, 인간은 인간을 낳고, 신은 신을 낳는다.

2 신랑과 신부를 비교해 보라. 그들의 아이들은 신방에서 잉태되었다.

3 세상이 존재하는 한 희랍인 부모에게서 유대인이 태어나는 일은 없다.

4 그리스도인으로서 우리는 유대인에게서 내려온 것이 아니다.

5 또 다른 사람들이 있으니, 이 복된 사람들은 살아계신 하나님의 선택된 자들이라든지, 참 인간이라든지, 사람의 아들이라든지, 사람의 아들의 씨앗이라고 불려진다.

6 세상에서는 그들이 진실한 사람이다.

제103장

1 신방의 아들들이 있는 곳에 하나가 있다.

2 이 세상에서는 결합이 남편과 아내가 하나 되는 것이지만, 다른 이온에서는 결합의 형태가 다르다.

제104장

1 우리는 그것을 이런 이름으로 부른다. 그러나 다른 이름들이 있으

니, 그것은 다른 이름보다 뛰어나며 강한 것보다 더 강하다.

2 힘이 있는 곳에 힘보다 더 값진 것들이 있다.

3 그것은 이러하다. 하나는 그것이 아니고 다른 하나는 그것이다. 그러나 그 둘은 이 하나에 속한 것이다. 이는 육체의 의식을 넘어설 수 없다.

제105장

1 모든 것을 가진 자들은 자신을 알 필요가 없는가? 실로 어떤 자들이 자신을 알지 못한다면, 그들은 자신이 소유하고 있는 것을 즐기지 못할 것이다.

2 그러나 자신을 알게 된 자들은 자신이 소유한 것을 즐긴다.

제106장

1 그들은 완전한 인간을 구속할 수 없을 뿐만 아니라 그를 볼 수도 없다.

2 만일 그들이 그를 본다면 그들은 그를 구속할 것이다.

3 인간이 이런 특성을 얻는 길은, 완전한 빛을 입어 스스로 완전하게 되는 것 외에 다른 방법이 없다.

4 이것을 입은 모든 이들은 그 나라에 들어가리라. 이것이 완전한 인간이다.

제107장

1 우리는 세상을 떠나기 전에 반드시 완전한 인간이 되어야 한다.

2 모든 것을 받고도 이것을 벗어버리지 못한 자는, 그곳을 공유할 수 없고, 불완전한 자로서 중간 지대로 간다.

3 오직 예수만이 이 사람의 종말을 아신다.

제108장

1 제사장은 그의 몸 자체에 이르기까지 완전히 거룩하다.

2 그가 떡을 집는다면 그가 그것을 거룩하게 하는가? 또 잔이나 그가 잡는 무엇을 그가 모두 거룩하게 하는가? 그렇다면 그가 어찌 자기 몸도 거룩하게 하지 않겠는가?

제109장

1 예수님은 세례의 물을 거룩하게 하심으로써 그것에서 죽음을 없애셨다.

2 그러므로 우리는 물속으로 내려가거나 죽음 속으로 내려가는 것이 아니다. 이는 우리를 세상의 영 안으로 들어가지 않게 하려는 것이다.

3 그 세상의 영이 불어올 때, 그것은 겨울을 가지고 온다. 성령께서 숨을 쉬실 때는 여름이 다가온다.

제110장

1 진리의 지식을 가진 자는 자유인이다. 자유인은 죄를 짓지 않는다. 죄를 짓는 자는 죄의 노예다.

2 진리는 어머니요, 지식은 아버지다. 죄를 짓는 것이 자기에게 해당되

지 않는다고 생각하는 자들을 세상은 자유롭다고 부른다.

3 진리의 지식은 그런 자들을 교만하게 만들 뿐이다. 그것이 진리가 그
   들을 자유하게 한다는 말의 의미다.

4 그것은 그들에게 온 세상에 대한 우월감까지 준다.

5 그러나 사랑은 세우는 것이다. 실로 지식을 통해 참으로 자유로워진
   사람은, 아직 지식의 자유에 이를 수 없는 자들을 위해 노예가 된다.

6 지식은 그들을 자유롭게 한다. 사랑은 어떤 것을 자기 것이라고 결코
   주장하지 않으나 지식은 그렇지 않다. 지식은 자기 것을 소유한다.

7 사랑은 '이것이 내 것이다'라고 하거나, '저것은 내 것이다'라고 하지 않
   고, '이 모든 것이 당신의 것이다'라고 한다.

제111장

1 영적인 사랑은 술이요, 향기다. 스스로를 사랑으로 기름 붓는 모든
   자들은 그것을 즐거워한다.

2 기름 부음을 받은 자들이 나타나 있는 동안은, 그 곁에 있는 자들도
   그 향기에 의해 유익을 얻는다.

3 기름 부음을 받은 자들이 그들에게서 물러나 떠난다면, 기름 부음
   을 받지 못하고 단지 그들 곁에 서 있던 자들은, 여전히 그들의 악취
   속에 남아있게 된다.

4 그 사마리아인은 상처 입은 자에게 술과 기름만을 주었을 뿐이다.
   그것은 기름 부음과 다르지 않다. 그것이 상처를 치유했다.

5 사랑은 허다한 죄를 덮기 때문이다.

제112장

1 여인이 낳는 아이들은 그 여인을 사랑하는 남자를 닮는다.

2 남편이 그 여인을 사랑하면, 그들은 그 여인의 남편을 닮는다.

3 그가 간부(姦夫)라면 그들은 그 간부를 닮는다.

4 그 여인의 마음이 평소에 관계를 갖는 간부에게 있으면서 마지못해 남편과 잔다면, 그 여자가 낳을 아이는 간부를 닮아 태어난다.

5 그러므로 하나님의 아들과 함께 사는 너희는, 세상을 사랑치 말고 주님을 사랑해야 한다. 너희가 낳을 자들이 세상을 닮지 않고 주님을 닮게 하려는 것이다.

제113장

1 인간은 인간과 관계를 한다. 말은 말과 당나귀는 당나귀와 관계를 갖는다. 한 종족의 구성원들은 보통 비슷한 종족의 구성원들과 사귄다.

2 그러므로 영은 영과 섞이며, 생각은 생각과 사귀고, 빛은 빛과 교류한다.

3 네가 인간으로 났으면 너를 사랑할 자는 인간이다.

4 네가 영이 되면 너와 어울릴 자는 영이다.

5 네가 생각이 되면 너와 섞일 것은 생각이다.

6 네가 빛이 되면 너와 교류할 자는 빛이다.

7 네가 위에 속한 자들 중 하나가 되면 네 안에서 쉴 자들은 위에 속한 자들이다.

8 네가 말이나 나귀나 소나 개나 양이나, 바깥에 또는 아래에 있는 짐

승들 중 하나가 되면, 인간이나 영이나 생각이나 빛이 너를 사랑할 수 없을 것이다.

9 위에 속한 자들도, 내면에 속한 자들도, 네 안에서 안식할 수 없을 것이다. 너는 그들과 공유할 것이 없다.

제114장

1 자기 뜻에 반해 노예가 된 자는 자유로워질 수 있다.

2 주인의 호의에 의해 자유롭게 되었다가 자신을 노예로 판 사람은 더 이상 자유로울 수 없다.

제115장

1 이 세상에서 농사를 짓는 데는 4가지 요소가 결합되어야 한다. 흙, 물, 바람, 빛의 자연적 활동의 결과로서 수확물을 곳간에 모을 수 있다.

2 마찬가지로 하나님의 농사에도 4가지 요소가 있다. 믿음, 소망, 사랑, 지식이다.

3 믿음은 우리가 뿌리를 내리는 토양이다. 소망은 우리에게 양분을 주는 수분이다. 사랑은 우리를 자라게 해주는 통풍이다. 지식은 우리를 여물게 해주는 햇빛이다.

제116장

1 은혜는 4가지 길로 존재한다. 땅에서 태어나고, 하늘에 속하며, 가장 높은 하늘에서 오고, 진리 안에 머문다.

2 어떤 영혼도 괴롭히지 않은 자가 복되다. 그분은 예수 그리스도시다.

3 그분은 모든 곳에 오셨으나 아무에게도 짐을 지우지 않으셨다.

4 그러므로 이와 같은 사람이 복이 있다. 그는 완전한 인간이기 때문이다. 실로 그분은 로고스다.

제117장

1 우리에게 그것을 말해보라. 그것은 정의하기 어렵다.

2 우리가 어찌 그렇게 위대한 일을 성취할 수 있으리오?

제118장

1 그분이 어떻게 모든 사람에게 평안을 주시리오? 무엇보다도 누구에게나 고통을 주는 것은 적절치 못하다.

2 그 사람이 크든 작든, 믿는 자이든 믿지 않는 자이든, 선한 가운데 안식하는 자들에게만 안식을 주는 것은 합당치 않다.

3 어떤 이들은 편히 사는 자에게 위로를 주는 것이 이롭다는 사실을 발견한다.

4 선행을 하는 자는 그런 자들에게 위로를 줄 수 없다. 그것이 그의 뜻에 어긋나기 때문이다.

5 그러나 그는 그들을 괴롭히지 않고 고통을 줄 수 없다. 분명히, 편하게 사는 자들은 때때로 사람들을 괴롭힌다.

6 그가 그것을 의도해서가 아니라, 그들의 고통에 책임이 있는 것은 그들 자신의 사악함이다.

7 완전한 인간의 특질을 소유하고 있는 자는 선을 기뻐한다.

8 그러나 어떤 자들은 이 모든 것에 의해 끔찍한 고통을 당한다.

제119장

1 아들이나 노예나, 가축이나 개나 돼지나, 옥수수나 보리나, 왕겨나 풀이나, 피마자유나 고기나, 상수리나 간에, 생각할 수 있는 모든 것을 가진 집주인이 있었다.

2 그는 지각 있는 사람으로서 각자의 음식이 무엇인지 알았다.

3 그는 자녀들에게 밥과 고기를 주었다.

4 노예들에게 피마자유와 곡식 가루를 주었다. 가축에게는 보리와 왕겨와 풀을 던져주었다.

5 개들에게는 뼈다귀를 주었고, 돼지에게는 도토리와 빵조각을 던져주었다.

6 하나님의 제자와 비교해 보라. 그가 지각 있는 사람이라면 제자 됨이 무엇인지 완전히 이해한다.

7 육체의 형상들이 그를 속이지 못한다. 그는 각자 영혼의 상태를 보고 그와 이야기할 것이다.

8 세상에는 인간의 형상을 한 짐승들이 많다.

9 그는 그들을 알아보고, 돼지에게는 도토리를 던져주고, 가축들에게는 보리와 왕겨와 풀을 던져주며, 개들에게는 뼈다귀를 던져줄 것이다.

10 그는 노예들에게 기본적인 학습만을 시키고, 자녀들에게는 완전한 교육을 시킬 것이다.

제120장

1 사람의 아들이 있고, 그 아들의 아들이 있다.

2 주님은 사람의 아들이시며, 그 아들의 아들은 사람의 아들을 통해 창조된 자다.

3 사람의 아들은 하나님으로부터 창조력을 받았다. 그에게는 또한 낳는 능력이 있다.

제121장

1 창조하는 능력을 받은 자는 피조물이다. 낳는 능력을 받은 자는 누군가에게서 태어난 자다.

2 창조하는 자는 낳을 수 없다. 낳는 자도 창조력이 없다.

3 그런데 그들은 '창조하는 자가 낳는다.'고 한다.

4 이른바 그의 자손은 단지 피조물이다. 그의 자녀는 자손이 아니라 피조물이다.

5 그는 무언가 공개적으로 창조하는 자니 보이는 자다. 낳는 자는 은밀히 낳으니 숨기운 자다. 그는 모든 형상보다 뛰어나다.

6 창조하는 자는 드러내놓고 창조한다. 그러나 낳는 자는 아이들을 은밀하게 낳는다.

7 남편과 아내가 언제 서로 관계를 맺는지, 그 둘 외에는 아무도 알 수 없다.

8 실로 세상에서는 결혼이 아내를 취한 자들에게 신비다.

9 오염된 결혼에 감춰진 특성이 있다면, 순수한 결혼은 얼마나 더 진실

하고 신비하리오.

10 그것은 육체적인 것이 아니라 순수하다. 욕망에 속한 것이 아니라 의지에 속한 것이다.

11 어둠이나 밤에 속한 것이 아니라 낮과 빛에 속한 것이다.

12 결혼이 대중에게 공개된 것이라면 그것은 매음이요, 신부는 다른 남자에 의해 임신할 때 창녀의 역할을 할 뿐이다. 그녀는 침실에서 벗어나 남에게 보이기까지 한다.

13 그녀는 오직 아버지와 어머니와 신랑 친구와 신랑의 아들들에게만 보이게 하라. 이들은 매일 신방에 들어가는 것이 허락되었다.

14 그러나 다른 자들은 단지 그녀의 목소리만 듣고, 그녀의 기름 부음을 즐거워하며, 개들처럼 식탁에서 떨어지는 음식 부스러기를 먹어라.

15 신랑과 신부는 신방에 속한다. 그들이 하나가 되지 않는 한, 아무도 신랑이 신부와 함께 있는 것을 볼 수 없다.

제122장

1 아브라함이 옷을 벗었을 때 그는 볼 것을 보았으며, 포피(包皮)의 살을 벗겨 할례(割禮)를 함으로써, 우리에게 육체는 파괴되어야 한다는 것을 가르쳐주었다.

2 세상에 있는 대부분이 그 내부의 것이 감춰져 있는 한, 똑바로 서서 살아간다.

3 만일 그것이 드러나면 그는 죽나니, 눈에 보이는 사람이 그 예다. 즉, 인간의 내장이 감춰져 있는 한, 그 사람은 살아있다. 그러나 그의 내

장이 드러나 몸 밖으로 나오면, 그는 죽을 것이다.

4 나무도 마찬가지다. 그 뿌리가 감춰져 있으면 싹이 나고 자라나지만, 그 뿌리가 드러나면 나무는 말라버린다.

5 세상에 있는 모든 것이 그러하니, 드러난 것이나 숨겨져 있는 것이 마찬가지다.

6 악의 뿌리가 감춰져 있는 한, 그것은 힘이 있다. 그러나 그것을 인식하게 되면 사라진다. 그것이 드러날 때 죽어버리는 것이다.

7 이것이 '이미 도끼가 나무뿌리에 놓여 있다'고 한 이유다. 그것은 잘릴 뿐만 아니라 자른 것은 다시 싹이 난다.

8 도끼가 뿌리를 파내기까지 깊이 파고 들어간다.

9 예수님은 모든 곳의 뿌리를 끌어내셨으나, 다른 이들은 겨우 부분적으로만 그리했다.

10 우리에 대해 말하자면, 우리는 각자 자기 안에 있는 악의 뿌리를 파고 들어가, 우리 마음에서 그것을 뿌리째 뽑아내야 한다.

11 우리가 그것을 인식하면 그 뿌리가 뽑힐 것이다. 그러나 우리가 그것에 대해 모르고 있으면, 그것은 우리 안에서 뿌리를 내려, 우리 마음 속에서 열매를 맺는다.

12 그것은 우리를 지배한다. 우리는 그것의 노예들이다. 그것은 우리를 사로잡아 우리가 원치 않는 것을 행하게 하고, 우리는 원하는 것을 하지 못한다.

13 그것은 우리가 인식하지 못하기 때문에 강력한 것이다. 그것이 존재하는 동안 그것은 활동한다.

14 무지는 만악(萬惡)의 어머니다. 무지는 결국 죽음이 되나니, 무지에서 나온 것들은 과거에도 존재하지 않았고, 지금도 존재하지 않으며, 앞으로도 존재하지 않을 것이다.

15 그러나 진리 안에 있는 자들은, 모든 진리가 드러날 때 완전해질 것이다. 진리는 무지와 마찬가지니, 그것이 감춰져 있는 동안에는 자신 안에서 안식하지만, 그것이 드러나 인식되면 무지와 오류보다 강해 찬양을 받는다.

16 그것은 자유를 준다. '너희가 진리를 알면 진리가 너희를 자유하게 하리라'고 말씀하셨다. 무지는 노예요, 지식은 자유다.

17 우리가 진리를 알면, 우리 안에서 진리의 열매를 볼 것이다.

18 우리가 그것과 결합되어 있으면, 우리의 완성을 볼 것이다.

제123장

1 현재 우리는 피조 세계의 나타난 것들을 가지고 있다.

2 우리는 '높이 존경받는 자들은 강한 자들이다. 경멸받는 약한 자들은 어두운 자들이다'라고 말한다.

3 진리의 드러난 것들과 비교해 보라. 그것들은 약하고 경멸받지만, 감춰진 것들은 강하고 높이 존경받는다.

4 상징과 비유를 통하기는 하지만, 진리의 신비는 드러나 있다.

5 그러나 신방은 숨겨져 있다. 그것은 성소 속의 성소다.

제124장

1 먼저 하나님께서 피조 세계를 어떻게 통제하는지를 휘장이 가리고 있으나, 그 휘장이 찢어지고 그 안에 있는 것들이 드러날 때, 그 집은 황폐해지거나 파괴될 것이다.

2 그러나 열등한 신성 전체는 이런 곳들로부터 지성소 속으로 도피하지 않을 것이다.

3 그것은 순수한 빛과 흠 없는 완성과 섞일 수 없으며, 십자가의 날개와 그 팔들 아래에 있을 것이다.

4 홍수가 그들을 덮칠 때, 이 방주는 그 구원이 될 것이다.

5 어떤 이들이 제사장의 반열에 속하면, 그들은 대제사장과 함께 그 휘장 안으로 들어갈 수 있을 것이다.

6 이런 이유로 그 휘장이 오직 꼭대기만 찢어지지 않았으니, 그것은 위에 속한 자들에게만 열려있었기 때문이다.

7 그것은 바닥 부분도 찢어지지 않았으니, 그것이 아래에 속한 자들에게만 열려있었기 때문이다.

8 그것은 위에서 아래까지 찢어졌다. 우리가 진리의 비밀 속으로 들어갈 수 있도록 위의 것이 아래에 있는 우리에게 열렸던 것이다.

9 이것은 참으로 고귀한 것이니, 그것이 강하기 때문이다.

10 그러나 우리는 낮은 상징들과 연약한 형상들을 통해 거기 들어갈 것이다.

11 거기에는 영광을 능가하는 영광이 있고, 권능을 능가하는 권능이 있다.

12 그러므로 진리의 숨겨진 일들과 함께 완전한 일들이 우리에게 열렸다.

13 지성소가 나타났으며, 신방이 우리에게 들어오라고 초대했다.

14 숨겨져 있는 한 악은 진실로 무력하지만, 성령의 씨앗 가운데서 제거되었다. 그들은 악의 노예들이다.

15 그러나 그것이 드러났을 때, 완전한 빛이 모든 이들에게 흘러나올 것이다.

16 그리고 그 안에 있는 모든 이들은 성유를 받을 것이다.

17 그때 노예들은 자유로워지고, 포로들은 몸값을 치르고 풀려날 것이다.

제125장

1 하늘에 계신 내 아버지께서 심지 않으신 것은 모두 뽑히리라.

2 분리되어 있는 자들이 하나가 되고 충만해질 것이다.

3 신방에 들어가는 모든 이들이 불을 켜니, 결혼은 밤에 이루어지지만, 다들 구경하는 결혼식처럼 그것이 타오를 것이다.

4 그 불은 밤에만 타고 꺼진다. 그러나 이 결혼의 신비는 오히려 낮과 밤에 완전해진다. 낮도 그 빛도 사라지지 않는다.

제126장

1 어떤 사람이 신방의 아들이 되면 그는 빛을 받을 것이다.

2 그가 이 장소에 있는 동안 그것을 받지 않으면, 그는 다른 곳에서 그것을 받을 수 없다.

3 그 빛을 받는 자는 보이지도 않고 속박될 수도 없다.

4 그가 세상에 거할지라도, 아무도 그를 괴롭힐 수 없다.

5 　또 그가 세상을 떠날 때, 그는 이미 형상들 속에서 진리를 받았다.

6 　세상은 이온이 되었나니, 그 이온은 그에게 충만함이다.

7 　이게 그 존재하는 방식이니, 그것은 어둠이나 밤에 감춰져 있지 않고, 완전한 낮과 거룩한 빛 속에 숨겨진 채 그에게만 나타났다.

제9권

이집트인 복음

(개요)

1 나그함마디 문서에 2개의 판본이 들어있는 콥트어 「이집트인들의 복음」은, 「보이지 않는 위대한 영의 거룩한 책」이라는 다른 제목이 붙어 있으며, 신화적 영지주의를 대표하는 밀교 문서다.

2 이 글은 세트 교단 영지주의자들이 자신들의 구원사(救援史)를 서술해 놓은 것으로 보이며, 저자는 신화에 나오는 천상의 세트다.

3 내용은 4개 부분으로 나뉘어 있는데, 첫째는 천상 세계의 기원을 다루고 있다. 즉 초월적이고 보이지 않는 위대한 영으로서, 홀로 높은 곳에 계시는 지고하신 하나님 아버지와 어머니 바르벨로와 그 아들, 곧 권능의 삼위일체로 시작하여, 천상의 권능들인 플레로마를 거쳐, 아다마스(Adamas)의 위대한 아들이자 불멸의 종족 아버지요, 구원자인 세트에 이르기까지, 영광의 존재들이 전개되며 방사된다.

4 둘째는 세트에 의한 종족의 기원과 보존, 구원을 논하고 있다. 사클라스와 아르콘들의 교만과 적대적 행위로 인해, 세트가 하늘에서 나와 예수를 옷으로 입고, 그 자녀들을 위해 구원 사역을 성취한다.

5 셋째는 찬송의 성격을 지녔으며, 넷째는 세트 교단의 기원과 이 글을 전해준 일에 대한 결론적 설명이다.

6 신약성경의 복음서들이 예수의 생애를 선포하고 있는 것과 비슷하게, 「이집트인들의 복음」은 세트의 생애를 보여준다.

7 여기서는 그 씨앗의 기원, 천상의 권능들이 그 씨앗을 보존한 이야기, 세트가 세상에 온 것과 특히 세례를 통한 그의 구원 사역이 찬가와 함께 선포된다.

제1장

1 이집트인들의 복음서, 곧 이 거룩한 책은 보이지 않는 위대한 영에 대한 것이다. 그분은 그 이름을 말할 수 없는 아버지시며, 완전함의 높은 곳에서 나오신 분이요, 빛의 에온들의 빛 가운데 빛이시며, 섭리의 빛이시고, 침묵의 아버지시며, 말씀과 진리의 빛이시고, 불멸의 빛이시며, 무한한 빛이시고, 나타낼 수도 없고 표현할 수도 없으며, 나이가 없고 선포할 수도 없는, 아버지의 빛의 에온들로부터 나오신 광휘요, 에온들 중의 에온이며, 아우토게네요, 스스로 태어나셨고, 스스로 낳으시며, 낯선 분이시요, 참으로 진실한 에온이시다.

2 그분에게서 세 권능이 나왔으니, 아버지와 어머니 그리고 아들이신데, 살아계신 침묵에서 나오셨고, 불멸의 아버지로부터 나왔다. 이들은 알 수 없는 아버지의 침묵에서 나왔다.

3 그리고 그곳에서 나온 에온들 중의 에온이요, 그 권능들의 각 빛인 도메돈 독소메돈이 나왔다. 그리하여 아들이 4번째로 나왔고, 어머니께서 5번째로, 아버지께서 6번째로 나오셨다. 그는 (…)이나 알려지지 않은 분이셨다. 모든 권능들과 영광들, 불멸들 사이에 알려지지 않은 분이 그분이다.

4 그곳에서 세 권능이 나왔으니, 아버지께서 자신의 섭리로 자기 품에서 침묵 가운데 내신 세 오그도아드, 즉 아버지와 어머니와 아들이다.

제2장

1 첫째 오그도아드(권능)로 인해 3중으로 남성인 아이가 나왔는데, 그

분은 생각이시며, 말씀이시며, 불멸이시며, 영원한 생명이시며, 의지시며, 마음이시며, 예지시며, 남녀 한 몸이신 아버지시다.

2 둘째 오그도아드는 어머니이신 처녀 바르벨로 에피티티오크 (…) 아이, 메메네아이멘 (…) 하늘을 다스리시는 (…), 카르브 (…) 해석할 수 없는 권능, 형언할 수 없는 어머니시다. 그녀는 자신에게서 나왔으며, (…) 그녀가 나왔다. 그녀는 침묵하시는 아버지와 한 마음이었다.

3 셋째 오그도아드는 침묵하시는 침묵의 아들이시며, 침묵하시는 침묵의 왕관이시며, 아버지의 영광이시며, 어머니의 덕성이시다. 그분은 가슴으로부터 일곱 목소리의 위대한 빛의 일곱 권능들을 내시니, 그 말씀은 그들의 완성이다.

4 이들이 아버지께서 자신의 섭리를 통해 자기 가슴에서 내신 세 권능들이요, 세 오그도아드시다. 에온들 중의 에온이시며, 그분 안에 있는 보좌이시며, 그분을 둘러싸고 있는 권능들과 영광들과 불멸들이신 도메돈 독소메돈이 나오셨다.

5 침묵에서 나오신 위대한 빛의 아버지이신 그분은, 3중의 남성인 아이가 안식하고 있는 위대한 독소메돈 에온이시다.

6 그리고 그 영광의 보좌는 그것 안에 놓여있는데, 그 위에는 그분의 알 수 없는 이름이 새겨져 있고, 탁자 위에는 (…) 하나는 말씀이시요, 만유의 빛의 아버지이신 그분은 침묵에서 나오셨으나, 그분은 침묵 가운데 쉬고 계시며, 그분의 이름은 보이지 않는 상징으로 숨겨져 있고, 보이지 않는 하나의 신비에서 나왔다. (…)

제3장

1 그리고 세 권능들은 위대하시고, 보이지 않으시고, 이름을 지을 수 없고, 처녀이시며, 이름을 알 수 없는 영과 그분의 남성인 처녀께 찬양을 드렸다.

2 그들은 하나의 권능을 요청하였고, 살아계신 침묵의 침묵께서 나오셨나니, 말하자면 (…) 추가된 수만(數萬)의 에온들, (…) 에온들 안에 있는 영광들과 불멸들, (…) 세 남성들과 그 후손들, 남성 종족들, 아버지의 영광들, 위대하신 그리스도, 그 남성 자녀들의 영광들, 그 종족들이 저 위대한 독소메돈 에온을 온 플레로마의 말씀의 권능으로 가득 채웠다. (…)

3 그때 보이지 않는 위대한 영께서 기름 부으신 위대하신 그리스도의 3중 남성인 아이, 그의 권능이 아이논이라고 불린 자가 보이지 않는 위대한 영과 그의 남성 처녀인 요엘과 침묵하시는 침묵의 침묵과 형언할 수 없는 (…) 그 위대함을 찬양하였다. 형언할 수 없는 (…), 대답할 수 없고 해석할 수 없는 (…), 최초로 나오신 분, 선포할 수 없는 분, 놀라운 (…), 형언할 수 없는 (…), 그곳에서 침묵의 위대함을 모두 지니신 분, (…) 3중의 남성인 아이가 찬양을 드리고, 위대하시고, 보이지 않으시며, 처녀인 영께 한 권능을 달라고 요청하였다.

4 그러자 그곳에 남성 처녀인 요우엘이신 침묵의 (…)에 (…), 신비 속에 있는 영광들, (…) 보물들을 보는 (…)하는 (…)가 나타났고, 그때 그 아이의 아이인 에세페크가 나타났다.

5 그래서 이와 같이 아버지와 어머니와 아들과 다섯 인장(印章)들, 모든

불멸의 존재들의 위대한 그리스도이신, 정복될 수 없는 권능이 완성
되었다. (…)

제4장

1 그때 프로노이아가 침묵과 영의 살아있는 침묵과 아버지의 말씀과
하나의 빛에서 나왔다. 그녀는 아버지께서 자신의 가슴에서 내신 다
섯 인장들, (…) 그리고 그녀는 내가 전에 말한 모든 에온들을 통과해
지나갔다.

2 그리고 그녀는 영광의 보좌들과 그것들을 에워싸고 있는 수많은 천
사들과 권능들과 불멸의 영광들을 굳건케 했다. 그들은 아버지와 어
머니와 아들께 찬송하고 찬양을 드렸는데, 모두 한목소리로 일치하
여, 결코 침묵하지 않는 한목소리로 찬양을 드렸다.

3 (…) 모든 플레로마들, (…) 그는 위대하신 그리스도시요, 침묵에서 나
오신 분이시며, 불멸의 아이인 텔마엘 텔마카엘 엘리엘리 마카르 마
카르 세트요, 참으로 진실하게 살아계신 권능이시요, 그리고 그분 안
에 계신 남성인 처녀 요우엘과 영광을 지닌 자요, 아이의 아이요, 그
영광의 왕관인 에세페크 (…) 다섯 인장들의 (…), 내가 전에 말한 플
레로마 (…).

4 거기서 위대하시고 스스로 태어나 살아계신 말씀이 나왔다. 그는 참
된 신이시요, 태어나지 않은 퓌시스(자연)다. 내가 그 이름을 말하리
니, (…) 아이아 (…) 타오토스트 (…)요, 위대하신 그리스도의 아들이
시요, 형언할 수 없는 침묵의 아들이시요, 보이지 않고 불멸이신 위

대한 영에게서 나오신 분이다. 그 침묵과 침묵의 아들이 나타나 (…) 그의 영광의 보화 (…). 그때 그가 계시된 (…) 속에서 나타났다. 그리고 그는 네 에온을 세웠다. 그는 한마디 말씀으로 그것들을 세웠다.

5 그때 그곳에서 위대한 빛의 구름이시요, 살아계신 권능이시요, 거룩하고 불멸인 자들의 어머니이신, 저 위대한 권능 미로토에가 나오셨다. 그리고 그녀는 한 분을 낳았으니, 내가 그 이름을 말하자면, 이엔 이엔 에아 에아 에아를 3번 말하는 것이다.

6 이분 아다마스는 빛으로부터 발산된 빛이시니, 그분은 빛의 눈이시다. 이분이 최초의 인간이시며, 모든 것이 그분을 통해, 그분을 향해 생성되었으며, 그분이 없이는 아무것도 생성되지 않았다. 그 알 수도 없고 이해할 수도 없는 아버지에게서 나오셨다. 그분은 결핍을 없애기 위해 위에서 내려오셨다.

7 그때 위대한 로고스와 거룩하신 아우토게네스와 저 불멸의 인간인 아다마스가 서로 뒤섞였다. 인간의 로고스가 나타난 것이다. 그러나 그 인간은 말씀을 통해 존재하게 되었다.

제5장

1 그는 위대하시고, 보이지 않으시고, 이해할 수 없는 처녀의 영과 남성인 처녀와 3중의 남성인 아이와 남성인 처녀 요우엘과 영광의 담지(擔持)자요, 아이의 아이요, 그 영광의 왕관인 에세페크와 위대한 독소메돈 에온과 그분 안에 있는 보좌와 그분을 둘러싸고 있는 권능들과 영광들과 불멸들과 내가 전에 말한 온 플레로마와 하나님을 영접

하는 자인 에테르의 땅을 찬양하였나니, 그 땅에서는 위대한 빛의 거룩한 인간들, 침묵하시며 살아계신 침묵의 아버지, 내가 전에 말한 아버지와 온 플레로마의 인간들이 모양을 받는다.

2 저 위대하신 로고스와 거룩하신 아우토게네스와 불멸의 인간이신 아다마스가 찬양하고, 네 에온들의 완성을 위해 아우토게네스에게 한 권능과 영원한 힘을 주시기를 청했으니, 이는 그들을 통해, 거기 밤의 형상인 세상에 오실, 위대한 빛의 거룩한 인간의 보이지 않는 아버지의 영광과 권능이 (…) 나타나게 하려는 것이었다.

3 저 불멸의 인간인 아다마스가, 그들을 위해 자기에게서 한 아들이 나오게 해 주시기를 청했으니, 이는 그(아들)가 부동(不動)이자 불멸의 종족의 아버지가 되어, 그것(그 종족)을 통해 침묵과 목소리가 나타나고, 그것을 통해 죽은 에온이 일어나 해체되도록 하려는 것이었다.

4 그리하여 거기서 위로부터 위대한 빛의 권능인 프로파네이아가 나왔다. 그녀가 위대한 네 빛을 낳으니, 그들이 하르모젤, 오로이아엘, 다비테, 엘렐레트요, 또 불멸의 인간인 아다마스의 아들인 저 위대한 불멸의 세트가 나왔다.

5 이리하여 숨겨진 신비 속에 존재하는 완전한 일곱이 완성되었다. 그녀가 그 영광을 영접할 때, 그녀는 11의 오그도아드가 된다.

6 그러자 아버지께서 승낙하시는 뜻으로 머리를 끄덕이셨고, 빛의 플레로마 전체가 심히 기뻐하였다. 거룩하신 아우토게네스의 오그도아드를 완성하기 위해 그들의 배우자들이 나왔으니, 첫째 빛인 하르모젤의 은혜, 둘째 빛인 오로이아엘의 인식, 셋째 빛인 다비테의 이해,

넷째 빛인 엘렐레트의 신중이 그들이다. 이것이 거룩하신 아우토게네스의 최초 오그도아드이다.

7 그때 아버지께서 승낙하는 뜻으로 또 머리를 끄덕이셨고, 빛의 플레로마 전체가 심히 기뻐하였다. 그 우두머리들이 나왔나니, 첫 번째의 위대한 빛인 하르모젤의 위대한 가말리엘과 두 번째의 위대한 빛인 오로이아엘의 위대한 가브리엘과 위대한 빛 다비테의 위대한 살모와 위대한 빛인 엘렐레트의 위대한 아브라삭스이다.

8 그리고 아버지의 선하신 기쁨의 뜻에 의해 이들의 배우자들이 나왔으니, 첫째인 위대한 자 가말리엘의 기억과 둘째인 위대한 자 가브리엘의 사랑과 셋째 존재인 위대한 살모의 평화와 넷째인 위대한 자 아브라삭스의 영원한 생명이다. 이리하여 다섯 오그도아드가 설명할 수 없는 권능으로서 완성되었나니, 전체가 40이었다.

제6장

1 그때 위대하신 로고스와 아우토게네스와 네 빛들의 플레로마의 말씀이 위대하시고 보이지 않으시며 그 이름을 부를 수 없는 처녀의 영과 남성인 처녀와 위대하신 독소메돈 에온과 그들 속에 있는 보좌들과 그들을 둘러싸고 있는 권능들과 영광들과 권위들과 3중의 남성인 아이와 남성인 처녀 요우엘과 영광을 지닌 자요, 아이의 아이이며 그 영광의 왕관인 에세페크와 온 플레로마와 거기 있는 모든 영광들과 무한의 플레로마들과 그 이름을 지을 수 없는 에온들을 찬양했나니, 이는 그들이 아버지를 불멸의 종족과 함께하시는 4번째 분이라고 이

름하고, 아버지의 씨앗을 위대하신 세트의 씨앗이라고 부르기 위해서였다.

2 그때 모든 것이 흔들리고, 떨림이 불멸의 존재들을 사로잡았다. 그리고 3중의 남성인 아이들이 위로부터 나와 태어나지 않은 자들과 스스로 태어난 자들과 태어난 것 속에서 태어난 자들 속으로 위대함이 나타났나니, 위대하신 그리스도의 온 위대함이다.

3 그분은 영광 속에 수없이 많은 보좌를 두셨으며, 그것들 주위에 있는 4에온 속에 수없이 많은 권능들과 영광들과 불멸들을 두셨다. 그들은 이런 방식으로 나왔다.

4 그리고 불멸의 영적인 교회가 증가하여, 진리의 하나님이신, 위대하시고 살아계신 아우토게네스의 네 빛 속에서 아버지와 어머니와 아들과 내가 전에 말한 대로, 온 플레로마께 한목소리로 일치하여, 쉬지 않는 한입으로 찬양하고, 노래하고, 영광을 드렸다. 무수한 것들을 소유하고 있는 다섯 인장들과 에온들을 다스리는 이들과 지도자들의 영광을 간직하고 있는 이들이, 자격 있는 자들에게 계시하라는 명령을 받았다. 아멘.

제7장

1 그때 불멸의 인간인 아다마스의 아들인 위대한 세트가, 위대하시고, 보이지 않으시고, 부를 수 없고, 이름 지을 수 없는 처녀 영과 남성인 처녀와 3중의 남성인 아이와 남성인 처녀 요우엘과 영광을 지닌 자요, 그 영광의 왕관이요, 아이의 아이인 에세페크와 위대하신 독소

메돈 에온과 내가 전에 말한 플레로마께 찬양을 드리고, 자신의 씨 앗을 달라고 청했다.

2 그러자 그곳에서 위대한 빛의 위대한 권능인 플레시테아, 천사들의 어머니, 빛들의 어머니, 영광스러운 어머니, 네 짐승들과 함께 계신 처녀가 나와서, 샘인 고모라와 그녀 안에 있는 고모라의 샘의 열매인 소돔으로부터 열매를 가져오셨다.

3 그리고 위대한 세트가 불멸의 아이에 의해 자신에게 허락된 그 선물에 대해 기뻐했다. 그는 네 짐승과 함께 있는 그녀, 그 처녀에게서 자신의 씨앗을 가져다가, 3번째의 위대한 빛인 다비테 안에 있는 4번째 에온 속에(네 에온들 속에) 그와 함께 그것을 두었다.

제8장

1 그리고 5,000년 후, 위대한 빛 엘렐레트가 말했다.
"누군가 혼돈과 하계를 다스리게 하라."

2 그러자 물질의 소피아라는 이름을 가진 구름 하나가 나타났다. (…) 그녀는 혼돈의 영역들을 내려다보았고, 그녀의 얼굴은 (…) 같았는데, 그녀의 형상 속에서 (…) 피 (…).

3 그러자 위대한 천사 가말리엘이 (…) 대한 빛인 오로이아엘의 대행자인 위대한 가브리엘에게 말했다.
"혼돈과 하계를 다스리도록 한 천사가 나오게 하라"

4 그때 그 구름이 2개의 단자(單子) 속에서 흔쾌히 나왔는데, 그 각각의 단자는 빛을 지니고 있었다. (…) 그녀가 위에 있는 구름 속에 둔 그

보좌 (…).

5 그리고 위대한 천사 사클라가 자신과 함께 있는 큰 악마 네브루엘을 보았다. 그들은 함께 지상의 낳는 영이 되었다. 보조하는 천사들도 낳았다.

6 사클라가 거대한 악마 네브루엘에게 말했다.

"(…) 속에 12에온들이 존재하여, (…) 에온, 세상들 (…)"

7 위대한 천사 사클라가 아우토게네스의 뜻에 의해 말했다.

"(…) 일곱 수의 (…)가 있으라."

8 그리고 그는 위대한 천사들에게 말했다.

"가서 너희 각자가 자신의 세계를 다스려라."

제9장

1 이 12천사들이 각자 나갔다. 1번째 천사는 아토트이다. 그는 인간들의 위대한 세대들이 (…)라고 부르는 자이다. 2번째는 하르마스이니, 불의 눈이다. 3번째는 갈릴라이다. 4번째는 요벨이다. 5번째는 아도나이오스이니, 사바오트라고 불린다. 6번째는 카인이니, 인간들의 위대한 세대들은 그를 태양이라고 부른다. 7번째는 아벨이다. 8번째는 아키레시나이다. 9번째는 유벨이다. 10번째는 하르무피아엘이다. 11번째는 아르키르아도닌이다. 12번째는 벨리아스이다. 이들이 하계와 혼돈을 다스리는 자들이다.

2 그래서 사클라는 세상의 기초를 놓은 후에 자신의 천사들에게 말했다.

"나, 나는 질투하는 하나님이니, 내가 없었다면 아무것도 존재하지 못했을 것이다"

이는 그가 자신의 본질을 믿었기 때문이다.

3   그때 높은 곳에서 한목소리가 나와 말했다.

"사람이 계신다. 그리고 사람의 아들이."

4   위에 있는 형상이 내려옴으로써 최초의 피조물이 창조되었나니, 그
형상은 형상의 하늘에 있는 목소리와 같았으며, 그 목소리는 위에 있
는 형상이 밖을 내다봄을 통해 밖을 내다본 것이다.

5   이로 인해 메타노이아가 존재하게 되었다. 그녀는 아버지의 뜻과 그
분의 허락에 의한 자신의 완성과 자신의 권능을 받았으며, 아버지께
서는 위대한 세트의 위대하고, 강력한 인간들의 위대하고 불멸이며,
부동인 종족을 허락하셨나니, 이는 그분께서 존재하게 된 에온들 속
에 그것을 씨 뿌려, 그녀(메타노이아)를 통해 결핍이 채워지게 하시려
는 것이었다.

6   그녀는 위로부터 밤의 형상인 세계로 내려왔다. 그녀가 왔을 때, 그
녀는 이 에온의 아르콘들의 씨앗과 그로부터 나온 권위들(의 회개)을
위해 기도했다. 그들은 악마를 낳는 신의 파괴될 씨앗과 아담과 태양
과 같은 위대한 세트의 씨앗을 더럽혔다.

7   그때 위대한 천사 호르모스가 로고스를 낳는 거룩한 그릇 속에, 이
에온의 타락한 씨앗의 처녀들을 통해, 성령을 통해 위대한 세트의 씨
앗을 준비하려고 왔다.

8   그러자 위대한 세트가 그 씨앗을 가져왔다. 그리고 존재하게 된 에온
들 속에 뿌렸는데, 그들의 수는 소돔의 수만큼 되었다.

9 어떤 이들은 소돔이 위대한 세트의 목장이며, 그것이 고모라라고 말한다. 그러나 다른 이들은 위대한 세트가 자신의 식물을 고모라에서 가져다가 그것을 2번째 장소에 심고, 그곳에 소돔이라는 이름을 주었다고 한다.

제10장

1 이것이 에도클라를 통해 나온 종족이다. 그녀가 말씀을 통해 진리와 정의를 낳았나니, 그것은 자기들의 방사에 대한 지식으로 인해 보존할 자들에게 있는 영원한 생명의 씨앗의 기원이기 때문이다. 이것이 세 세계를 통해 세상에 나온 위대하고도 불멸인 종족이다.

2 그리고 에온의 종말에 대한 전형으로서 홍수가 왔다. 그러나 그것은 이 종족 때문에 세상에 보내질 것이다. 지상에 큰 불이 일어난다. 그리고 예언자들과 그 종족의 생명을 지키는 수호자들을 통해 그 종족에 속한 자들에게 은총이 있다. 이 종족들로 인해 기근과 전염병이 일어난다. 이 종족들로 인해 유혹이 오며, 거짓 예언자들의 속임수가 온다.

3 그때 위대한 세트가 악마의 활동과 그의 수많은 변장술과 불멸과 부동의 종족에게 행할 그의 음모와 그의 권능들과 그의 천사들이 행할 박해와 그들의 자신에 대항해서 행한 오류를 보았다.

4 그리고 위대한 세트는, 위대하여 이름을 부를 수 없는 처녀 영과 남성인 처녀 바르벨론과 3중의 남성인 아이 텔마엘 텔마엘 헬리 헬리 마카르 마카르 세트와 진실로 살아있는 권능과 남성 처녀인 요우엘

과 영광을 지닌 자인 에세페크와 그 영광의 왕관과 위대한 독소메돈 에온과 그 안에 있는 보좌들과 그들을 둘러싸고 있는 권능들과 전에 말한 바와 같이, 온 플레로마에게 찬양을 드렸다. 또 그는 자신의 씨앗에 대한 보호를 요청했다.

5 그 위대한 에온들로부터 위대한 아에로시엘과 위대한 셀메켈과 함께 400의 에테르적 천사들이 나왔으니, 진리와 정의의 때와 순간으로부터 그 에온과 그 아르콘들, 즉 위대한 심판관들이 사형 선고를 한 자들의 종말에 이르기까지, 위대한 불멸의 종족과 그 열매와 위대한 세트의 위대한 인간들을 수호하기 위해서였다.

6 그때 위대한 세트가 아우토게네스와 온 플레로마의 뜻에 의해, 보이지 않는 위대한 영과 다섯 인장들과 온 플레로마의 선물과 선한 기쁨을 통하여 네 빛들에 의해 보냄을 받았다.

7 그는 내가 전에 말한 3번의 도래(到來)를 통과했나니, 곧 홍수와 큰 화재, 아르콘들과 권능들과 권위들의 심판이 그것이다. 이는 길을 잃은 그녀(그 종족)를 세상의 화해를 통해, 또 로고스로 창조된 육체들을 세례를 통해 구하고자 함인데, 그 육체들은 위대한 세트가 처녀를 통해 자신을 위해 비밀리에 준비한 것이다.

8 이는 성인들이 성령에 의해, 보이지 않는 비밀한 상징을 통해, 세상과 세상의 화해를 통해, 세상과 13에온들의 신을 포기함을 통해, 그리고 성인들과 형언할 수 없는 이들과 불멸의 가슴을 통해, 그리고 자신의 섭리와 함께 선재하시고, 그녀(섭리)를 통해 하늘을 능가하고, 거룩한 세례를 세우신 아버지의 위대하신 빛을 통해, 로고스로 창조된 불멸

의 존재이신 분을 통해, 심지어 살아계신 분인 예수, 위대한 세트가 옷으로 입은 그분을 통해 태어나게 하려는 것이다.

9 그래서 그분을 통해 그는 13에온들의 권능들을 못 박았으며, 존재하게 되고 데려감을 당한 자들을 세웠다. 그는 그들을 이 진리에 대한 지식의 갑옷으로, 정복할 수 없는 불멸의 권능으로 무장시켰다.

제11장

1 거기서 그들에게 나타난 이들은 이러하다. 위대한 수행원인 살아있는 물 예세우스 마자레우스 예세데케우스, 위대한 지도자들인 큰 자 야고보와 테오펨토스와 이사우엘, 진리의 샘을 관장하는 자들인 미케우스와 미카르와 므네시누스, 살아있는 자들의 세례를 관장하는 자들과 정화하는 자들과 세센게파란게스, 물들의 문들을 관장하는 자들인 미케우스와 미카르, 그 산을 관장하는 자들인 셀다오와 엘라이노스, 위대한 세트의 불멸이며 힘 있는 인간들인 큰 종족을 영접하는 자들, 즉 네 빛의 대행자들인 위대한 가말리엘과 가브리엘과 삼블로와 아브라삭스, 태양과 해오름을 관장하는 자들인 올세스와 휘프네우스와 헤우르마이누스, 영원한 생명의 안식으로 들어가는 입구를 관장하는 지배자들인 믹산테르와 미카노르, 선택된 자들의 영혼들을 지키는 자들인 아크라마스와 스트렘프수코스, 위대한 권능인 헬리 헬리 마카르 마카르 세트, 위대하고 보이지 않고 부를 수 없고 이름 지을 수 없는 처녀의 영과 침묵, 살아계신 아우토게네스의 거처이며 진리의 하나님이신 위대한 빛 하르모젤, 그와 함께 계신 분이신

불멸의 인간 아다마스, 2번째 빛이며 세트의 거처인 오로이아엘, 생명을 지니고 와서 율법 안에 있는 것을 십자가에 못 박으신 예수, 위대한 세트의 아들들의 거처인 3번째 빛 다비테, 아들들의 영혼들이 안식하고 있는 곳인 4번째 빛 엘렐레트, 하늘을 능가하는 거룩한 세례로 세례를 주도록 허락받을 분의 이름을 관장하는 불멸의 존재인 5번째 빛 요엘이다.

2 그러나 이제부터는 불멸의 인간 포이마엘과 샘물의 세례 속에 다섯 인장을 구별하여 부름받을 자격을 얻은 자들을 통해서, 이들이 자기를 영접하는 자들에 대해 가르침을 받을 때 그들을 알 것이며, 그들에 의해 그들이 알려질 것이다. 이들은 결코 죽음을 맛보지 않을 것이다.

3 이에 이에우스 에오 오우 에오 오우 아, 진실로 참으로!

오, 예세우스 마자레우스 예세데케우스시여!

오, 살아있는 물이시여!

오, 아이의 아이시여!

오, 영광스러운 이름이시여! 진실로 참으로!

오, 존재하시는 에온이시여! 이이이이 에에에에 에에에에 오오오오 우우우우 오오오오 아아아아아, 진실로 참으로!

에이 아아아아 오오오오 오, 에온들을 보시는 존재하는 분이시여!

진실로 참으로 영원히 영원하신 아에에 에에에 이이이이 우우우우 우우우 오오오오오오오오시여!

진실로 참으로 존재하시는, 마음속의 이에아 아이오시여!

우 아에이 에이스 아에이, 에이 오 에이, 에이 오스 아들이시여!
영원히 당신은 당신이신 분이시며, 당신은 당신이신 분이십니다!

4 당신의 이 위대한 이름이 제 위에 있습니다. 오, 스스로 태어나신 완전한 분이시여! 당신은 저의 밖에 계시지 않습니다. 오, 아무에게도 보이지 않으시는 분이시여! 저는 당신을 봅니다. 누가 또 다른 언어로 당신을 이해할 수 있으리까? 저는 당신을 알았는바, 불변의 존재들과 저 자신을 혼합하였습니다. 저는 스스로 빛의 갑옷으로 무장하였으며, 빛이 되었습니다. 은총의 눈부신 아름다움으로 인해 어머니께서 거기 계셨습니다.

5 그러므로 저들이 움츠리고 있는 사이에 저는 제 손을 내밀었습니다. 저는 제 가슴 속에 있는 풍요로운 빛의 영역 속에서 모양을 부여받았으며, 그 영역은 불평이 미치지 못하는, 빛 속에서 태어난 많은 자들에게 모양을 주었습니다. 저는 진실로 당신의 영광을 선포하리니, 제가 당신을 이해하였습니다.

6 소우 이에스 이데 아에이오 아에이에 오이스 오, 에온이시여, 에온이시여! 오, 침묵의 하나님이시여! 저는 당신을 완전히 경배합니다. 당신은 저의 안식처입니다. 오, 아들이시여! 에스 에스 오에, 형상 없는 자들 속에 존재하시고 존재하시며, 당신의 불멸의 이름을 따라 그 안에서 당신의 생명 속으로 저를 정화할 인간을 일으키시는 형상 없는 분이시여!

7 그러므로 생명의 향기가 제 안에 있습니다. 저는 그것을 모든 아르콘의 모범에 따라 물과 섞었사오니, 제가 진실로, 참으로 영원히 존재하

시는 당신과 함께 성인들의 평안 속에서 살기 원합니다.

제12장

1 이것은 위대한 세트가 써서 그 위에 태양이 떠오른 적이 없고, 떠오를 수도 없는 높은 산들 속에 둔 책이다. 그는 이것을 카락시오라고 하는 산에 두었는데, 시간과 시대의 마지막에 거룩하신 아우토게네스와 온 플레로마의 뜻에 의해, 자취 없고 생각할 수 없는 아버지 사랑의 선물을 통해 나타나, 위대하신 구세주의 이 불멸인 거룩한 종족과 그들과 함께 사랑 속에 거하는 자들과 위대하시고 보이지 않으시고 영원하신 영과 그분의 독생자와 영원한 빛과 그분의 위대하시고 불멸이신 배우자와 불멸의 소피아와 바르벨론과 영원 속의 온 플레로마를 드러내기 위한 것이다. 아멘.

2 이집트인들의 복음, 하나님께서 쓰신 거룩하고 성스러운 책, 은혜와 명철과 인식과 신중함이, 이것을 쓰신 분과 영 안에서 사랑받으시는 유그노스토스(육체 속에서 내 이름은 곤게소스다)와 불멸 속에 있는 나의 동료 빛들과 함께하기를, 은혜와 명철과 인식과 신중함이 예수 그리스도 하나님의 아들 구세주, 익투스와 함께하기를! 위대하시고 보이지 않는 영의 거룩한 책은 하나님께서 쓰셨다. 아멘.

3 보이지 않는 위대한 영의 책. 아멘.

제10권

마가의
비밀 복음

마가의 비밀 복음은 오늘날 사라지고 없다. 다만 알렉산드리아의 클레멘트 편지에서 그 단서를 찾을 수 있다.

이 편지는 1958년, 모톤 스미스에 의해 예루살렘 남쪽 20Km 지점의 유대 사막에 있는 마르사바 수도원에서 발견되었는데, 고고학적 검토 결과 2세기 초 교회 저술가 이그나시우스의 서한집을 필사한 것으로 인정되고 있다.

이 문서 속에서 알 수 있는 놀라운 사실은, 나사로의 이야기가 요한복음에만 나오는 일화인데, 마가의 비밀 복음에도 기록되어 있다는 것이다. 그런데 어찌하여 이 복음이 버림을 받았을까? 마가의 비밀 복음 속에 나오는 나사로의 이야기가 오해를 불러일으킬 내용을 담고 있었기 때문이다.

영지주의 한 분파였던 카르포크레테스(Carpocrates)가 마가의 비밀 복음을 입수하여, 자기들의 음욕적인 행위를 정당화시키는 데 사용하였고, 클레멘트는 그의 제자 테오도루스에게 보내는 서신을 통해, 카르포크레테스파가 들고 나오는 마가의 비밀 복음에 대해 진위를 파악시키고 있다.

클레멘트는 자신의 편지 속에서 마가의 비밀 복음을 마가가 직접 기록한 책으로 인정하고 있지만, 더 높은 진리에 이르는 사람에게만 비밀스럽게 공개하여야 하고, 일반 신도들에게는 공개할 내용이 아니라고 밝히고 있다.

"그대가 카르포크라테스의 말도 안 되는 가르침을 잠잠하게 만든 것은 잘한 일이다. 그들은 예언서에 나오는 방황하는 별들이다. 계명의 좁은 길에서 벗어나, 육체적이고 쾌락적인 죄악의 끝없는 심연으로 빠져들어 방황하고 있기 때문이다.

따라서 그들은 모든 면에서 배척을 받아야 한다. 그들이 진실한 것을 어느 정도 말한다고 하여도, 진리를 말하는 사람이라면 그들에게 동조해서는 안 되기 때문이다.

또 진실하다고 해서 모든 것이 진리가 아니며, 인간적인 관점에서 진실하게 보이는 진리라도, 신앙에 따른 진실한 진리가 아니기 때문이다."

이렇듯 클레멘트는 이상한 말을 하고 있다. 이단자들이 진실한 것을 어느 정도 말한다고 해도, 진리를 말하는 사람은 그에 동조해서는 안 되고, 진실하다고 해서 모든 것이 진리가 아니라고 한다.

"그들이 거룩한 영감을 받은 마가복음에 대해서 계속 주장하는 내용은 그 일부가 위조된 것이고, 다른 부분은 진실한 요소를 약간 포함한다고 해도, 진실하게 전달된 것이 아니라는 것이다. 진실한 내용이 추가로 꾸며낸 것과 뒤섞여, 속담처럼 소금이 제맛을 잃었기 때문이다.

마가는 베드로가 로마에 머물고 있는 동안 주님의 행적을 기록하였다. 그러나 그 행적을 전부 밝힌 것도 아니며, 비밀의 행적들을 암시하지도 않았다. 다만 교리를 배우는 사람들의 신앙을 두텁게 하는 데 가장 유익하다고 판단되는 내용만 골라서 기록했다.

그러나 베드로가 순교한 뒤, 마가는 자신이 기록한 자료와 베드로의 자료를 함께 가지고 알렉산드리아로 왔다. 마가는 지식을 발전시키는 데 도움이 될 만한 내용을 2가지 뽑아, 자신이 먼저 기록한 책에다 추가하였다. 마가는 그렇게 하여 신앙이 더욱 깊어진 사람들이 사용하도록 좀 더 영신적인 복음을 저술한 것이다.

그리고 그가 죽을 때, 자신의 저술을 알렉산드리아 교회에 맡겼다. 여기서는 지금도 그 책을 철저하게 보관하는 한편, 위대한 신비에 들어가는 사람에게만 읽어주고 있다.

그러나 악마들이 항상 인류의 파멸을 궁리하고 있기 때문에, 악마들의 가르침을 받고 그 속임수를 쓰는 카르포크라테스가, 알렉산드리아 교회의 어떤 장로를 손아귀에 넣고, 그 비밀 복음의 사본을 얻어 내었다.

카르포크라테스는 이 비밀 복음을 자신의 독신적이고 쾌락적인 교리에 따라 해석할 뿐만 아니라, 심지어 흠 없고 거룩한 말씀들을 참으로 철면피한 거짓말과 섞어 오염시켰다. 이런 혼합에서 카르포크라테스의 가르침이 나온 것이다.

그러므로 내가 이미 말했듯이, 그들에게 절대로 뒤져서는 안 된다. 또 그들이 자기네 위조된 내용을 들고나올 때, 비밀 복음이 마가의 저술이라고 수긍하지도 말고, 비밀 복음의 자체를 부정하는 맹세를 해야 한다. 진실한 것이라고 해서 모든 사람에게 전부 말해주어야 하는 것은 아니기 때문이다.

이러한 뜻에서 하나님의 지혜가 솔로몬을 통해, 바보에게는 그 어리석음을 가지고 대답하라고 충고하며, 정신적으로 소경인 사람들에게는 진리의 빛을 숨겨야 한다고 가르치는 것이다.

그러므로 그대가 제기한 여러 질문에 주저하지 말고, 복음의 말씀 그 자체를 가지고, 저 사람들의 위조를 반박하도록 하라."

클레멘트는 마가복음이 2개의 버전을 가지고 있다고 한다. 일반적인 신자들을 위한 것과 좀 더 높은 지식을 추구하는 사람들을 위한 것이다.

또 클레멘트는 편지 속에서 마가가 마가복음을 먼저 기록하고, 나중에 비밀스러운 내용을 덧붙여 비밀 복음을 만들었다고 하지만, 마가복음 또한 나중에 비밀 복음의 내용이 추가된 것으로 보인다.

예컨대 그들은 예루살렘으로 올라가는 길에 있었다는 구절과 그로부터 3일 뒤 그분이 일어날 것이라는 구절에 대해, 비밀 복음의 구절을 그대로 옮기면 다음과 같다.

"그들이 베다니에 들어갔다. 거기 오라버니를 여읜 한 여인이 있었다. 그 여인이 와서, 예수님 앞에 엎드려 '다윗의 아들이여, 제게 자비를 베풀어주십시오!'라고 말했다.

그러자 제자들이 여인을 꾸짖었다. 화가 난 예수님이 여인과 함께 무덤이 있는 정원으로 들어갔다. 즉시 무덤에서 고함치는 소리가 들렸다. 다가간 예수님이 무덤을 막은 돌을 굴려 치웠다. 그리고 즉시 젊은이가 있는 무덤 안으로 들어가 팔을 뻗쳐 그 젊은이의 손을 잡아 일으켰다.

그러자 예수님을 처다보던 젊은이가 예수님을 사랑했다. 그래서 예수님을 따라가겠다고 간청했다. 무덤을 나온 예수님은 젊은이의 집으로 갔다. 젊은이가 부자였기 때문이다.

6일이 지나자 예수님이 젊은이에게 할 일을 지시했고, 그날 밤 젊은이가 나체에 아마포를 두르고 왔다. 예수님이 젊은이에게 하나님 왕국의 신비들을 가르쳐주었기 때문에, 그날 밤 젊은이와 예수님이 함께 머물렀다.

그 후 자리에서 일어나, 예수님은 요단강 저쪽으로 돌아갔다."

이와 같이 마가의 비밀 복음에 나사로의 이야기가 언급되어 있다. 더욱이 젊은이가 살아나기 전 무덤 속에서 고함이 들렸다는 이야기나, 젊은이가 밤중에 아마포를 두르고 알몸으로 와서 예수님께 가르침을 받았다는 이야기는, 동성애를 연상시킬 정도다.

카르포크레테스파의 사람들은 문제의 이 구절을 악용하여 동성애와 음욕적인 행위에 사용했던 것이다.

"바로 그 뒤에, 야고보와 요한이 예수님께 왔다는 구절과 그 부분이 모두 이어지고 있다. 그러나 나체의 남자와 같이 있는 나체의 남자라든지, 그대가 질문한 구절들은 비밀 복음에 없다.

예수님이 여리고로 들어갔다는 구절 뒤에, 비밀 복음은 오직 예수님이 사랑한 젊은이의 누이와 그 어머니와 살로메가 거기 있었으나, 예수는 그 여인들을 만나주지 않았다고 추가하고 있다.

그러므로 그대가 거론한 많은 내용은 위조로 보일 뿐만 아니라 위조가 분명하다. 이것이 진실한 설명이며, 진실은 철학에 맞다."

따라서 카르포크레테스는, 마가의 비밀 복음에다 노골적으로 문제의 구절을 추가해 넣었던 것이다.

제11권

보병궁
복음

(…)

제11장

(…)

12 부처님의 말씀은 인도의 경전에 기록되어 있습니다. 이를 배우도록 하십시오. 성기(聖氣) 교육의 일부이니까요.

(…)

제16장

1 요셉의 가정은 나사렛 마을의 마미온 거리에 있었다. 이곳에서 마리아는 아들 예수에게 엘리후와 살로메로부터 얻은 교훈 불경(佛經)과 힌두교 경전인 베다를 가르쳤다.

2 그리하여 예수는 베다의 찬가와 아베스다 경전을 즐겨 읽었으나, 무엇보다도 다윗의 시편과 솔로몬의 신랄한 말을 좋아하였다.

(…)

제21장

(…)

19 예수는 그리시나 신(神)을 모신 자간나스의 절에 제자로 들어가는 것이 허용되어 그곳에서 베다 성전의 마니 법전을 배웠다.

(⋯)

제23장

(⋯)

3 예수는 인도의 의술을 연구하기 위해 뜻을 세우고, 인도의 의사 가운데 으뜸가는 '우도라카'의 제자가 되었다.

4 '우도라카'는 물, 흙, 식물, 더위와 추위, 햇빛과 그늘, 빛과 어둠의 용법을 가르쳤다.

5 '우도라카'는 말한다.
"자연의 법칙은 건강의 법칙이다. 이 법칙대로 살면 결코 병에 걸리는 일이 없다.

6 한편 자연계의 물상(物像)은 모름지기 인간의 요구에 응할 수 있게 되었는바, 모두가 의료의 비약이 된다. (⋯)"

(⋯)

제36장

1 티베트 랏사에 한 교사를 위한 사원이 있었고, 수많은 고전(古典)의 필사본이 소장되어 있었다.

2 인도의 성자인 '피자빠지'는 이미 이들 사본을 읽고, 그 내용 가운데 많은 비밀의 교훈을 예수에게 전해주었다.

3 그러나 예수는 자기 자신이 직접 읽기를 원했다.

4 한편 요동(遼東) 전부의 성현 가운데 으뜸가는 사람인 '멩그스테'가 이 티베트의 사원에 있었다.

(에모다스 고원을 횡단하는 길은 험난했으나 예수는 여행길에 올랐고, '피자빠지'는 믿을 수 있는 한 사람의 길잡이를 붙여주었다.

성경에는 예수의 13세부터 29세까지의 기록이 전혀 없다. 그래서 예수의 13세 이후 청년기의 밝혀지지 않은 행적에 대한 의문을 풀기 위해 많은 학자와 탐험가들이 연구와 탐사를 거듭해 왔다.

그러던 중 1887년, 러시아의 언론인이자 저술가인 니콜라스 노토비치가 인도와 티베트 지방을 여행하면서, 인도 불교의 한 종파인 라마교 스님의 도움을 받아, 인도 라닥크 주의 수도인 레(Leh)시의 하이미츠 7대 사원에 흩어져 있는, 예수의 생애와 관련해 티베트어로 기록된 수천 장의 고대 양피지 두루마리를 보게 되었다.

그런데 그것은 놀랍게도, 13세 때 상인을 따라 인도로 건너간 예수가, 29세 때까지 인도, 네팔, 티베트 등지에서 불교 승려로서 수행한 행적과 예수의 생애를 기록해 놓은 고문서들이었다.

예수가 인도에서 승려로서의 이름은 이사(Issa)이며, 예수의 생애를 기록해 놓은 고문서들은 〈이사 전(傳)〉이었다.

노토비치는 고문서의 고사본(古寫本)들을 입수하여 불어판으로 〈알려지지 않은 예수의 생애-성(聖) 이사의 일대기〉를 출판함으로써 전 세계를 깜짝 놀라게 만들었다.

노토비치의 〈이사 전(傳)〉이 발간된 이후 철학자 스와미 아베다 난다, 러시아의 과학자 니콜라스 로에리치 교수, 스위스 음대의 카스파리 교수 등, 수십 명이 인도와 티베트를 방문하고 확인하여 노토비치의 주장을 뒷받침하였다.

이러한 목격자들의 보고서를 묶어 미국의 엘리자베스 C 프로펠 교수가 『예수의 잃어버린 세월(The Lost Years Of Jesus)』이라는 제목으로 책을 출판하여 전 세계적인 베스트셀러가 되기도 하였다.

국내에서도 1987년 동국출판사에서 번역, 동명으로 발간한 바가 있다.)

(이후 장(章) 순서가 불명함)

제4장

1 이사(예수)가 아버지의 집을 은밀히 빠져나와 예루살렘을 떠나 상인들과 함께 신드(Sind)로 향한 것이 바로 그때였다. 이는 하나님의 말씀 안에서 스스로 자신을 완전하게 하고, 대 붓다(the great Buddha)의 법을 연구하기 위함이었다.

2 하나님은 숫자 10차원에 계시고, (…) 진정한 평화는 투쟁 뒤에 온다.

3 보라, 추수기는 지금이다. (…)

4 그때 물병을 든 사람이 하늘 모퉁이를 지나서 거닐고, 인자(人子)의 표시와 도장(印)이 동천(東天)에 나타날 것이다.

(…)

13 준비하라, 준비하라, 평화의 사도가 오신다.

제5장

(…)

5   이사(예수)께서 주거나웃, 라자그리하, 베나레스 그리고 다른 성지에
서 6년을 지내시며, 바이샤와 수드라에게 경전을 가르치시고, 그들과
함께 평화롭게 거하시니, 모든 이들이 그를 사랑하였다.

(…)

제22장

1   (예수) "진리는 변치 않는 유일한 것입니다. 이 세상에는 진리와 허위
2가지가 있습니다. 진리란 있는 그대로의 것이고, 허위란 있는 것처
럼 보이게 하는 것입니다.

진리는 유(有)로서 원인은 없지만, 일체의 것의 원인이 됩니다. 허위
는 무(無)이면서 유(有)의 표현을 합니다. 이미 만들어진 것은 무엇이
든지 없어지게 마련입니다.

시작된 것은 끝나야 합니다. 눈에 보이는 것은 모두 유(有)의 표현이
지만, 본래는 무(無)이므로 사라져버려야 합니다. 눈에 보이는 것은
에테르가 진동하는 동안만 반영의 표현을 하고, 사정이 변하면 소멸
합니다.

성스러운 기(氣)는 진리입니다. 과거, 현재, 미래에도 영원히 존재하는
것입니다. 그것은 변화될 수도, 소멸될 수도 없는 것입니다."

2   (라마스) "과연 그렇겠구나. 그럼 인간이란 무엇인가?"

3   (예수) "인간이란 진리와 허위의 이상한 혼합체입니다. 이 양자가 싸
웁니다."

4 (라마스) "힘(power)에 대해서는 어떻게 생각하는가?"

5 (예수) "힘은 무(無)에 지나지 않는 환영(幻影)입니다. 진기(眞氣, force)는 변치 않지만, 힘은 에테르(ether)가 변하면 변합니다. 절대적인 기(氣, force)는 신의 의지이며 전능한 것입니다. 힘은 성기(聖氣)에 이끌려 나타난 신의 뜻입니다. 바람에도 힘이 있고, 파도, 전기, 인간의 팔, 눈에도 힘이 있습니다. 에테르는 이와 같은 힘(power)을 일으키고, 엘로힘, 천사, 인간 그 밖에 사고하는 것의 사상을 진기(眞氣, force)가 지도합니다."

6 (라마스) "예지(叡智)에 대해서는 어떻게 생각하는가?"

7 (예수) "예지란 인간이 이것을 토대로 삼아 그 위에 자기 자신을 세우는 바위입니다. 그것은 유(有)나 무(無), 진리와 허위를 구별하는 영지(靈知)입니다."

8 (라마스) "신앙이란 무엇인가?"

9 (예수) "신앙이란 하나님과 인간이 전능함을 확인하는 것이며, 인간이 신적인 생활에 도달할 수 있음을 확증하는 것입니다.

구원이란 인간의 마음에서 신의 마음에 이르는 사다리로, 구원에는 3단계가 있습니다. 첫째는 신념으로, 인간이 아마 그것이 진리일 것이라고 생각하는 것이며, 둘째는 신앙으로, 인간이 진리를 아는 것이며, 셋째는 완성, 즉 인간 자신이 진리가 되는 것입니다.

신념은 신앙 속으로 승화되고, 신앙은 완성에 의해 열매를 맺음으로써, 자신이 신과 하나가 될 때 인간은 구원을 받습니다."

제23장

1-4 예수는 라마스와 함께 갠지스강 주변 마을의 노예(수드라)들을 비롯하여 농부(바이샤)들과 기거하면서, 그들에게 인류는 한 동포라는 것과 만민 평등 곧 인간의 절대 평등을 가르쳤다.

5-6 자연의 법칙은 건강의 법칙입니다. 이 법칙대로 살면 결코 병에 걸리는 일이 없습니다. 이 법칙을 어기는 것이 죄이며, 죄를 범하면 병에 걸립니다.

(…)

9 인간은 현악기와 같습니다. 그 줄이 너무 느슨하거나 팽팽하면 정상적으로 소리를 내지 못하듯, 인간은 병이 들게 됩니다.

10 한편 자연계의 물상(物像)은 모름지기 인간의 요구에 응할 수 있게 되었는바, 모두 의료의 비약(秘藥)이 됩니다.

(…)

12 물론 인간의 의지는 최고의 의약입니다. (…) 따라서 스스로의 힘으로 병을 고칠 수가 있습니다.

13 인간이 '하나님과 자연과 자기 자신을 믿을 수 있는 경지'에 이르면, 권능(power)의 거룩한 말씀을 알게 됩니다. 이 성언(聖言)은 모든 상처의 진정제가 되고, 온갖 병을 치료하는 생명이 됩니다.

14 치료인이란 신앙심을 심어줄 수 있는 사람입니다.

15 영혼이 위대한 사람은 힘 있는 사람으로서, 그는 다른 사람의 영혼 안에 들어가 희망 없는 사람에게 희망을 주고, 하나님과 자연과 인간에 대해 믿음 없는 자에게 믿음을 심어줍니다.

(⋯)

제28장

(⋯)

4   예수가 우도라카, 승려, 학자들에게 말했다.

"우주신(본체 신)은 '한 분'이고, 인격신(일반 신)은 '한 분 이상'이어서,

모든 것이 신(개체 신)이요, 모든 것이 하나입니다.

5   하나님의 향기로운 숨결에 의해 모든 생명이 하나로 연결되어 있습니다.

(⋯)

13 사람들은 누구나 한 분의 하나님을 모시지만, 아무도 하나님(우주 자

체의 조화 신)의 모습을 볼 수는 없습니다.

14 이 우주신은 지혜, 의지, 사랑입니다.

(⋯)

제32장

(⋯)

4   인간은 우주의 놀라움입니다. 그것은 인간이 온갖 생명의 단계를 지

나온 생명이기 때문입니다.

(⋯)

제33장

(…)

10 자, 하늘에서 천국을 구하는 것을 그만두시오. 오직 마음의 창을 여시오. 그러면 빛이 환히 비치듯, 천국이 와서 무한한 환희로 넘치게 해줍니다.

(…)

제44장

1 이윽고 요단강을 건너 집으로 돌아온 예수는, 기뻐서 어쩔 줄을 모르는 어머니의 애정 어린 환대를 받았으나, 동생들로부터는 혼자 잘난 체하며 헛된 명성을 구하는 자로 비난을 받았다.

2 사랑하는 어머니 마리아와 여동생 미리암에게만, 지난날 구도의 과정에서 겪었던 사연 많은 이야기를 들려주고, 곧 희랍으로 떠났다.

(…)

제46장

1 예수가 아테네에 이르렀다. 희랍의 성자인 '아폴로'의 인도로 다른 현인들을 만나 희랍의 정신세계에 대해 듣고, 희랍의 여러 교사들을 가르쳤다.

제47장

(…)

12 이듬해에는 이집트 조안에 가서 엘리후와 살로메를 만난 뒤, '헬리오폴리스(해의 도시)'로 가서 성자들의 모임인 형제단 입회를 허락받았다.

13 예수가 성자들에게 말했다.

"저는 지상 생활의 길을 널리 더듬을 생각입니다. 널리 학문적으로 추구하고 싶습니다. 누군가 오른 높은 곳에 저도 오르고 싶습니다. 누군가 고통받은 일을 저도 경험하고, 이것으로 내 동포의 비애, 실망, 시련, 유혹을 알고, 고통받는 사람들을 어떻게 구할 수 있는지 알고 싶습니다."

(…)

제54장

1 예수는 이 '비밀 형제단'의 서약을 받아, '성실', '공정', '신앙', '박애', '의열(義烈)', '성애(聖愛)'라는 6단계의 시험을 진실과 용기로 극복하고, 거룩한 스승의 제자가 되었다.

2 그리고 이집트 밀교의 비밀과 생사의 문제, 태양계 바깥 세계에 대한 비밀을 배웠다.

제55장

(…)

6 예수는 사자의 방에서 시험을 마친 뒤, 보랏빛 방에서 7번째의 마지막 시험을 이겨내고, 마침내 '그리스도(하나님의 사랑)'라는 최고의 법명(法名)을 받았다.
'당신은 천지의 큰 저택에 있어서 그리스도이다.'

제56장

(…)

9 그리고 당시 사상의 중심지였던 알렉산드리아에 있는 파일로의 집에 세계의 7성현이 모였는데, 예수도 그 모임에 참가하여 명상에 잠겼다.

(…)

11 중국의 멘구스테, 인도의 비쟈빠찌, 페르시아의 카스파아, 앗시리아의 아시비나, 희랍의 아폴로, 이집트의 맛세노, 희랍 사상의 대가 파일로, 이렇게 모인 7인의 성자들은 세계의 근본 원리에 대해 토론하고, 예수도 이들에게 진리를 설파하였다.

(…)

13 다음은 멘구스테의 말이다.
"때의 바퀴가 한번 돌아, 인류는 '보다 높은 사상의 단계'에 서 있습니다. 때가 무르익었습니다. 인류를 위해 알맞은 옷을 만들지 않으면 안 됩니다. 인자들은 좀 더 커다란 빛이 나타나기를 기다리고 있습니다."

(…)

제89장

(…)

8 예수께서 12사도에게 말했다.

"이 전능의 말씀으로 말미암아 너희는 만유와 하늘의 모든 힘을 통어(通語)할 수 있다."

(…)

제91장

(…)

35 사람은 누구나 하나님의 아들이다. 사람들이 '신령한 생활'을 하면 언제나 하나님과 편히 쉰다.

(…)

39 인간은 지상에서 하나님의 의지를 행하기 위한 '하나님의 사자'이다.
40 그리고 인간은 병자를 고치고, 하늘의 영(靈)을 관리하고, 죽은 자를 살릴 수 있다.
41 그래서 인간은 지상의 하나님이다. 하나님을 숭배하는 자는 사람을 숭배하지 않으면 안 된다. 하나님과 사람의 관계는 아버지와 자식이 한 몸인 것과 같다.

(…)

제135장

(…)

23 너희가 죄를 범하지 않으면, 너희는 자유롭다. 그러나 사상, 언어, 혹은 행위로 죄를 범한다면, 너희는 노예다. 진리 말고 너희를 자유롭게 하는 것은 아무것도 없다.

(…)

제163장

(…)

37 인간은 모두 육화한 신이다.

(…)

제178장

(…)

26 나는 죽음에서 살아난 사랑의 표현이다.

제12권

유다
복음

이는 예수님이 유월절을 기념하기 3일 전부터 가롯 유다와 나눈

1주일간의 밀담이다

제1장

1 예수님이 인류를 구원하시기 위해 이 땅에 오신 후, 많은 기적과 크고 놀라운 일들을 행하셨다.

2 많은 사람이 죄악의 길을 걷고 있었지만, 의로운 길을 걸어가는 사람들도 없잖아 있었는바, 12제자가 부르심을 받았다.

3 예수님이 제자들과 함께 지내시며, 이 세상 너머에 있는 신비스러운 일들과 마지막 날에 일어날 일들에 대해 말씀하셨다.

4 그런데 가끔씩은 예수님이 자신의 모습대로 나타나지 않고, 어린아이 모습으로 나타나셨다.

제2장

1 예수님이 제자들과 함께 유대에 계시던 어느 날, 제자들이 모여 경건 의식을 행하고 있었다.

2 제자들이 떡을 들어 감사기도를 드릴 때 예수님이 다가와 웃으셨다.

3 그러자 제자들이 말했다.

"주님, 어찌하여 우리가 드리는 기도를 비웃으십니까? 우리는 옳은 일을 하였습니다."

4 예수님이 말씀하셨다.

"내가 너희를 비웃은 것이 아니다. 너희가 행하는 이 일이 너희 자신의 의지로 하나님의 영광을 드러내는 것이 아니라, 그 일을 통해 너희의 신이 찬양을 받을 것이기 때문이다."

5 제자들이 말했다.

"주님, 당신은 우리가 섬기는 신의 아들이십니다."

6 예수님이 말씀하셨다.

"너희가 어찌 나를 알겠느냐? 내가 분명히 말한다. 너희 가운데 있는 그 어떤 세대의 사람도 나를 알지 못할 것이다."

제3장

1 예수님의 말씀을 들은 제자들이 분노하기 시작했다. 마음속으로 예수님을 향해 욕도 하였다.

2 예수님은 그들의 이해력이 부족하다는 사실을 알고 말씀하셨다.

"어찌하여 이것으로 너희가 분노하느냐? 너희 속에 있는 너희 신이 너희 혼 안에서 너희를 화나게 하였구나. 너희 가운데 누구라도 좋으니 충분히 강한 자, 곧 완벽한 자가 있거든 내 앞으로 나와 보라."

3 제자들이 말했다.

"우리는 그럴 만한 힘을 가지고 있습니다."

4 그러나 가룟 유다를 제외한 제자들은 감히 그 앞에 나설 수 없었다. 유다만 예수님 앞으로 나와 섰다. 그러나 예수님의 눈을 똑바로 쳐다볼 수 없어 얼굴을 돌리고 말했다.

"저는 당신이 누구시며 어디서 오셨는지 알고 있습니다. 당신은 바벨로, 곧 불멸의 세계로부터 왔습니다. 그러나 저는 당신을 보내신 분의 이름을 감히 말할 수 없습니다."

제4장

1 예수님은 유다가 높이 받들어진 그 어떤 존재에 대해 깊게 생각하고 있다는 사실을 알고 말씀하셨다.

   "너는 다른 사람들로부터 물러서라. 내가 너에게 그 나라에 대한 비밀을 말해주겠다. 하지만 너는 그곳에 이를 수는 있겠으나 큰 슬픔을 맛볼 것이다. 네 자리를 다른 사람이 차지할 것이기 때문이다. 이는 12제자가 그들의 신과 더불어 다시 완전해지기 위해서이다."

2 유다가 말했다.

   "당신은 언제 이런 일들을 제게 말씀해 주시겠습니까? 그리고 빛의 위대한 날은 그 세대를 위해 언제쯤 동이 트겠습니까?"

3 그러나 유다가 그 말을 하였을 때 이미 예수님은 그를 떠나셨다.

제5장

1 그 일이 있은 다음날 아침, 예수님이 제자들에게 다시 오셨다.

2 제자들이 물었다.

   "주님, 우리를 떠나신 후 어디에 가서 무엇을 하셨습니까?"

3 예수님이 대답하셨다.

   "나는 또 다른 위대하고 거룩한 세대에게 갔었다."

4 제자들이 말했다.

   "주님, 지금 이 세상 속에서 우리보다 더 위대하고 거룩한 세대가 어디 있습니까? 그것이 무엇입니까?"

5 예수님이 그 말을 듣고 웃으시며 말씀하셨다.

"어찌하여 너희 마음속에 강하고 거룩한 세대를 떠올리느냐? 내가 분명히 말한다. 이 시대에 태어나는 그 어떤 사람도 그 세대를 보지 못할 것이다. 그리고 그 어떠한 천사나 별들의 무리도 그 세대를 다스리지 못할 것이며, 죽을 수밖에 없는 운명을 지니고 태어나는 그 어떤 사람도 그 세대와 연결될 수 없다. (…)"

6 이 말을 들은 제자들은 심령 가운데 근심이 가득하여 아무 말도 할 수 없었다.

제6장

1 어느 날 예수님이 오시자 제자들이 말했다.

"주님, 우리가 환상 가운데 당신을 보았습니다. 저희가 밤에 잠을 자다가 큰 꿈을 꾸었기 때문입니다."

2 예수님이 물으셨다.

"너희가 무엇을 보았느냐?"

3 제자들이 대답했다.

"우리는 큰 제단을 갖춘 위대한 집을 보았습니다. 제사장으로 보이는 한두 사람도 보았으며, 그들 중에 한 사람의 이름도 보았습니다. 그리고 제사장들이 제물을 받아 바치기까지 그 제단 옆에서 기다리는 사람들도 보았습니다. 우리는 계속 지켜보며 기다렸습니다."

4 예수님이 다시 물으셨다.

"제사장들이 무엇을 하더냐?"

5 제자들이 대답했다.

"더러는 서로가 겸손한 자세를 보이며 찬양하였습니다. 어떤 이들은 그들의 아이를 희생 제물로 드렸고, 어떤 이들은 그들의 아내를 바쳤습니다.

6 또 다른 이들은 남자들과 동침하였으며, 또 다른 이들은 살인하는 일에 가담하였으며, 또 다른 이들은 법도에 어긋난 행동을 하면서 많은 죄를 짓는 모습도 보았습니다.

7 하지만 그들의 부적절한 행위 속에서도, 희생 제사는 착착 진행되어 완전에 이르고 있었습니다.

8 그리고 제단 앞에 서 있는 또 다른 사람들도 보았는데, 그들은 당신의 이름을 불렀습니다."

9 이 말을 한 후에 제자들은 잠잠하였다. 그들 모두가 근심이 되었기 때문이다.

제7장

1 예수님이 말씀하셨다.

"너희가 어찌하여 근심하며 괴로워하느냐? 내가 분명히 말한다. 그 제단 앞에 서서 내 이름을 부른 사람들은 바로 너희들이다.

2 내가 다시 말한다. 내 이름이 인간의 세대를 거쳐 별들의 세대까지 기록되어 있다. 그들은 내 이름 안에서 부끄러운 방법으로 열매 없는 나무들을 심었다.

3 또 너희는 제단에서 제물을 받는 사람들을 보았다. 그들도 지금의 너희들이다. 그것이 너희가 섬기는 신이며, 너희가 보았던 한두 사람

이 바로 너희들이다.

4 그리고 너희는 제물로 바치기 위해 끌고 온 짐승들을 보았다. 그들은 너희가 제단 앞에서 잘못된 길로 이끈 사람들이다. 패역한 세대들은 그러한 방법으로 제단 앞에 서서 내 이름을 이용할 것이다.

5 하지만 경건한 세대들은 변함없이 그에게 충성을 바칠 것이다.

6 그 뒤에 또 다른 남자가 간음하는 자들로부터 나와 거기 설 것이다.

7 그리고 또 다른 자가 아이들을 살해하는 자들로부터 나와 거기 설 것이다.

8 이어서 또 다른 자가 남자와 동침하는 자들과 금욕하는 자들과 타락하여 무법적이고 잘못을 저지른 자들과 '우리는 천사와 같다'고 떠들어대는 자들로부터 나와 거기 설 것이다.

9 그들은 모든 것을 이러한 결론에 이르게 하는 별들이다. 인간 세대들에게 그리 말해졌기 때문이다.

10 '보라! 하나님께서 한 제사장의 손으로부터 너희 제사를 받으셨다'는 말은, 죄악을 일삼는 성직자를 이르는 말이다.

11 그러나 '마지막 날에는 그들 모두가 부끄러움을 당할 것이다'라고 말씀하시는 분은, 주님 곧 우주의 주님이시다."

제8장

1 예수님이 말씀하셨다.

"너희가 제단 위에 드리는 모든 제사를 멈춰라. 패역한 그들은 너희 별들과 천사들을 넘어 이미 그들의 결론에 이르렀기 때문이다.

2 그러므로 그들로 하여금 너희 앞에서 함정에 빠지게 하고, 그들로 하여금 스스로 물러가게 하라. 한 사람이 빵을 구워 하늘 아래 모든 피조물을 먹일 수는 없다. (…)

3 그리고 너희는 나와 다투려고 하지 마라. 너희 각자가 자신의 별을 가지고 있다.

4 모든 사람이 각자의 시대에서 잠시나마 그 시대의 나무를 가꾸기 위해 샘을 파고, 하나님의 동산에 물을 대기 위해 온다. 그러한 세대는 계속될 것이다.

5 그가 그 세대의 사람들에게 그의 발걸음을 더럽히지 않게 하려고, 그들을 영원히 보존할 것이기 때문이다."

제9장

1 유다가 예수님께 물었다.
"랍비여, 이 세대는 어떤 종류의 열매를 맺겠습니까?"

2 예수님이 대답하셨다.
"모든 인간 세대의 혼들은 죽을 것이다. 그러나 그 나라의 때를 완성한 사람들의 영이 그들을 떠날 때는, 그들의 몸은 죽을 것이나 영혼은 살 것이며, 높이 들려 올려질 것이다."

3 유다가 다시 물었다.
"그러면 나머지 인간의 세대들은 무엇을 하게 됩니까?"

4 예수님이 말씀하셨다.
"바위 위에 씨를 뿌리고 열매를 거두는 것은 불가능하다. (…)"

5 이 말씀을 하신 후 예수님은 떠나셨다.

제10장

1 유다가 말했다.

"선생님, 당신이 그들에게 귀를 기울여주셨던 것처럼 저에게도 귀를 기울여주십시오. 제가 위대한 환상을 보았습니다."

2 예수님이 그 말을 듣고 웃으시며 말씀하셨다.

"너 13번째 영아, 너는 왜 그리 힘들게 애쓰느냐? 그러나 말해 보아라. 내가 참고 들어주겠다."

3 유다가 말했다.

"환상 가운데 12제자들이 제게 돌을 던지고 심하게 구박하는 모습을 보았습니다.

4 그리고 저는 당신을 따라 어느 곳으로 갔습니다. 거기서 한 집을 보았으나, 제 눈으로 그 집의 크기를 가늠할 수 없었습니다. 다만 아주 많은 사람들이 그 집을 둘러싸고 있었으며, 그 집은 푸른 잎으로 이어진 지붕이었습니다.

5 또 그 집 한가운데 많은 군중이 모여 '주님이시여, 이 사람들과 함께 저도 데려가 주십시오!' 하고 있었습니다."

6 예수님이 대답하셨다.

"유다야, 너의 별이 너를 잘못 인도하였구나. 죽을 운명을 가지고 태어난 사람은 네가 본 그 집에 들어갈 자격이 없다. 그곳은 거룩한 이들을 위해 마련된 곳이기 때문이다.

7 그곳에서는 해와 달도 다스릴 수 없고 낮과 밤도 그러하다. 그러나 거룩한 자들은 영원한 세계의 거룩한 천사들과 함께 그곳에서 영원히 살 것이다.

8 보라, 나는 네게 그 나라의 비밀을 설명해주었다. (…)"

제11장

1 유다가 물었다.

"선생님, 제 후손들이 그 통치자들의 다스림을 받을 수 있을까요?"

2 예수님이 대답하셨다.

"오라, 너는 그 나라와 그 모든 세대를 보고 많이 슬퍼할 것이다."

3 유다가 말했다.

"당신이 그 세대를 위해 저를 따로 세우셨습니다. 제가 그것을 받아들이는 것이 무슨 소용이 있습니까?"

4 예수님이 대답하셨다.

"너는 13번째가 될 것이며, 다른 세대들에 의해 저주를 받을 것이다. 그러나 너는 그들을 다스리게 될 것이다. 마지막 날에 그들은 네가 거룩한 세대로 들려 올라간 것을 저주할 것이다."

제12장

1 예수님이 말씀하셨다.

"오라, 내가 이제까지 아무도 본 적이 없는 비밀 세계에 대하여 가르쳐주겠다. 크고 끝없는 세계가 존재하기 때문이다.

2 그 세계는 눈에 보이지 않는 위대한 영이 계시는 곳으로, 그 크기는 천사의 세대들도 보지 못하였다.

3 천사의 눈으로도 보지 못하고, 그 어떠한 사람의 생각으로도 이해할 수 없고, 그 어떠한 이름으로도 불린 적이 없다.

4 그곳에 빛나는 구름이 나타나 말했다.

"나를 수행할 한 천사가 생겨나게 하라."

5 그러자 밝히 깨달으시고 신성하시며 스스로 생성되어 존재하시는 거룩한 분을 위하여, 한 위대한 천사가 구름 속에서 나왔다.

6 그로 인해 다른 4명의 천사들도 구름 속에서 생성되어 밖으로 나왔다. 그들은 완전무결하여 스스로 존재하시는 분을 위한 수행원들이 되었다.

7 스스로 존재하시는 분이 말씀하셨다.

"빛나는 존재가 되어라."

8 그러자 빛나는 존재가 있게 되었다. 그를 지배할 첫 번째 빛이 창조된 것이다.

9 그리고 그분이 말씀하셨다.

"그를 섬기는 천사들의 존재가 되어라."

10 그러자 무려 셀 수 없는 큰 무리의 천사가 있게 되었다.

11 그분이 말씀하셨다.

"밝은 깨달음을 지닌 이온이 있어라."

12 그러자 그도 있게 되었다. 그는 그를 섬길 무수한 천사들과 함께 그를 지배할 2번째 빛을 창조하였다.

13 이것이 그가 밝은 깨달음을 지닌 이온들을 어떻게 창조했는지에 대한 이야기다.

14 그는 빛이 이온을 지배하도록 만들었고, 그가 빛을 도울 수 있도록 수많은 천사를 만들었다.

제13장

1 아다마스, 곧 아담은 신이라 불리는 모든 것들 가운데 그 어떠한 천사도 본 적이 없는 첫 번째 빛나는 구름 안에 있었다. (…)

2 그는 그 영의 뜻에 따라 타락하지 않은 세대 중에서 72개의 빛들이 나타나도록 하였다. 그 72개의 빛들은 그 영의 뜻에 따라서, 타락하지 않은 세대 가운데 각각 5개가 되도록 360개의 빛들이 나타나도록 하였다.

3 12빛의 12이온은 그들의 아버지를 이루고, 각 이온마다 6개의 하늘을 갖게 되었다. 따라서 거기에 72빛을 위한 72개의 하늘이 있고, 그들 각각을 위한 5개의 창공이 있게 되었다. 그리하여 모두 360개의 창공이 있게 되었다.

4 영광과 경배를 위해 그들에게 권위와 무수한 천사들이 주어졌고, 모든 이온과 하늘과 창공의 영광과 경배를 위해 처녀 영들이 주어졌다.

제14장

1 불멸하는 수많은 것들의 아버지, 곧 스스로 존재하시는 분과 그의 72이온과 함께 있는 72빛에 의해 우주라 불린다.

2 그 안에서 그의 썩지 않는 힘을 지니고 처음 인간이 나타났다.

3 그리고 그의 세대와 함께 나타난 이온, 즉 그 안에 지식의 구름과 천사가 있는 그 이온을 엘이라 불렀다. (…)

4 그가 말했다.
"12천사는 혼돈과 지하 세계를 다스리는 존재가 되어라."

5 그러자 구름 속에서 불로 번쩍이는 얼굴을 하고, 피로 불결하게 된 한 천사가 나타났다. 그의 이름은 반역자를 뜻하는 네브로였다. 어떤 사람들은 그를 얄다바오트라 불렀다.

6 그리고 사클라스라 불리는 또 다른 천사도 구름 속에서 나왔다.

7 네브로는 사클라스와 마찬가지로 6천사를 보조자로 창조하였다.

8 그리고 그들은 12천사를 만들어 하늘 안에 두었으며, 각 하늘 안에서 각자의 몫을 받았다.

제15장

1 12통치자와 12천사가 있었다. (…)

2 첫째는 그리스도라 불리는 셋이요, 둘째는 하마도트요, 셋째는 갈릴라요, 넷째는 요벨이요, 다섯째는 아도나이오스다. 이들은 지하세계를 다스리는 5존재인데, 우선적으로 혼돈을 다스린다.

(…)

제16장

1 사클라스가 그의 천사들에게 말했다.

"우리가 그 외관과 모습에 따라 인간을 창조하자."

2 그들은 아담과 그의 아내 하와를 만들었다. 하와는 구름 속에서 조에, 곧 생명이라 불렸다.

3 그 이름으로 모든 세대가 남자를 찾았고, 그들 모두가 여자를 그 이름으로 불렀다. (…)

4 그리고 그가 아담에게 말했다.

"너는 너의 자녀들과 함께 오래 살리라."

제17장

1 유다가 예수님께 말했다.

"인간이 살 수 있는 기한은 얼마나 됩니까?"

2 예수님이 말씀하셨다.

"너는 왜 그것에 대하여 궁금해 하느냐? 아담과 그의 세대는, 그가 그의 나라에서 받았던 곳에서 그 통치자와 함께 오랫동안 그의 수명을 살았다."

3 유다가 말했다.

"인간의 영은 죽습니까?"

4 예수님이 말씀하셨다.

"모든 사람은 섬김을 실천해야 한다. 이것이 하나님께서 미가엘 천사에게 명하여, 그들의 영을 그들에게 빌려준 이유다. 그러나 위대하고 유일하신 분이 가브리엘 천사에게 명하여, 위대한 세대에게 그 영과 혼을 다스리는 자 없이도 영들을 주도록 승인하셨다."

제18장

1 예수님이 계속 말씀하셨다.

"(⋯) 하나님께서는 아담을 비롯하여 아담과 함께한 자들에게 지식이 주어지도록 하였으며, 혼돈세계와 지하세계의 왕들이 그들을 다스리지 못하도록 하셨다."

2 유다가 물었다.

"그렇다면 저 세대들은 무엇을 합니까?"

3 예수님이 대답하셨다.

"내가 진실로 너에게 말한다. 그들 모두를 위하여 그 별들이 이 일들을 완성할 것이다.

4 사클라스가 그를 위해 할당된 시간의 길이를 다했을 때, 그들의 첫 번째 별이 그 세대들과 함께 나타날 것이며, 그들은 그들이 해야 한다고 말한 것을 끝낼 것이다.

5 그리고 그들은 나의 이름으로 간음하고, 그들의 아이들을 살해할 것이다. (⋯)"

6 이 말씀을 하신 후 예수님이 웃으시자 유다가 다시 말했다.

"선생님, 어찌하여 저를 비웃으십니까?"

7 예수님이 말씀하셨다.

"나는 네가 아니라 별들의 잘못을 비웃는 것이다. 이 별 여섯이 싸우는 자 다섯과 함께 탈선하여 헤매고 있기 때문이다. 그들은 모두 그들의 피조물과 함께 멸망할 것이다."

제19장

1 유다가 예수님께 말했다.

"보십시오. 당신의 이름으로 세례를 받은 사람들이 무엇을 하겠습니까?"

2 예수님이 대답하셨다.

"내가 진실로 너에게 말한다. 나의 이름으로 세례를 받은 사람들은 하나님 앞에서 선한 일을 할 것이다.

3 그러나 사클라스에게 제사를 드리는 자들은 하나님 보시기에 악한 일을 할 것이다.

4 그럼에도 너는 그들 모두를 능가할 것이다. 네가 내게 옷 입히고 있는 사람을 제물로 드릴 것이기 때문이다.

5 보라, 이미 너의 뿔이 들려 올라졌고 너의 분노가 불붙었다. 너의 별들이 밝게 빛났으며 너의 마음은 굳어졌다.

6 내가 진실로 말한다. 이것이 너의 마지막 일이다. 너는 슬퍼하고 후회할 것이다. 너를 다스리는 통치자가 망할 것이기 때문이다.

7 그다음에 아담의 위대한 세대의 이미지는 높이 들어 올라질 것이다. 하늘과 땅과 천사들보다 앞서서 영원한 세계로부터 온 그 세대가 존재하기 때문이다.

8 보라, 내가 네게 이 모든 것을 말해주었다. 너의 눈을 들어 구름과 그 안에 있는 빛과 그것을 둘러싸고 있는 별들을 보라. 그 길을 인도

하는 별이 바로 너의 별이다."

9 유다가 눈을 들어 빛나는 구름을 보았다. 그리고 그 속으로 들어갔다. 땅 위에 서 있던 사람들은 구름 속에서 나와 그가 말하는 소리를 들었다. (⋯)

제20장

1 대제사장들이 뭐라고 중얼거렸다. 그가 기도하기 위해 손님방으로 들어갔기 때문이다.

2 그러나 몇몇 율법학자들은 그를 붙잡기 위해, 그가 기도하는 동안 거기서 주의 깊게 지켜보고 있었다.

3 그가 예언자로 여겨졌기 때문에 그들이 백성들을 두려워하였던 것이다.

4 그들이 유다에게 다가가 말했다.
"너는 여기서 무엇을 하느냐? 너도 예수의 제자가 아니냐?"

5 유다는 그들이 원하는 대로 그들에게 대답한 후, 그들이 주는 약간의 돈을 받고 그를 그들에게 넘겨주었다.

제13권

진리
복음

제1장

1 진리의 복음은 말씀의 권능에 의하여, 진리의 아버지로부터 그분을 아는 선물을 받은 이들에게 기쁨이다.

2 그 말씀은 플레로마(Pleroma, 하나님의 완전한 신성)에서 나왔으며, 아버지의 생각과 마음속에 있으며, 구원자라고 일컬어지며, 아버지를 모르는 자들의 구원을 위해 그가 해야 할 일의 이름이다. 이 복음은 희망의 선포이며, 그분을 찾는 이들을 위한 발견이다.

3 진실로 만물은 자신이 나온 근원이 되시는 분을 찾아 헤맸으나, 만물은 모든 생각을 넘어 계신, 이해할 수도 없고 생각할 수도 없는 그분 안에 있었다.

4 아버지에 대한 무지가 불안과 공포를 낳았다. 그 불안은 안개처럼 자욱하여 아무도 볼 수 없었다. 그로 인해 오류가 심해졌다. 그것은 텅 빔 속에서 자신의 물질을 만들었는바, 진리를 알지 못했기 때문이다. 그것은 자신의 온갖 힘을 다해 아름다움 속에서 진리의 대체물을 준비하며, 한 피조물을 만드는데 몰두했다.

5 그런데 이것은 이해할 수도 없고 생각할 수도 없는 분에 대한 모욕은 아니었다. 확고한 진리는 변할 수 없고, 동요치 않으며, 아름다움에서 완전했다. 그것들, 곧 불안과 망각과 거짓의 형상들은 무(無)일 뿐이기 때문이다. 그러니 오류를 경멸하라.

6 이와 같이 그것은 아무 뿌리가 없어 아버지에 대해 안개 속에 빠져버렸다. 그때 그것은 일과 망각과 공포를 준비하는데 몰두하고 있었는바, 이것들을 통해 중간에 있는 자들을 유혹하여 사로잡고자 했다.

7   오류의 망각은 드러나지 않았다. 그것은 아버지를 통해서 (…) 아니다. 망각이 아버지로 인해 존재하게 되었다고 하더라도, 아버지 안에 존재한 것은 아니다.

8   오히려 그분 안에 존재하게 된 것은 지식이다. 그것은 망각이 사라지고 아버지를 알리기 위해 나타났다. 아버지께서 알려지지 않아서 망각이 존재하게 되었는바, 아버지께서 알려지게 되면 그 순간부터 망각은 존재하지 않을 것이다.

9   이것이 우리가 찾는 분의 복음이며, 아버지의 자비, 즉 숨겨진 신비이신 예수 그리스도를 통해 완전하게 된 자들에게 계시된 복음이다.

10 이 복음을 통해 그분은 어둠 속에 있는 자들에게 빛을 비추셨다. 그분은 그들을 망각에서 깨어나게 하셨으며, 그들에게 길을 보여주셨다. 그 길은 그분이 그들에게 가르치신 진리이다.

제2장

1   이 모든 일이 있은 후 어린아이들이 왔다. 아버지의 지식은 그들에게 속한 것이다. 아이들은 믿음이 성숙하면서 아버지 모습의 여러 측면을 배웠다. 그 아이들은 알았고, 알려졌다. 그들은 찬양을 받았고, 찬양을 드렸다. 그들의 마음속에 살아있는 자들의 살아있는 책, 아버지의 생각과 마음속에 쓰여 있는 책이 계시되었다.

2   그 책은 만물이 생기기 전부터 그분의 이해할 수 없음 속에 있었다. 아무도 그 책을 가져갈 수 없었다. 그 책은 가져갈 사람을 위해 보존되었고, 그는 죽임을 당할 것이기 때문이다. 그 책이 나타나지 않았

더라면, 구원을 믿는 자들이 아무도 나올 수 없었을 것이다.

3 이 때문에 자비롭고 미쁘신 예수께서 그 책을 받기까지 고통을 당하시며 인내하셨다. 자신의 죽음이 많은 사람에게 생명이 됨을 아셨기 때문이다.

4 유언장이 개봉되기 전까지 사망한 집주인의 재산이 그 유언장에 숨겨져 있는 것처럼, 스스로 존재하시고 온 우주가 나온 근원이 되시는 만유의 아버지께서 보이지 않으시는 한, 만유도 그와 같이 숨겨져 있다. 그래서 예수께서 나타나신 것이다.

5 그분은 그 책을 입으시고 나무에 못 박히셨다. 그분은 십자가 위에서 아버지의 칙령을 선포하신 것이다.

6 아, 얼마나 위대한 가르침인가! 그분은 영원한 생명에 싸여 있으면서도, 스스로 자신을 죽음으로 끌어내리셨다. 그분은 썩어버릴 누더기를 벗어버리고, 아무도 빼앗을 수 없는 불멸성을 입으셨다.

7 그분은 공포의 텅 빈 곳으로 들어가심으로써, 망각에 의해 발가벗겨진 자들 사이를 지나셨으며, 지식과 완전하심이 되어, 그 가르침을 받아들일 사람들을 가르치시기 위해, 아버지의 마음속에 있는 것을 선포하셨다.

8 그 가르침을 받아들이는 자들은 살아있는 자들의 책에 기록된 살아있는 사람들이다. 그들은 자신에 대한 가르침을 받아들인다. 그들은 그것을 아버지께로부터 받아들여 그분께 다시 돌아간다.

제3장

1 만유의 완전함은 아버지께 있다. 만유는 그분께 올라가야 한다. 그런데 그가 지식을 가지고 있다면, 자신에게 속한 것을 받아들여 자기에게 가져간다.

2 무지한 자는 결핍 속에 있다. 그가 결여한 것은 참으로 크다. 그는 자신을 완전하게 해줄 수 있는 것을 결여하고 있다. 만유의 완전함은 그분 안에 있다. 만유는 그분께 올라가야 하며, 각자 자신의 것을 받아들여야 한다.

3 그분은 그들을 미리 기록해 두셨다. 아버지로부터 온 자들에게 주시려고 그들을 준비하신 것이다. 그분이 미리 그 이름을 아신 사람들은 결국 부름을 받는다. 지식을 지닌 자는 아버지께서 그 이름을 부르신 자다.

4 아버지께서 그 이름을 부르지 않은 자는 무지한 자다. 이름을 부르지 않고 어떻게 들을 수 있으리오? 끝까지 무지한 자는 망각의 피조물이며, 그 망각과 함께 사라질 것이다.

5 그렇지 않다면, 이 비참한 자들이 어찌 이름이 없으며, 어찌 부름을 받지 못하리오? 지식이 있는 자는 위로부터 난 자다. 그가 부름을 받으면 듣고, 대답하고, 자신을 부르시는 분께 돌아가, 그분께 올라간다. 그는 자신이 어떻게 부름을 받는지를 안다. 그는 지식이 있어 자신을 부르신 분의 뜻을 행하며, 그분을 기쁘시게 하려고 안식을 받아들인다.

6 각 사람의 이름은 그분께 간다. 이렇게 지식을 지닌 사람은 자신이

어디서 오며, 어디로 가는지를 안다. 그는 술 취한 사람이 깨어나 정신을 차리면, 자기에게 속한 것을 되찾는 것처럼 알게 된다.

7 그분은 오류로부터 많은 사람을 되찾아오셨다. 그분은 온 우주를 포용하는 깊이를 지니셨으나, 아무도 그분을 포용할 수 없어 그들은 오류를 받아들였으며, 그때 그분께서 그들이 떠나온 처소로 그들보다 먼저 가셨다.

8 그런데 참으로 놀라운 일은, 그들이 아버지 안에 있으면서도 그분을 알지 못했다는 것이고, 그들이 속해 있는 그분을 이해하거나 알 수 없었던바, 스스로 나올 수 없었다는 것이다.

제4장

1 그분의 지혜는 그 말씀을 묵상하고, 그분의 가르침은 그것을 말하고, 그분의 지식은 그것을 계시하였다. 그분의 인내는 그 위에 씌워진 왕관이며, 그분의 기쁨은 그것과 하나이며, 그분의 영광은 그것을 드높이셨으며, 그분의 형상은 그것을 드러내셨고, 그분의 안식은 그것을 자신 안에 받아들이셨으며, 그분의 사랑은 그것 안에서 육화(肉化)하셨으며, 그분의 신실하심은 그것을 감싸셨다. 이와 같이 아버지의 말씀은 그분의 마음의 열매이자, 그분의 의지의 표현으로서 만유 안에 나타나 있다.

2 그것은 만유를 지탱하고 있다. 그것을 선택하고 만유의 표현을 받아들여 정화하고, 만유를 아버지와 어머니와 무한히 부드러우신 예수께로 돌려보낸다.

3 아버지께서 자신의 가슴을 보여주시니, 그 가슴은 성령이시다. 그분은 자신의 감춰진 것을 보여주신다. 그 감춰진 것은 그분의 아들이다.

4 아버지의 자비를 통해 에온(aeon, 긴 시간, 즉 영원을 의미하지만, 신의 속성이나 그리스도를 말할 때도 있음)들이 그분을 알고, 아버지를 찾는 수고를 멈추고, 그분 안에서 안식하며, 이것이 안식임을 알리시려는 것이다.

5 그분은 결핍을 충만케 하시고 그 형상을 폐지하셨나니, 그 형상은 그분이 섬기신 세상이다. 질투와 다툼이 있는 곳은 결핍이며, 하나 됨이 있는 곳은 완전이기 때문이다.

6 아버지께서 알려지지 않아 결핍이 존재하게 되었는바, 아버지께서 알려지면 그 순간부터 결핍은 더 이상 존재하지 않을 것이다.

7 사람이 지식을 갖게 되면 무지가 저절로 사라지듯이, 빛이 나타나면 어둠은 저절로 사라지며, 결핍도 완전함 속에서 사라진다.

8 그리하여 그 순간부터 개개의 형상이 분명치 않아도, 하나 됨 속에서 녹아 없어진다. 이는 그 작용이 흩어져버렸기 때문이다. 때가 되면 하나 됨이 모든 우주를 완성할 것이다. 하나 됨 안에서 각 사람이 자신을 찾게 된다.

9 각 사람은 지식 안에서 자신을 정화시켜 많음에서 하나 됨으로 돌아갈 것이며, 그 하나 됨은 그 안에 있는 물질들을 불처럼 살라버리고, 어둠을 빛으로, 죽음을 생명으로 살라버릴 것이다.

10 만일 이러한 일들이 진실로 우리 각 사람에게 일어난다면, 그때 우리는 무엇보다도, 집이 하나 됨을 위해 거룩하고 고요해지도록 주의해

야 한다. 이는 질이 좀 좋지 않은 항아리가 있는 집에서 온 사람들의 경우와 같다.

11 그들은 그 항아리를 깨뜨려버릴 것이고, 집주인은 그것을 아까워하지 않을 것이다. 오히려 그는 그것을 기뻐할 터인데, 나쁜 항아리들 대신에 완전하고 가득 찬 항아리들이 있기 때문이다.

제5장

1 하늘에서 오는 심판도 이와 같다. 하늘은 이미 모든 사람에게 심판을 내렸다. 그것은 칼집에서 뽑아낸 칼의 양날로 자르는 것과 같다.

2 그것을 말하는 자들의 가슴속에 계신 말씀이 나타났을 때(그것은 단지 소리가 아니라 육체였다), 항아리들 사이에 큰 혼란이 생겼다.

3 어떤 것들은 비어 있었고, 어떤 것들은 가득 차 있었기 때문이다. 즉 어떤 것들은 공급을 받았고, 어떤 것들은 쏟아낸 상태였으며, 어떤 것들은 정화되었으나, 어떤 것들은 깨뜨려졌기 때문이다.

4 온 우주가 질서와 안정을 잃고 흔들리며 혼란스러웠다. 오류는 어찌할 바를 몰라 당황했다. 오류는 아무것도 몰랐기 때문에 애통하고 탄식하며 괴로워했다.

5 지식이 가까이 다가왔을 때(이것이 오류와 모든 방사체들의 몰락이다), 오류는 텅 비어 그 안에 아무것도 없었다.

6 진리가 그 한가운데 오자 모든 방사체가 진리를 알았다. 그들은 자신을 아버지와 하나 되게 하는, 완전한 권능을 지니신, 진리 안에 계신 아버지를 맞이했다. 모든 사람이 진리를 사랑했다. 진리는 아버지의

입이며, 그분의 혀는 성령이기 때문이다.

7 진리와 하나 되는 자는, 성령을 맞이할 때마다 아버지의 혀를 통해 아버지의 입과 하나가 된다. 이는 아버지의 나타나심이요, 그분의 에온들에 대한 그분의 계시이다.

제6장

1 그분은 자신의 감춰진 것을 드러내며 설명하셨다. 아버지 한 분 외에 누가 존재한단 말인가? 온 우주는 그분의 방사이다.

2 그들은 어른에게서 나온 어린이와 같이, 자신들이 그분에게서 나왔음을 알았다. 그들은 자신이 형상도 이름도 받지 않았음을 알았으며, 그들 각자는 아버지께서 낳으시는 것이다.

3 그들은 실로 그분의 지식에 의해 형상을 받을 때, 그분 안에 있으면서도 그분을 알지 못한다. 그러나 아버지께서는 완전하신바, 자기 안에 있는 모든 우주를 아신다.

4 만일 그분이 원하신다면, 그에게 형상을 주고 이름을 주시며, 자신이 원하는 자를 나타나게 하신다. 그분은 그에게 이름을 주시며, 그들이 존재하기 전에 그들을 지으신 분을 모르는 자들을 존재하게 하신다.

5 그런데 나는 아직 존재하지 않은 자를 전혀 무(無)라고 말하는 것이 아니다. 그들은 앞으로 올 시간과 같이, 그분이 원하실 때 그들이 존재하기를 원하시는 그분 안에 있다. 모든 것이 나타나기 전에, 그분은 자신이 무엇을 지으실지 아신다.

6 그러나 아직 나타나지 않은 열매는 아무것도 알지 못하고, 아무것도

하지 못한다. 이와 같이 아버지 안에 있는 모든 우주는 존재하시는 분에게서 나왔고, 그분은 존재하지 않는 것으로부터 그것을 지으셨다. 뿌리가 없는 자는 열매도 없기 때문이다.

7 자신이 '나는 존재하게 되었다'고 생각해도, 그는 스스로 멸망할 것이다. 이런 까닭에, 전혀 존재하지 않았던 자는 결코 존재하게 되지 않을 것이다.

8 그러면 그분은 자신에 대해 어떻게 생각하기를 원하셨던 것일까? 바로 이것이니, '나는 그림자같이, 밤의 유령과 같이 존재하게 되었다'는 것이다. 그 사람이 겪은 공포 위로 빛이 비춰면, 그는 그것이 무(無)임을 안다.

9 이와 같이 그들은 아버지에 대해 몰랐다. 그는 그들이 보지 못한 분이다. 거기에 공포와 혼란과 불안정과 의심과 분열이 있었던바, 이러한 것들로 인해 많은 환상이 작용하였으며, 마치 잠에 빠져, 혼란스런 꿈속에 있는 것처럼 공허한 허상이 있었다.

제7장

1 그들은 도피할 곳이 있는 경우도 있고, 다른 이들을 쫓다가 힘없이 돌아오는 경우도 있고, 싸움에 휘말리기도 하고, 공격을 받기도 하고, 높은 곳에서 떨어지기도 하고, 날개도 없이 허공으로 날아가기도 한다.

2 때로는 쫓아오는 사람이 없어도 자기를 죽이는 것 같기도 하고, 또 자신이 이웃을 죽이는 듯도 하다. 그들이 이웃의 피로 더러워져 있기

때문이다.

3 이 모든 일을 겪는 자들이 깨어나면, 그런 모든 혼란의 와중에 있던 그들은 아무것도 보지 못한다. 그들은 무(無)이기 때문이다.

4 자신에게서 무지를 잠처럼 내던져버린 자들의 길은 이와 같다. 그들은 그것을 현실이라고 여기지 않으며, 그 현상이 실제적인 것이라고 여기지도 않고, 그것을 한밤에 꾼 꿈처럼 놓아버린다.

5 그들은 아버지에 대한 지식을 빛으로 여긴다. 이게 각 사람이 무지했을 때 잠자는 것처럼 행동한 모습이다. 또 각 사람이 잠에서 깨어난 것처럼 지식에 이르게 된 모습이다. 자기 자신에게 돌아가 깨어날 자는 행복하다. 그리고 소경의 눈을 뜨게 한 사람은 복이 있다.

6 성령께서 서둘러 그 사람을 깨우려고 달려가셨다. 그분은 땅에 누워 있는 그에게 손을 뻗쳐 제 발로 일어서게 하신다. 그가 아직 일어나지 못했기 때문이다.

7 그분은 그에게 아버지에 대한 지식과 그 아들에 대해 아는 길을 계시로 열어주셨다. 사람들이 그분을 보고 그분의 목소리를 들었을 때, 그분은 사람들이 그분을 맛보고, 그분을 냄새 맡고, 사랑하는 아들을 만질 수 있도록 하셨다.

제8장

1 그분은 알 수 없는 분인 아버지에 대해 그들을 가르치려고 나타나셨다. 그분은 그분의 뜻을 행하시려고 마음속에 있는 것을 그들에게 불어넣으셨다.

2 많은 사람이 그 빛을 영접하고 그분께로 돌아섰다. 그러나 물질적인 존재는 그분께 낯선 자들로서, 그분의 모습을 보지 못하고 그분을 알아보지 못했다.

3 그분은 육체의 형상으로 오셨으나 아무것도 그 길을 가로막지 못했다, 불멸은 잡을 수가 없기 때문이다. 그분은 새로운 것을 말씀하셨으나, 그것은 아버지의 마음속에 있는 것에 대해 말씀하신 것이니, 그분은 흠 없는 말씀을 하신 것이다.

4 빛이 그분의 입을 통해 말씀하셨고, 그분의 목소리는 생명을 산출하셨다. 그분은 아버지의 무한하심과 자애로우심으로부터 사람들에게 생각과 이해와 자비와 구원과 강력한 영을 주셨다.

5 그분은 징벌과 고문을 멎게 하셨다. 과오와 매임 속에서 자비를 갈망하는 자들이, 그분을 떠나 방황하게 한 것이 바로 이것이다.

6 그분은 권능으로 이것을 깨부수시고, 지식으로 이것을 깨뜨리셨다. 그분은 길을 잃은 자들에게 길이 되셨고, 무지한 자들에게 지식이 되셨으며, 찾는 자들에게 찾음이 되셨고, 흔들리는 자들에게 격려가 되셨으며, 더러워진 자들에게 순결함이 되셨다.

제9장

1 그분은 길 잃지 않은 양 99마리를 두고 길을 떠나신 목자시다. 그분은 길 잃은 양 1마리를 찾으러 가셨다. 그분은 그 1마리 양을 찾으시고 기뻐하셨다. 99는 그것을 잡고 있는 왼손의 숫자이기 때문이다. 그러나 하나를 되찾으면, 그 전체의 숫자가 오른손으로 넘어간다.

2 하나(그것은 오른쪽 전체다)가 부족한 분의 경우는 이렇다. 그분이 부족한 것을 자기에게 끌어당겨, 그것을 왼쪽에서 집어다가 오른쪽으로 가져가시니, 그 숫자가 100이 된다.

3 이것은 그들의 소리 속에 계신 분에 대한 상징으로서, 그분은 아버지시다. 그분은 안식일에도 구덩이에 빠진 양을 보시고, 그 양을 구하기 위해 일하셨다.

4 그분은 그 양을 구덩이에서 꺼내 그 양에게 생명을 주셨다. 이는 내적 지식의 아들인 너희가 내적으로 안식일이 무엇인지 알게 하시려는 것이다.

5 안식일에 구원의 일을 태만히 하는 것은 합당치 않다. 이것은 또 너희가 하늘에서 온 밤이 없는 낮으로부터 말하고, 완전하여 사그라지지 않는 빛으로부터 말하게 하시려는 것이다. 그러니 너희는 완전한 대낮이며, 너희 안에 사라지지 않는 빛이 있다고 가슴으로 말하라.

6 진리를 찾는 자들과 함께 진리에 대해 말하고, 오류 속에서 죄를 범한 자들에게 지식에 대해 말하라. 실수한 자들의 발을 굳건하게 해주고, 병든 자에게 너희의 손을 내밀라. 배고픈 자들을 먹이고, 지친 자들에게 휴식을 주고, 일어서기를 원하는 자들을 일으켜 주고, 잠자는 자들을 깨워라. 너희는 용기를 주는 이해이기 때문이다.

7 만약 힘이 이와 같이 행동한다면, 그것은 훨씬 더 강해진다. 너희 자신에게 관심을 갖고, 너희가 스스로 이미 물리쳤던 것들에 관심을 갖지 마라. 너희가 토해낸 것을 다시 먹으려고 돌아서지 마라. 좀이나 구더기가 되지 마라. 너희는 이미 그것을 버렸다. 악마의 거처가 되

지 마라.

8 너희는 이미 악마를 격파했다. 너희에게 장애가 되는 무너져가는 것들을, 마치 너희가 그것들의 보조자인 양 격려하지 마라. 불의한 자는 의로운 자와 달리 나쁘게 처신한다. 불의한 자는 불의한 자로서 자기 일을 하지만, 의로운 자는 의로운 사람 가운데서 자기 일을 한다.

9 그러므로 너희는 아버지께로부터 났으니, 아버지의 뜻을 행하라.

제10장

1 아버지께서는 온유하여 그분의 뜻 안에 선한 것만 있다. 그분이 너희에게 속한 것들을 아셨나니, 너희가 그 안에서 쉴 수 있게 되었다. 너희에게 속한 것들을 사람들이 그 열매를 통해 알기 때문이다.

2 아버지의 자녀들은 그분의 향기니, 그들이 아버지의 은혜에서 나왔기 때문이다. 그래서 아버지께서는 자신의 향기를 사랑하시고, 그것을 모든 곳에 나타내신다.

3 그런데 만일 그것이 물질과 섞이면, 그분은 자신의 향기를 빛에게 주어, 그분의 안식 속에서 그것이 모든 형상과 모든 소리를 넘어서게 하신다.

4 향기를 맡는 것은 귀가 아니며, 후각을 가지고 향기를 끌어들여, 아버지의 향기 속에 잠기는 호흡이 된다. 호흡은 향기를 되찾아 그것이 처음 나온 곳으로 데려가지만, 그 처음의 향기는 이제 차갑게 식었다.

5 그것은 혼적인 형상을 한 것이고, (…) 차가운 물과 같은 것이다. 그것은 굳지 않은 흙 위에 있다. 그것을 본 사람들은 그것을 흙이라고

생각한다. 그것은 후에 다시 해체된다.

6 만일 호흡이 그것을 끌어들이면, 그것은 뜨거워진다. 그러므로 차가워진 향기는 분리에서 나온다. 이것을 위해 믿음이 왔다.

7 그것은 분리를 없애고, 차가운 것이 다시 오지 못하고 완전한 생각의 합일이 생기도록, 따뜻한 사랑의 플레로마를 가져왔다.

8 이것은 높은 곳에서 오는 구원을 기다리는 자들에게 플레로마를 발견하는 복음의 말씀이다. 그들이 기다리는 희망이 있는 동안(그들의 형상은 그림자 없는 빛이다), 그때 플레로마가 온다.

제11장

1 물질의 결핍은 아버지의 무한하심으로 생긴 것이 아니다. 불멸의 분이 이런 식으로 오시리라고는 아무도 생각할 수 없겠지만, 아버지는 결핍하실 때 오신다.

2 아버지의 심연이 여럿으로 변해도, 그분 안에는 오류의 생각이 존재하지 않는다. 그것은 사라지는 현상이요, 그를 다시 오게 하실 분에게 간 자의 발견에 의해 다시 일어나지 않는 현상이다. 이 돌아섬을 회개라고 부른다.

3 이러한 이유로 불멸은 숨을 내쉬었다. 그것은 죄를 지은 자가 안식을 얻도록 하려고 그를 좇아갔다. 용서는 결핍 속에 있는 빛을 위해 남아있는 것이니, 그것이 플레로마의 말씀이기 때문이다.

4 의사는 병이 있는 곳으로 달려간다. 그것이 그 안에 있는 그의 뜻이기 때문이다. 그때 결함이 있는 자는 그것을 숨기지 않는다. 한 사람

이 다른 사람에게 없는 것을 가지고 있기 때문이다.

5 결함이 없는 플레로마의 경우도 그와 같다. 그것은 그의 결함을 채운다. 그가 은혜를 받아들일 수 있도록 결여한 것을 채워주는 것이다. 그에게 결핍이 있을 때는 은혜가 없다. 그러므로 은혜가 없는 곳에 열등함이 있다.

제12장

1 사람이 결핍을 느끼는 이 작은 것을 받아들이는 순간, 그것이 플레로마로서 나타나게 된다. 그것이 그에게 일어나는 진리의 빛의 발견인데, 그것은 변치 않기 때문이다.

2 그러므로 혼란에 빠진 자들을 회복하게 하시려고, 그리스도께서 그들 가운데서 말씀하셨으며, 그들에게 기름을 부으신 것이다. 그 기름 부음은 아버지의 자비이니, 아버지께서 그들에게 자비를 보이실 것이다.

3 그분이 기름을 부은 자들은 완전하게 된다. 사람들은 보통 완전한 항아리에 기름을 붓기 때문이다. 그러나 한 항아리의 기름 부음이 해제될 때 그것은 비게 되는데, 거기 결함이 있는 이유는 그 기름 부음이 빠져나가기 때문이다.

4 그때 한 영이 그것을 끌어당기는데, 그것과 함께하신 분의 권능에 의한 것이다. 결함이 없는 자에게는 봉인이 제거되지 않으며, 아무것도 비지 않는다.

5 그에게 없는 것은 완전하신 아버지께서 다시 채우신다. 그분은 선하

시다. 그분은 자신이 심은 것을 아시니, 자신의 낙원에 그것을 심으신 분이 바로 그분이시다. 이제 그의 낙원은 안식의 장소다.

6 이는 아버지의 생각 속에 있는 완전이며, 아버지의 깊은 생각에서 나온 말씀이다. 그분의 말씀 하나하나는 그분의 말씀(로고스)의 계시를 통해 나타난, 그분의 유일한 의지의 작용이다.

7 그것은 여전히 그분 생각의 심연 속에 있는바, 최초로 나타나신 그 말씀(로고스)이 침묵하시는 은혜 속에서 그 유일한 말씀(로고스)을 발하시는 마음(누스)과 함께 그것을 계시하신다. 그것은 생각이라고 불리었으니, 그것이 나타나기 전에 그 안에 있었기 때문이다.

8 그런데 그것은 의지를 내신 분이 기뻐하실 때 처음으로 나타나게 된 것이다. 아버지께서는 그 의지 안에서 안식하시고 그것을 기뻐하신다. 그분 없이는 아무것도 일어나지 않으며, 아버지의 뜻이 없이는 어떤 일도 일어나지 않으니, 그분의 뜻은 이해할 수 없다.

9 그분의 흔적이 그 뜻이지만, 아무도 그것을 알지 못하며, 누구라도 그것을 이해하기 위해 자세히 검토할 수 없다. 그러나 비록 그 현상이 그들의 마음에 들지 않는다 하더라도, 그분이 원하실 때 그분이 원하시는 것이 일어나나니, 그것이 하나님의 뜻이다.

제13장

1 아버지께서는 그들 모두의 처음과 끝을 아신다. 실로 그분은 그들의 끝 날에 그들이 무엇을 했는지 질문하실 것이다.

2 그러나 그 끝은 숨겨져 계신 분에 대한 지식을 받아들이는 것이니,

이분이 아버지시며, 그분에게서 시작이 나왔고, 그분에게서 나온 모든 것이 그분에게로 돌아갈 것이다. 그들은 그분 이름의 영광과 기쁨을 위해 나타났던 것이다.

3 그런데 아버지의 이름은 아들이다. 그분으로부터 나온 그에게 처음으로 이름을 주신 분이 그분이시니, 그는 그분 자신이시며, 그분은 그를 아들로서 낳으셨다.

4 그분은 그에게 자기 자신의 이름을 주셨나니, 그는 아버지께 속한 모든 것을 소유하신 분이기 때문이다. 그 이름은 그분의 것이며, 그 아들도 그분의 것이다.

5 그를 볼 수는 있으나 그 이름은 볼 수 없다. 그것은 그분으로 완전히 충만한 이들에게 오시는, 보이지 않는 분의 신비이기 때문이다. 진실로 아버지의 이름은 말할 수 없으나, 그것은 아들을 통해 나타난다.

6 이와 같이 그의 이름은 위대하다. 그 이름이 속해 있는 그분과 아버지의 이름이 그들 안에서 안식하고, 또 그들 자신이 그분의 이름 안에서 안식하는, 그 이름의 아들들 외에 누가 그분에 대해 그 이름, 그 거룩한 이름을 말할 수 있겠는가?

7 아버지는 태어나지 않으신 분이다. 그분이 에온을 내시기 전에 자신을 위해 한 이름을 낳으셨으니, 이는 아버지의 이름이 주님으로서, 그들의 머리 위에 있게 하시려는 것이었다. 그것은 완전한 권능을 통해 그분의 명령 안에 확고하게 서 있는 진리의 이름이다.

8 그 이름은 단순히 말에 속하지 않고, 발음으로 되지도 않으며, 보이지도 않기 때문이다.

9 그분이 자신에게 이름을 주신 것은 그분이 자신을 보시기 때문이다. 그분만이 그분 자신에게 이름을 주시는 권능을 지니셨다. 존재하지 않는 것의 이름은 없다. 존재하지 않는 이에게 무슨 이름을 붙이겠는가?

10 그러나 존재하는 이는 그 이름과 함께 존재하며, 그는 자기 자신을 안다. 자신에게 이름을 주시는 것은 아버지의 특권이다. 아들이 그분의 이름이다.

11 그러므로 그분은 그것을 대상 속에 숨기지 않으셨고, 그 아들이 존재하게 되었으며, 그만이 홀로 그 이름을 부여받았다. 아버지의 이름이 아들이듯이, 그 이름은 아버지의 것이다. 진실로 아버지에게서가 아니면, 자비가 어디서 이름을 발견하겠는가?

제14장

1 이것이 그들이 유일하신 분, 완전하신 분, 그들이 그들을 위해 거기 계신 분을 향해 손을 뻗쳤을 때, 위로부터 측량할 수 없는 위대함에게서, 무언가를 소유하게 된 자들의 존재 방식이다.

2 그들은 하계(下界)로 내려가지 않고, 질투하지 않고, 탄식하지도 않는다. 그들에게는 죽음도 없으며, 안식하고 계신 그분 안에서 안식하며, 진리를 추구하기 위해 노력하거나 골몰하지도 않는다.

3 오히려 그들 자신이 진리이다. 아버지께서 그들 안에 계시며, 그들은 아버지 안에 있나니, 그들은 완전하며, 참으로 선하신 분 안에서 분열되지 않고, 어떤 것에도 결코 부족하지 않다.

4 그들은 성령 안에서 안식하며 소생하게 되었다. 그들은 그들의 뿌리

에 관심을 기울일 것이다. 그들은 그런 일들에 관심을 가질 것이요, 그 속에서 그는 자기 뿌리를 발견할 것이며, 자기 영혼을 잃지 않을 것이다. 이것이 축복받은 자들의 거처이니, 이것이 그들의 거처다.

5 그들이 자기네 상황에서 알고 있는 그 밖의 일에 대해서라면, 안식처에 오게 된 내가 그 밖의 것에 대해 말하는 것이 적절치 않다.

6 나는 그곳에 있게 될 것이며, 거기서 언제나 만유의 아버지와 그들 위에 아버지의 사랑이 부은바 되고, 그들 안에 아버지께 대해 결여된 것이 없는, 진실한 형제들에게 관심을 가질 것이다.

7 그들은 진리 가운데 나타나나니, 진실하고 영원한 생명 가운데 있으면서, 아버지의 씨앗으로 가득 찬 완전한 빛, 그분의 가슴과 플레로마 안에 있는 빛에 대해 말하기 때문이다.

8 그분의 영은 그 안에서 기뻐하고, 자신이 그 안에 있게 된 그분을 찬미하니, 이는 그분이 선하시기 때문이다. 그의 자녀들은 완전하여 그분의 이름을 지닐 자격이 있으니, 그분이 아버지시기 때문이다. 그분은 이런 자녀들을 사랑하신다.

제14권

야고보
비밀의 책

제1장

1 야고보가 당신에게 써서 보냅니다. 주님의 평화에서 오는 평화, 주님
의 사랑에서 오는 사랑, 주님의 은총에서 오는 은총, 주님의 신앙에
서 오는 신앙, 그리고 거룩한 생명에서 오는 생명이 당신과 함께하기
를 바랍니다.

2 주님이 나와 베드로에게 밝힌 비밀의 책을 보내달라고 당신이 요청하
였습니다. 나는 거절할 수도 없고, 당신에게 직접 말할 수도 없었습
니다. 그래서 히브리어로 편지를 써서 당신에게 보냈습니다.

3 당신은 성인의 구원을 위한 관리자로서, 구세주가 우리 12사도 모두
에게 드러내지 않았던 이 책을, 다른 여러 사람에게 전하지 않도록
유념해주시기 바랍니다.

4 그러나 이 설교를 믿고 구원을 받는 사람은 행복합니다. 구세주가 내
게 밝힌 다른 비밀의 책은 10달 전에 이미 보냈습니다. 그러나 나 야
고보에게 드러낸 것인 만큼, 그 책도 마찬가지로 잘 간수하시기 바랍
니다.

5 한번은 12사도가 모두 한자리에 모여, 구세주가 각자에게 한 말을,
공개적으로 한 말이든 비밀스럽게 한 말이든, 전부 기억하면서 책으
로 기록하고 있었습니다. 나도 내 책에 적힌 내용을 기록했습니다.

6 보십시오, 똑바로 응시하고 있던 우리를 떠나신 후, 구세주가 다시
나타나셨던 것입니다. 그분이 죽은 자 가운데서 살아나신 후 550일
이 지나 우리가 물었습니다.

"당신은 우리를 떠나셨습니까?"

7 예수님이 대답했습니다.

"그렇지 않다. 그러나 내가 나왔던 곳으로 다시 돌아갈 것이다. 나하고 같이 가고 싶다면 오너라."

8 그리고 다시 말했습니다.

"정말 말해두는데, 내가 명령한다고 해서 하늘의 왕국에 들어갈 사람은 아무도 없다. 너희가 충만해졌기 때문에 들어가는 것이다. 야고보와 베드로를 따로 세워라. 내가 그들에게 채워주어야겠다."

9 그분이 우리 둘을 불러 자리를 따로 하고, 나머지 사도는 하던 일에 계속 몰두하라고 했습니다. 그리고 말했습니다.

"너희에게 자비가 내렸다. 그런데 채워지기를 원하지 않느냐? 너희 가슴이 취해 있느냐? 그런데 취기에서 깨기를 원하지 않느냐? 그러므로 아들을 보았고, 사람의 아들과 이야기를 나누었고, 그 말에 귀를 기울였다는 사실을 기억하라.

사람의 아들을 본 사람들은 저주를 받아라! 사람의 아들을 보지 못한 사람들, 그분과 함께 이야기를 나누지 못한 사람들, 그 말을 한마디도 직접 들어보지 못한 사람들은 복을 받았다. 생명이 그들의 것이다.

그러므로 너희가 다스리기 위해 병들었을 때, 그분이 치유해주었다는 점을 알아라. 병에서 나아 휴식한 사람들은 저주를 받아라. 그들은 다시 병들 것이기 때문이다. 병에 걸리지 않았고, 병이 들기 전에 휴식을 안 사람들은 복을 받았다. 하나님의 왕국이 너희 것이다.

그래서 너희에게 말한다. 충만해지고, 너희 안에 빈 구석을 전혀 남기지 마라. 앞으로 오는 자가 너희를 조롱할 수도 있다."

10 그때 베드로가 말했습니다.

"주님, 우리에게 충만하라고 3번이나 말씀하셨는데, 우리는 이미 충만해 있습니다."

11 그러자 주님이 말했습니다.

"내가 너희에게 충만하라고 하는 것은 너희로 작아지지 않게 하려는 것이다. 작아지는 사람은 구원을 받지 못할 것이다. 충만은 좋은 것이고 축소는 나쁜 것이다.

그러므로 작아지는 것이 좋고 채워지는 것이 나쁘듯이, 또 충만한 사람이 작아지고 작아진 사람이 채워지듯이, 그렇게 되는 것이 아니다. 충만한 사람은 그 충만을 완성으로 이끌 것이다.

그러니까 채워질 수 있는 동안에 작아지고, 작아질 수 있는 동안에 채워지는 것이 마땅하지만, 이는 너희로 하여금 자신을 더욱 채울 수 있게 하려는 것이다.

그러니 성령으로 충만하고 이성으로 작아져라. 이성은 영혼의 것이고, 이성이 곧 영혼이기 때문이다."

12 내가 말했습니다.

"주님, 주님이 원한다면 우리가 복종할 수 있습니다. 우리는 조상과 어머니와 고향을 다 버리고 당신을 따라나섰기 때문입니다. 그러니 사악한 악마에게 시험당하지 않도록 해 주십시오."

13 주님이 말했습니다.

"너희가 사탄에게 시험받는 것이 아버지가 선물로 준 것이 아니라면,

너희가 아버지의 뜻을 실천할 때 무슨 공적이 있겠느냐? 그러나 너희가 사탄에게 억압과 박해를 받아도 아버지의 뜻을 실천한다면, 아버지가 너희를 사랑하고, 나와 동등하게 만들 것이며, 너희가 자유로운 선택에 따라, 그분의 섭리를 통하여 사랑스러운 사람이 되었다고 볼 것이다.

그러니 너희는 육체를 사랑하고 고통을 두려워하는 태도를 그만 버리지 않겠느냐? 사악한 자에게 내가 당한 것처럼, 너희가 학대받거나, 억울하게 기소되거나, 감옥에 갇히거나, 무법천지에서 유죄 판결을 받거나, 까닭 없이 십자가에 못 박히거나, 수치스럽게 묻히거나, 하는 등의 꼴을 아직 당하지 않았다는 사실을 모르느냐? 너희에게 성령이 든든한 성벽인데도 감히 육체를 아끼려고 하느냐?

너희보다 앞서서 세상이 얼마나 오래되었으며, 너희 뒤에 얼마나 오래갈지 곰곰이 생각해 본다면, 너희 일생이 단 하루이고, 너희 고통도 단 한 시간에 불과하다고 깨달을 것이다. 좋은 것은 세상에 들어가지 않을 것이기 때문이다.

그러므로 죽음을 경멸하고 생명을 귀중히 여겨라. 나의 십자가와 죽음을 기억하라. 그러면 너희가 살 것이다."

제2장

1   내가 말했습니다.

"주님, 십자가와 죽음은 이제 당신과 아주 먼 거리에 있으니, 우리에게 언급하지 마십시오."

2 나의 이 말에 주님이 말했습니다.

"정말 너희에게 말해두는데, 내 십자가를 믿지 않으면 아무도 구원을 받지 못할 것이다. 그러나 십자가를 믿으면 하나님의 나라를 차지할 것이다.

그러므로 생명을 찾아 죽은 사람들처럼 죽음을 찾아 나서라. 찾아 나서면 그들에게 드러날 것이다. 그런 사람들이 걱정할 게 뭐가 있겠는가? 너희가 죽음을 향해 눈을 돌린다면, 선택받았다는 사실을 깨닫게 될 것이다.

정말 너희에게 말해두는데, 죽음을 두려워하는 사람은 아무도 구원받지 못할 것이다. 하나님의 나라는 자기 자신을 죽음에 던진 사람들의 몫이기 때문이다. 너희는 나보다 더 나은 사람이 되라. 성령의 아들처럼 되라."

3 내가 말했습니다.

"주님, 예언을 요구하는 사람들에게 우리가 어떻게 해야 되겠습니까? 예언을 요구하는 사람들이 많고, 우리에게 신탁을 듣고 싶어 하는 사람들이 많기 때문입니다."

4 주님이 말했습니다.

"예언의 머리가 요한과 함께 잘려졌다는 것을 모르느냐?"

5 내가 말했습니다.

"주님, 예언의 머리는 제거할 수 없는 게 아니겠습니까?"

6 주님이 대답했습니다.

"머리가 무엇인지, 그리고 예언이 머리에서 나온다는 것을 안다면, 예언의 머리가 제거되었다는 뜻을 이해할 것이다. 처음에 내가 비유로 말할 때 너희는 알아듣지 못했다. 이제는 공개적으로 말하는데도 너희는 깨닫지 못한다.

그러나 너희는 나에게 비유들 속의 비유이고, 공개된 것 속의 분명한 것이다. 재촉을 받지 않고도 구원되도록 열성을 가져라. 오히려 스스로 준비하고, 가능하다면 내 앞서가라. 그래야 아버지가 너희를 사랑할 것이기 때문이다.

위선과 사악한 생각을 미워하라. 생각에서 위선이 나오고, 위선은 진리에서 멀리 떨어진 것이다. 하늘의 왕국이 시들지 않도록 하라. 이 왕국은 열매를 풍성하게 떨어뜨리는 대추야자나무 순과 같다.

잎이 나오고 싹이 트면, 대추야자나무의 생산력이 말라버리게 된다. 이와 같이 이 한 가닥 뿌리에서 나온 열매도 마찬가지다. 추수철이 되면 많은 추수 꾼이 열매를 거둬들인다.

이제 새로운 대추야자나무들을 구할 수 있다면 좋다. 그러면 너희가 왕국을 발견할 것이다. 이 시기에 앞서 내가 이와 같이 영광을 받았는데, 너희 모두는 왜 내가 가기를 말리려 드는가?

비유들 때문에 18일을 더 함께 머물러달라고 너희가 나를 만류했다. 어떤 사람들은 그동안 충분히 가르침에 주의를 기울여 '목자들'과 '씨', '건물', '처녀들의 등불', '일꾼들의 품삯', '2배의 엽전', '여인' 등을 이해했다.

말씀에 대해 열성을 가져라. 말씀의 첫째 조건은 신앙이고, 다음은 사랑이고, 그다음은 일(실천)이다. 이 3가지에서 생명이 온다. 말씀은 밀알과 같다. 어떤 사람이 밀알을 심으면 그 밀알을 믿는다. 싹이 트면 한 알 대신에 많은 밀을 기대하고 사랑한다.

밭에서 일을 하면 음식을 준비한 것이므로 구원을 받는다. 그리고 다음에 씨 뿌리기를 위해 밀의 일부를 남겨 둔다. 이렇게 해서 너희가 모두 하늘의 왕국을 받을 수 있다. 너희가 지식을 통해서 왕국을 받지 않는다면, 그 나라를 발견하지 못할 것이다.

그러므로 말해두지만, 맑은 정신으로 살아라. 길을 헤매지 마라. 너희 모두에게 자주 얘기했고, 야고보 너에게 특별히 말했듯이 구원을 받아라. 그리고 나를 따라오라고 명령했고, 지배자들 앞에서 할 너희 대답을 가르쳐주었다.

내가 내려왔고, 말했고, 스스로 수난을 당했고, 너희를 구할 때 왕관을 받았다는 사실을 기억하라. 내가 와서 너희와 함께 생활한 것은, 너희도 나와 함께 살도록 하려는 것이다. 그리고 너희 집들에 지붕이 없는 걸 보고, 내가 내려올 때 받아들일 만한 집들에 거처했다.

그러므로 내 형제자매여, 나에게 복종하라. 위대한 빛이 무엇인지 깨달아라. 아버지는 내가 필요치 않다. 아버지께 아들이 필요한 것이 아니라, 아들에게 아버지가 필요하다. 아들의 아버지는 너희가 필요치 않으니, 나는 아버지께 가려고 한다. 말씀에 주의를 기울여라. 지식을 깨달아라. 생명을 사랑하라. 너희 자신 이외에는 아무도 너희를 박해하거나 억압하지 않을 것이다.

오, 비참한 너희들! 오, 불행한 너희들! 오, 진리를 속이는 너희들! 오, 지식을 위조하는 너희들! 오, 성령을 거슬러 죄를 짓는 너희들!

처음부터 입을 열어 말해야 마땅한 너희가, 아직까지도 감히 듣기만
하려고 하느냐?

하늘의 왕국이 너희를 받아들이도록 하려면 처음부터 깨어있어야
마땅하지만, 너희는 감히 아직까지도 잠만 자려고 하느냐? 정말 너희
에게 말해두지만, 너희가 다스리는 것, 아니, 심지어 다스리지 않는
것보다도 거룩한 사람이 타락에 떨어지는 것, 빛의 사람이 암흑으로
떨어지는 것이 더욱 쉽다.

나는 너희 눈물과 탄식과 슬픔을 기억한다. 이런 것들은 우리와 거
리가 멀다. 자, 그러면 아버지의 상속에서 벗어난 너희는 울어 마땅
한 대로 울고, 탄식하고, 선한 것을 선포하라. 아들이 적절하게 내려
오고 있기 때문이다.

정말 너희에게 말해두지만, 내 말에 귀를 기울일 사람들에게 내가 파
견된 것이라면, 그들과 함께 내가 이야기를 나누려고 한 것이었다면,
나는 땅 위에 결코 내려오지 않았을 것이다.

자, 그러면 그 사람들로 인해 부끄러움을 느껴라. 나는 너희를 떠날
것이다. 나는 떠나갈 것이며, 너희 자신이 원하지 않았듯이, 나도 너
희와 함께 더 이상 머물기를 원하지 않는다.

그러니 빨리 나를 따라오너라. 너희에게 말해두지만, 너희 때문에 내
가 내려왔다. 너희는 사랑스러운 사람들이고, 많은 사람을 위해 생명
의 원인이 될 것이다.

아버지를 찾아라. 자주 하나님께 탄원하라. 그러면 그분이 너희에게
줄 것이다. 그분이 천사들 가운데 선포되고, 성인들 가운데 영광을

받을 때, 그분과 함께 있는 너희를 보는 사람들은 복을 받는다.

생명은 너희 것이다. 하나님의 자녀로서 환희하고 기뻐하라. 구원을 받기 위해 그분의 뜻을 지켜라. 나의 꾸지람을 듣고 구원을 받아라. 나는 너희를 대신하여 아버지께 중재자가 될 것이며, 그분은 너희를 크게 용서할 것이다."

제3장

1 우리는 먼저 우리끼리 했던 이야기 때문에 침울했으나, 주님의 말을 듣고 기쁨에 넘쳤습니다. 우리가 기뻐하는 모습을 보고, 주님이 이런 말을 했습니다.

"대리인이 필요한 사람은 저주를 받아라. 은총이 필요한 사람도 저주를 받아라. 너희는 나그네처럼 되어라. 나그네가 너희 도시에서 어떤 취급을 받느냐? 너희 스스로 너희 도시에서 제외되고 떠나는데, 왜 걱정을 하느냐? 너희는 왜 스스로 자기 집을 버리고, 거기서 살고 싶어 하는 사람에게 내주느냐?

오, 유배당한 자와 도망자인 너희여! 너희는 저주를 받아라! 너희가 체포될 것이기 때문이다. 아니면, 혹시라도 아버지가 인류를 사랑하는 분이라고 상상하느냐? 그분이 기도로 설득을 당한다고 보느냐? 또 그분이 이 사람 대신에 저 사람을 후하게 봐주는 줄 아느냐? 추구하는 사람에게 참아준다고 여기느냐?

그분은 너희 욕망은 물론, 육체가 필요로 하는 것도 안다. 영혼이 갈망하는 것은 육체가 아니다. 정신을 제외하면 영혼이 구원되지 못하듯이, 영혼 없이는 육체가 죄를 범하지 않는다.

사악함이 없을 때 영혼이 구원되고 정신도 구원된다면, 육체도 죄가 없게 된다. 영혼을 살아있게 하는 것이 정신이지만, 영혼을 죽이는 것은 육체다. 영혼이 영혼을 죽이기 때문이다.

정말 너희에게 말해두지만, 아버지는 영혼의 죄를 전혀 용서하지 않고, 육체의 죄도 용서하지 않을 것이다. 육체를 입은 자는 아무도 구원받지 못할 것이다. 하늘의 왕국을 많은 사람이 발견했다고 보느냐? 하늘에서 4번째가 되는 사람은 복을 받았다."

2 그 말에 우리는 풀이 죽었습니다. 풀이 죽은 우리의 모습을 보고 주님이 다시 말했습니다.

"내가 이 말을 한 것은 너희로 자신을 알게 하려는 것이다. 하늘의 왕국은 밭에서 싹이 트는 곡식알과 같기 때문이다. 곡식이 익으면 결실을 거두고. 다음 해를 위해 곡식알들로 밭을 채운다. 너희도 너희를 위해 생명의 곡식을 추수하도록, 너희가 왕국으로 채워지도록 열성을 가져라.

내가 너희와 함께 있는 동안, 나에게 주의를 기울이고 내 말을 따르라. 그러나 내가 떠난 뒤에는 내 말을 기억하라. 너희가 나를 몰랐어도 너희와 함께 있었으니, 나를 기억하라. 나를 알아본 사람은 복을 받았다. 내 말을 듣고도 믿지 않은 사람은 저주를 받아라! 나를 보지는 않았지만, 신앙을 가진 사람은 복을 받았다.

내가 다시 한 번 너희를 설득하겠다. 내가 건축된 집으로 너희에게 드러나고, 그 집은 너희 안식처가 되어 매우 소중한 것이다. 마찬가지로 그 집은, 무너질 위험에 부딪힌 너희 이웃의 집을 지탱해 줄 것이다.

정말 너희에게 말해두지만, 저 사람들을 위해 내가 이 장소에 파견되었다. 그 사람들은 저주를 받아라! 하지만 아버지께 올라갈 사람들은 복을 받았다.

다시 너희를 꾸짖겠다. 지금 이 세상에 있는 너희는, 이 세상에 없는 사람들처럼 되어라. 지금 없는 사람들과 함께 너희가 앞으로 있도록 하려는 것이다.

너희 가운데서 하늘의 왕국이 황폐하게 되지 않도록 하라. 비춰주는 빛 때문에 오만하지 마라. 오히려 내가 너희에게 한 것처럼 너희도 그렇게 처신하라. 너희를 구원하기 위해 나는 스스로 저주에 맡겼다."

3 이 말에 베드로가 말했습니다.

"주님, 어떤 때는 주님이 우리를 하늘의 왕국으로 들어가라고 재촉하고, 또 어떤 때는 거기서 멀어지게 합니다. 어떤 때는 우리를 설득하여 신앙으로 몰아가고, 생명을 약속하며, 또 어떤 때는 하늘의 왕국에서 우리를 추방합니다."

4 주님이 말했습니다.

"나는 네게 신앙을 여러 번 주었다. 야고보야, 내가 내 자신을 너에게 드러냈지만, 너는 나를 알지 못했다. 또 너희가 기뻐하는 모습을 여러 번 보았다. 생명의 약속으로 환희에 젖을 때 너희가 우울하더냐? 그리고 왕국의 가르침을 받을 때 풀이 죽더냐? 그러나 너희는 신앙과 지식을 통하여 생명을 받았다. 그러므로 배척의 말을 들어도 코웃음을 쳐라. 그 약속의 말을 들으면 더욱 기뻐하리라.

정말 너희에게 말해두지만, 생명을 받고 왕국을 믿은 사람은 왕국을 결코 떠나지 않을 것이다. 심지어 아버지가 그 사람을 왕국에서 추방하려고 해도 떠나지 않을 것이다. 지금은 이 정도로 이야기해 두겠다. 이제 내가 떠나온 곳으로 올라가야겠다.

내가 애타게 가려고 할 때 너희는 나를 밖으로 몰아내었고, 따라오는 것이 아니라 나를 추격했다. 그러나 나를 기다리는 영광에 주의를 기울여라. 너희 마음을 열고, 하늘에서 나를 기다리는 찬송가에 귀를 기울여라. 오늘 나는 아버지의 오른편에 자리를 잡을 것이다. 이제 마지막 말을 다 했다. 너희를 떠날 것이다. 바람의 마차가 나를 태웠다. 이제부터 내가 옷을 벗고 스스로 다시 옷을 입어야겠다.

그러나 주의해라. 내가 내려온 후 다시 올라가려고, 아들이 내려오기 전에 아들의 설교를 들은 사람들은 복을 받았다. 세상에 태어나기 전에 아들의 설교를 받은 그들과 함께, 너희도 한몫을 받게 하려고 그들은 3배로 복을 받았다."

5 이 말을 하고 그분은 떠나갔습니다. 나와 베드로는 무릎을 꿇고 감사드리며, 마음을 하늘로 들어 올렸습니다. 우리는 전쟁 소리와 나팔 소리, 거대한 동요를 귀로 듣고 눈으로 보았습니다. 그 장소를 떠나며, 우리는 마음을 더욱 멀리 들어 올렸습니다.

6 우리는 찬송가와 천사의 찬송, 천사의 환희를 귀로 듣고 눈으로 보았습니다. 하늘의 위대한 세력들이 찬송을 부르고, 우리도 환희에 젖었습니다. 그다음에는 우리도, 정신을 더 높여 전능하신 그분에게 올

려 보내고 싶었습니다. 우리가 올라갔을 때 보거나 듣는 것을 허락 받지 못했습니다.

7 나머지 제자들이 우리를 소리쳐 부르며, '스승에게 무슨 이야기를 들 었는가?', '그분이 뭐라고 말했지?' 또는 '그분은 어디로 갔지?'라고 질 문했습니다.

8 우리는 '그분은 올라갔다. 그리고 우리 모두에게 생명을 약속했다. 우리 뒤에 태어날 자녀들을 드러내 보여주었다. 그 자녀들로 우리가 구원을 받을 테니, 그들을 사랑하라고 했다.'고 대답했습니다.

9 이 말을 들은 제자들이 그분의 드러내심을 믿었지만, 앞으로 태어날 자녀들에 대해서는 화를 냈습니다. 그래서 우리는 제자들이 공연히 말썽을 피우지 않도록, 각자 다른 장소로 파견했습니다.

10 나는 앞으로 드러날 사랑스러운 자녀들과 한몫을 받을 수 있도록 기 도하며 예루살렘으로 올라갔습니다. 그러므로 당신의 경우가 시발점 이 되어, 내가 구원을 받을 수 있기를 기도합니다.

11 그들은 나를 통해, 나의 신앙을 통해, 그리고 내 신앙보다 월등한 다 른 사람들의 신앙을 통해 깨달음을 받을 것입니다. 그러므로 그 사 람들처럼 되려고 열심히 노력하고, 그 사람들과 함께 한몫을 받도록 기도하십시오.

12 내가 지금까지 이야기한 것 외에, 구세주는 다른 계시를 우리에게 주 시지 않았습니다. 선포의 대상인 그 사람들, 주님이 자기 자녀로 삼 은 그들과 함께 나눌 한몫을, 그들 때문에 우리는 선포합니다.